中国航海博物馆典藏研究丛书

靖疆御海

中国航海博物馆藏
明清海防珍品释读

中国航海博物馆 编著

上海书画出版社

编 委 会

主　　　任：赵　峰
副 主 任：陆晓莉　王　煜　陆　伟
学术顾问：王宏斌　王记华　庞乃明　陈　悦　陈贤波
主　　　编：赵　峰　王　煜
执行主编：任志宏
执行副主编：武世刚　严春岭　赵　莉
编　　　辑：康丹华　吴　鹏　郭　炜
藏品协调：宾　娟　吴　鹏　郭　炜　任志宏
　　　　　　蒋笑寒　周　颖　朱金龙　杜旭初

中国航海博物馆典藏研究丛书总序

中国是一个航海大国，有着悠久的航海历史、先进的航海技术和灿烂的海洋文化，由此也推动了社会的发展和文明的进步。作为国家级航海类专题博物馆，以弘扬航海文化、传播华夏文明为宗旨，中国航海博物馆（以下简称"中海博"）努力打造成为保护航海遗产、科普航海知识、传播航海文化的重要阵地和平台，成为我国航海历史文化的收藏宝库、展教窗口、研究基地和交流中心。

作为一个公益性文化机构，中海博从2005年筹建伊始，到2010年建成开馆，直至今天，始终致力于收藏、保护中国航海历史和航海活动及与之相关的文化遗产、历史见证。"航海"的内涵深刻，外延广泛，涉及政治、经济、文化、科技、军事、体育等诸多层面，具体而言包括：航海理论与技术、船舶及其部件、设备、造船、船模、航运、港口、海事、海关、航道、海上救捞、水下考古、海上交往、外销贸易、海军海防、海洋渔业、海洋习俗、船员海员、教育研究、相关航海体育休闲等各个方面。因此我馆收藏范围亦涉及且不限于如下内容：

（一）航海历史类。

1. 反映各地各时期以海洋等各类水域为环境展开的各类生产生活实践，包括航海、造船、航运、港口、海事、海关、航道、救捞、海上交往、海军海防等历史发展进程的文（实）物。

2. 与各地各时期重大航海历史事件、航海人物、相关行业协会机构有关的文（实）物。

3. 其他反映各地各时期航海历史的相关见证物、资料等。

（二）航海技术类。

1. 反映船舶建造、航海技术等发展历史的各地各时期出土舟船、出水沉船，以及舟船部件、航海仪器、航行用具、海员用品等。

2. 史前时期及各个历史时期不同材质的舟船雕塑、模型（包括木、陶、玉、瓷、金属、象牙等各种材质）。

3. 反映不同历史时期、不同地域船舶建造、航海技术发展演进的文献资料，以及相关建造文（实）物。

4. 其他反映舟船航海历史发展的见证物、资料等。

（三）航海文化类。

1. 反映各地各时期水上、海上生产生活、文化艺术、民风民俗、宗教信仰的文（实）物。

2. 有代表性的能体现航海主题的年画、剪纸、皮影、雕刻、漆器、壁画、服饰、头饰、刺绣等民间艺术品、工艺品。

3. 当代有纪念意义的航海类实物，如奥运会、亚运会、世博会、航海日活动等含有丰富航海元素的相关代表性实物。

4. 渔歌、船号、造船工艺、行船习俗等航海类非物质文化遗产。

5. 其他反映各地各时期航海文化的相关见证物、资料等。

（四）航海艺术品类。

主要包括：雕塑、油画、版画、刺绣、青铜、陶瓷、书画、玉器、木器、漆器、杂项等各种门类的古今中外文（实）物、艺术品，其主体纹案或外观造型或铭文题款等与航海主题关联，能反映各地各时期舟船航海历史、水陆攻战、水上生产生活、海上交往贸易的场景等。

综上可见，我馆涉海类藏品无论是材质门类、还是形式载体、均多元复杂。这充分体现了"航海"内涵的博大精深,航海与人们经济社会生活的息息相关,并在各方面均留下了丰富的历史文化遗产。

时光荏苒,中海博已经建成开放十余年,博物馆的收藏也经历了从无到有、从零散化到系列化的积累过程,其中凝聚了中海博诸多文物工作者的辛勤付出,得到了社会各界的热心支持和积极响应。截止目前,我馆的馆藏总量达到21000余件/套,实际数量超过10万件,初步形成了较有特色的收藏体系,包括古今中外颇具代表性的经典船模、外观精美功能各异的航海仪器设备、不同窑口、不同水域的海捞瓷外销器物、涉海的图籍、档案、文书、票证等纸质文献、海事管理、海军海防、民俗信仰、体育休闲等专题收藏,体量庞大、内容多元、蕴含了丰富的史料信息。

从文化中汲取力量,从传统中预见未来。"作为文化中枢的博物馆",其社会功能和服务职责日益凸显,博物馆除了对文化遗产的收藏保护,还要以丰富多元的收藏为基础,发挥研究、展示、宣传、教育、科普、文创、文化交流等多种功能,让博物馆更好地服务公众、服务社会。有鉴于此,我们希望通过有计划、有步骤的对馆藏从不同角度、不同专题分门别类地进行整理研究,一方面满足公共文化需求,将馆藏向社会公布,供公众对涉海文物更好的鉴赏研究;另一方面进一步发掘馆藏文物的价值和内涵,拓展航海历史文化研究的深度和广度,用以服务支撑博物馆各项业务工作,通过多种形式、多源渠道让文物活起来,弘扬中华优秀的传统文化,讲好航海故事,继而不断增强历史自觉,坚定文化自信,服务国家建设。

序言

中国有着漫长的海岸线和广袤的海洋国土，在不同历史时期，海洋对于中国的意义也不同。早期先民的涉海活动中，海洋是陆地的延伸和捕猎的渔场；秦汉时，海洋是未知的探索之地和远洋航行的开始；唐宋时，海洋是繁盛的海外贸易和海上丝绸之路；明清时，海洋是大航海时代开放的先声。

中国有悠久的航海历史，然而海之有防，始于明代。自明代开始，海防成为中国航海的重要组成部分，海防事务也成为维护国家安全的重要事务。海防史研究历来是史学界研究的重点和热点。1970年以来，学术界经过长期积累，出版了一批质量颇高的专著。主要有包遵彭的《中国海军史》（1970），上海人民出版社的《江南造船厂史》（1975），吕实强的《中国早期的轮船经营》（1976），戚其章的《北洋舰队》（1981），孙克复等人的《甲午中日海战史》（1981），张玉田等人的《中国近代军事史》（1983），王家俭的《中国近代海军史论集》（1984），王志毅的《中国近代造船史》（1986），林崇墉的《沈葆桢与福州船政局》（1987），张墨等人的《中国近代海军史略》（1989），吴杰章等人的《中国近代海军史》（1989），戚其章的《甲午战争史》（1990），胡立人、王振华编著的《中国近代海军史》（1990），姜鸣的《龙旗飘扬的舰队——中国近代海军兴衰史》（1991），张炜、许华合写的《海权与兴衰》（1991），近代中国海军编写组的《近代中国海军》（1994），茅海建的《天朝的崩溃——鸦片战争再研究》（1995）、戚其章的《晚清海军兴衰史》（1995）、辛元欧的《中国近代船舶工业史》（1999）、林庆元的《福州船政局史稿》（1999）。进入21世纪，随着时代的变迁、国家档案的开放、研究方法不断更新，中国海防史不断推陈出新、日渐深入。梁建民、敖大生等的《广州黄埔造船厂简史》（2001）、王宏斌的《清代前期海防：思想与制度》（2002）卢建方的《闽台海防研究》（2003）、杨金森等人的《中国海防史》（2005）、王宏斌的《晚清海防：思想与制度研究》（2005）、广东海防史编委会的《广东海防史》（2010）、王宏斌的《晚清海防地理学发展史》（2012）、张亚红等人的《宁波明清海防研究》（2012）、张建雄的《清代前期广东海防体制研究》（2012）、陈悦的《船政史》（2016）、王宏斌的《清代内外洋划分及其管辖权研究》（2020）、等等。

国外对中国的海防研究也集中在轮船制造、甲午中日战争和海军等问题上，例如，日意格的《福州船政局及其成就》（1874）、弗拉基米尔的《中日战争》（1896）、约翰·弗莱尔《19世纪西方科学技术传入中国》（1967）、刘广京著《19世纪中国轮船事业》（1959）、托马斯肯尼迪著《江南制造局德创建和发展》（1968）、欧·邦尼波恩的《甲午中日战争中国政策形成的背景》（1974）、约翰·罗林森著《中国发展海军的奋斗，1839—1895》（1993）、等等。然而，不难看出，当前史学界对于明清海防之研究，多以广为流传的文献和档案为主要研究对象，很少看到从文物及博物馆藏品的视角对中国海防进行阐释的成果。

中国航海博物馆作为国家级航海类专题博物馆，亦是国家一级博物馆，海防相关藏品是博物馆收藏的重要组成部分。目前，中国航海博物馆馆藏藏品分类中，海防军事主题分类下的藏品数量近三千件。本书从中国航海博物馆藏明清时期海防藏品中遴选出约50件具有代表性和较高史料价值的藏品，以博物馆内研究人员为主，并联合国内外专家、高校学者等另辟蹊径，从具体的藏品入手研究，对海防思想、武器发展、海防建设等方面展开论述，阐幽发微，每篇皆有独到价值，且图文并茂，使人读之悦目。

　　本书所选择的藏品种类涵盖纸质书籍、档案文件、官员奏章、名人手稿、图册，以及火铳、火炮、银两等相关实物，可以从不同侧面反映出明清时期六百年间海防各方面的变化发展。对这些藏品进行释读与研究，既可以为中国海防史研究提供丰富直观的研究材料，也可以进一步提升博物馆海防相关藏品的利用率和新的利用方向。

　　本书的出版是对中国航海博物馆"以物载史"研究初衷的贯彻，也是中国航海博物馆在藏品研究和利用方面的持续深耕和全新探索，相信本书的出版会激发更多专业人士对于藏品视角下中国海防史研究的兴趣与热情，推动博物馆藏品和海防研究领域的进一步发展。我期待中国航海博物馆的同仁们继续踔厉奋发、率道而行，在航海文博研究领域不断取得新的成果。是所望于不囿成见之青年学者。

王宏斌
2024年叙于陕西师范大学公寓楼

目 录

i	中国航海博物馆典藏研究丛书总序
iv	序言

第一章　波涛渐起

002	王柏心手稿《防海辑要序》述略
013	水陆兼司——馆藏清道光刻本《纪效新书》所见戚继光之海防实践及思想
026	《海防要览》等文献所见晚清海防及思想嬗变
038	清同治十年刊《长江图说》

第二章　防海之技

060	元明时期碗口铳的应用及其兴衰
076	元末明初中国铜手铳的发展演进——以馆藏八支元明铜铳为中心
095	从馆藏青铜旋转炮看太阳纹的图腾崇拜与应用嬗变
108	百目千眼——东西合璧的日本"千眼纹铜炮"
124	17世纪晚期法国海军战舰铜炮
134	"运动"的知识：弹道学与算尺

第三章	御敌海上
150	《清佚名水军阵图册》释读
165	从馆藏清福建漳州军饷银饼看近代中国早期银币发展
178	馆藏文献《伦敦新闻画报》及第二次鸦片战争图像报道
192	"船政成功"御赐金、银牌

第四章	陆地屏藩
206	中国航海博物馆所藏福州船政水师5.5英寸40磅瓦瓦司后膛钢炮考证
218	馆藏清代镇海沿岸海防图说
228	清彩绘《旅顺海口炮台营盘地势全图》
244	固利海防——清光绪十八年刊《克鹿卜海岸炮管理法》小考

第一章

波涛渐起

明初时,始有倭寇侵扰东南沿海,虽经洪武、永乐二朝而得平,却开中国海防之始。自此之后,中国沿海地区的海疆告别了延续千年的平静。嘉靖中期的倭患,明清鼎革时的西人,虎门的销烟,圆明园的大火,大东沟的炮声,一点点击破和平的海面,在19世纪的东亚海域掀起滔天巨浪。面对这渐起的波涛和千年变局,有人为之战斗,也有人为之思索,与沸腾的万里海疆一样,思想的巨浪也在冲击着中国传统的海洋观。何为海防?如何海防?一代代仁人志士为此殚精竭虑。笔落有神,文以载道,他们的文字著作,承载着他们的思想,抛去时代的局限性,至今观来,依然熠熠生辉。

王柏心手稿《防海辑要序》述略

作者：宋华政
南开大学
历史学院中国史专业
博士研究生

中国航海博物馆藏有一份晚清学者王柏心的手稿《防海辑要序》，该手稿虽已被其文集《百柱堂全集》收录，但经笔者逐字对勘，内容却不尽相同。由于中国航海博物馆所藏的这份手稿是一份存世孤本，所以前人在对王柏心著述思想研究时，一直未能知晓这份手稿的存在。[1]如今得以窥见该手稿真容，笔者不揣浅陋，将之揭出，并就此浅议王柏心的海防思想。

一、王柏心及其《防海辑要序》手稿概述

王柏心（1799—1873年），字子寿，又字冬寿、坚木，号螺洲、螺洲子、薖叟、薖园老人，湖北监利人，时人又称其为"王监利"，门人弟子私谥曰"文贞先生"，晚清学者、书画家。自幼博览经史，以济世为怀。因作《枢言》一文，阐释施政立法之道、经世致用思想，受到湖广总督林则徐赏识，于道光十八年（1838）被延聘入府，为子授业。[2]同年，林则徐进京，受命赴广东禁烟，王柏心也随之离开武昌，此后，历任陕甘学政罗文俊、湖北荆宜施道道台陶凫香等人的幕僚，并游历汉口、江陵等地。[3]道光二十一年（1841），受好友姚椿邀请，重返荆州，执教荆南书院。[4]道光二十三年（1843），王柏心历经多年科考，终于得中举人，次年又中进士，授刑部主事。但他无心仕宦，不堪政务烦扰，一年后即乞养归乡，自此主讲荆南书院二十余载。生平著作方面，有生前所著文稿《螺洲文集》以及门人弟子在其逝世后整理的诗文合集《百柱堂全集》等存世。

王柏心学识淹贯，生前著述涉猎领域颇多，题材广博，囊括诗、词、骈文、方志等诸多体裁。除了与好友唱和的大量诗文外，还有

阐述施政之道的政治学著作《枢言》《续枢言》，探讨治理湘、鄂两省水患的水利学著作《导江三议》，纂修的黄冈、监利等多部地方志，以及一系列解经注典、建言陈说的文章。而由于王柏心所处时代，中国饱受内忧外患，外有列强环伺窥探，内有太平天国、捻军战火不断，他虽然不居行伍，却心忧不已，对战局多有筹谋、殚精竭虑，以致于曾国藩、左宗棠、胡林翼等大吏要员"往往飞书求策"[5]，"每咨以军事，知无不言，多见采用"[6]。所以，军事议论文也是王柏心著述的重要组成部分，这篇手稿便是借给《防海辑要》写序之机，阐述自己对战局的看法和抵御海上来敌的对策。

道光二十年（1840），英国凭借坚船利炮率先入犯中国海岸，以鸦片战争逼迫中国签订《南京条约》，打开国门。一时之间，来自海上的威胁成为清朝政府不得不直面的难题，海防战备亟需整饬。俞昌会有感于此，慨叹"今兹逆夷扰攘东南，凡有血气能无憾乎"，以自己身处广东，曾操办江海防务的经验见闻，借严如熤《洋防辑要》一书为底本，"采其适于今者，更增订之"，为经略海防者"佐其指掌而备采择"。[7]道光二十二年（1842），俞昌会完成《防海辑要》的编纂并将之刊出，由其弟俞昌烈带到王柏心处求序。

俞昌烈自道光元年来湖北为官，[8]历任监利县典史、宜都县知县、公安县知县、江陵县知县等职，[9]王柏心早在道光十五年（1835）时便已与其结交，[10]还于道光二十年为其《楚北水利堤防纪要》撰序[11]。道光二十二年，俞昌烈以荆州府经历署通城县事，[12]携其兄长所辑《防海辑要》再次登门求序。王柏心"究览已讫"，慨叹"甚哉，防之不可弛也"，遂挥毫作此序。

王柏心的这份《防海辑要序》手稿共计两页，小黑口，四周单边，单鱼尾，半页十行，每行字数不一，以圆圈断句，书口无页数标记。全文以草书写就，字体流畅自然、恣意洒脱，字体及神韵与王柏心存世手札一致，是其手书真迹。此外，撰写该手稿所用的蓝格纸，在框外左下方标有"通艺阁校录"字样，表明王柏心撰写这份手稿所用的纸张应是来自好友姚椿。[13]具体细节可参见图1、2。

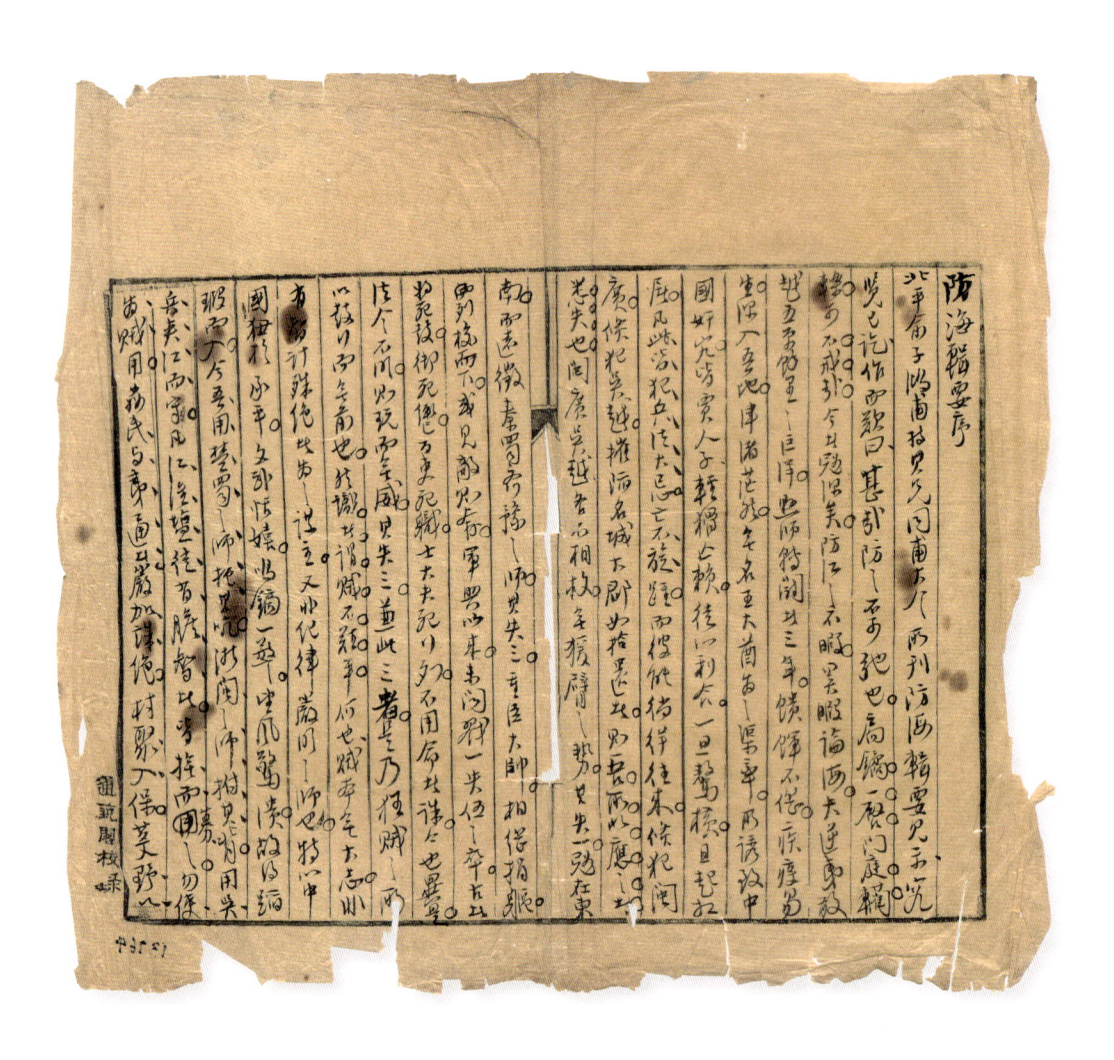

图1、2
王柏心《防海辑要序》手稿
中国航海博物馆藏

第一章 怒涛渐起

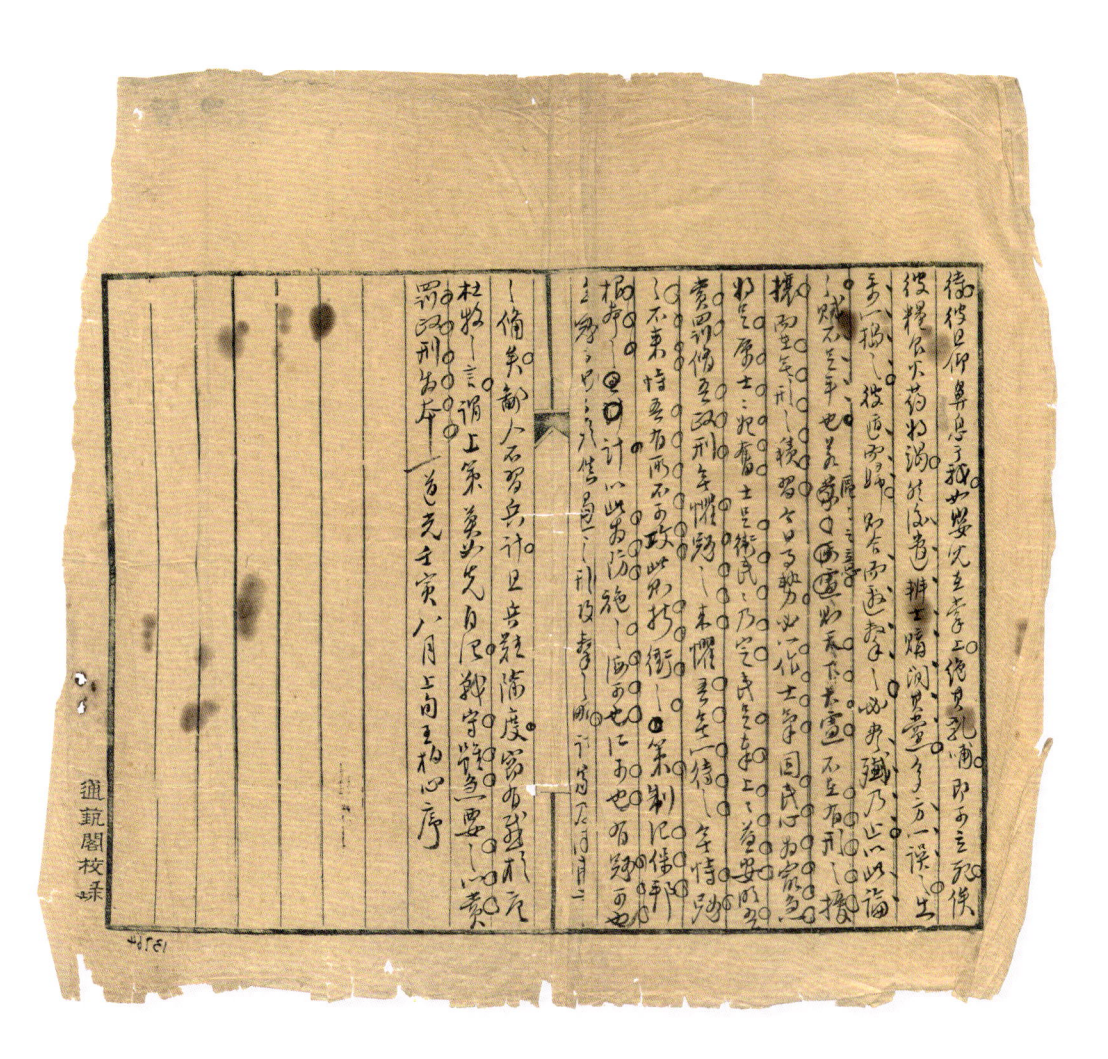

虽然王柏心的这篇《防海辑要序》（以下简称"《序》"）在其文集《百柱堂全集》（以下简称"《全集》"）中同样有所收录，但由于内容不尽相同，故仍有必要详细比对，加以整理，从中分析出更多问题。

二、王柏心《防海辑要序》的具体内容

经过辨识整理，王柏心手稿与《百柱堂全集》所收录的版本，整体上内容一致。王柏心首先分析，英国等列强远涉重洋而来，深入内地，原本粮草难以为继，容易感染疫病，又多勾结无赖徒众，所犯皆为"兵法大忌"，但是贼寇却往来自如，无法迅速剿灭。这背后的原因便在于清军丧失了应对之机，"闽广吴越各不相救"，东南沿海"远待秦蜀齐豫之师"，将领在寇来时"以脱走为幸"，寇去后"以收复为功"，士卒"或空伍而逃，或未见寇而奔"，存在缺少配合、坐等援军、军纪涣散的三大问题。[14]王柏心认为，出现这种情况是因为"中国狃于承平，文武恬嬉，鸣镝一声，望风惊溃，故得蹈瑕而入"。对此，王柏心给出了调兵围剿、招募盐徒、杜绝奸民、严明保甲、离间分化等多条计策，可以在实际战役中使用，达到歼敌效果。而更重要的是，王柏心指出了需要整顿军纪，做到赏罚分明，提高军队素质的"自治"上策，如此便可不拘于海防剿寇，达到预先防敌、以不变应万变的效果。

至于此《序》两个版本之间的内容差异，则大致如下：

《全集》本中"究观已讫"，手稿本作"究览已讫"；《全集》本中"扃镝一开"，手稿本作"扃镝一启"；《全集》本中"五六万里之巨洋"，手稿本作"五万余里之巨洋"；《全集》本中"深入内地"，手稿本作"深入吾地"；《全集》本中"坐失掎臂之势"，手稿本作"无掎臂之势"；《全集》本中"其失二"，手稿本误作"其失三"；《全集》本中"坚明约束之师"，手稿本作"纪律严明之师"；《全集》本中"鸣镝一至"，手稿本作"鸣镝一声"；《全集》本中"彼仰鼻息于我"，手稿本作"彼且仰鼻息于我"；《全集》本中"若区区所见"，手

稿本作"若区区之意";《全集》本中"修吾政事",手稿本作"修吾政刑"。前述字词差异对语义影响较小,除明显讹误外,难言孰是孰非。但是,手稿中尚有部分语句改动较大。《全集》本中"遇寇,则卒或空伍而逃,或未见寇而奔;即专阃大将,往往寇至以脱走为幸,寇去以收复为功"一句,在手稿中为"重臣大帅,相继捐躯;列校而下,或见敌则奔。军兴以来,未闻戮一失伍之卒";《全集》本"故玩而无威",原是"法令不明,则玩而无威";同时,手稿末尾增加了落款,标注出撰写时间等信息。

从这些明显差异来看,可以确定,这份手稿不仅是王柏心亲笔手书,而且应是一份初稿。首先,如前文所述,这份手稿字体流畅自然、恣意洒脱,若为他人手书抄本,遑论字体神韵与王柏心本人难以混同,抄本为求准确辨识,字体也应更加工整清晰,甚至略显呆板。其次,这份手稿中可以明显看到原作者涂抹改动的痕迹。例如,"凡江淮盐徒有胆智者,皆抚而用之"被改为"皆抚而募之","若某之所画"被改为"若区区之意","此则折冲之□策,制治保邦根本之□计"被改为"此则折冲之策,制治保邦根本之计",这些改动应当是王柏心在书写时随手涂抹修改所致。再者,经过与《全集》本比对,可以看到如"其失三"一类的笔误在刊出时得到了修改,部分句子也明显经过润色,最终呈现出的语句文法更加严谨、合乎逻辑。所以,中国航海博物馆所藏的这份手稿应是王柏心撰写的初稿,而在他逝世后,门人刊刻《百柱堂全集》所据底本却并非王柏心的这份手稿,是另一份经过修改的次稿。这份初稿的史料价值,不言而喻。

例如,俞昌会《防海辑要》中没有见到王柏心《序》的谜题,借助这份手稿便可解答。道光二十二年,《防海辑要》由百甓山房刊刻后,书中仅收录了俞昌会《自序》以及宋翔凤《序》,光绪十一年(1885)由星沙明远书局重刊后,书中也未增补王《序》。通过手稿较之《全集》本多出的落款"道光壬寅八月上旬王柏心序"来看,这篇《序》作于道光二十二年八月间,而根据书牌来看,《防海辑要》则是刊刻于"道光壬寅孟夏",即道光二十二年四月。[15]换言之,在王柏心撰成此序之时，《防海辑要》早已付梓，俞昌烈持"所刊《防海辑要》见示"即表明，王柏心此时见到的已是于四月刊出的百甓山房刻本，而非俞昌会的稿本，书中自然缺少这篇《序》。而从光绪十一年重刊本依然未收王《序》来看，或许是出于战乱等原因，这份手稿最终未能交托到俞昌会手中，遗憾未能刊出。

除此之外更为重要的是，虽然王柏心的这份手稿是专为俞昌会著作撰写的《序》，但内容却并非是对《防海辑要》的概述或者评价，而是阐发自身在江海防务问题上的看法，由此可以窥探王柏心的御寇之策和海防思想。

三、王柏心《防海辑要序》所见海防思想

王柏心借助给俞昌会著述作序的契机，阐发了对时局的看法，以及自己在海防军事方面的思考。可以看到，王柏心的海防思想，首先是在"逆夷敢越五万余里之巨洋"来袭，致使中国"扃鐍一启，门庭辐辏"的背景下，激发出的"御外敌"之策。鸦片战争对晚清中国所造成的冲击，毫无疑问是极其深远的，海防压力陡增，迫使众多知识分子在"开眼看世界"的同时，也开始思考、讨论防海之策，应对列强所带来的威胁。因此，俞昌会为"求之故籍，明于一心"，寻找"守吾之要害，治吾之军实，严防御之法，练攻战之具"的方法，[16]编纂《防海辑要》一书，林则徐、魏源、刘韵珂等人同样纷纷提出了自己的海防设想，诸如《防海纪略》《海防要览》等海防典籍自此也不断涌现。王柏心虽然自谦道"鄙人不习兵计"，但显然也对此问题有所关注和思考，提出了自己的策略与设想。

王柏心针对如何剿寇的问题提出了多条实战策略。沿海各省协防有误、缺少配合，致使贼寇得以深入内地，那便"用楚蜀之师扼其吭，浙闽之师抈其背，用吴兵夹江而守"，调动多地兵员合击，断绝回到海上的后路，形成围剿之势。贼寇远离海上，必然缺少供给，要严加诛绝"奸民与夷通者"，防止其为贼寇提供物资补给，釜底抽薪。

令"村聚入保,芟野以待",强化保甲以稳固治安,并将"江淮盐徒有胆智者,皆抚而募之",防止为贼所用,勾结无赖生事。如此,则贼寇"且仰鼻息于我,如婴儿在掌上,绝其乳哺,即可立死"。待其粮食火药耗尽、内部骚乱之时,再"遣辨士媾间其党",进行离间攻心、分化瓦解,便能削弱敌方力量,形成此消彼长之势。王柏心经过分析敌我形势所提出的策略,灵活多变、出奇制胜,待贼寇逃遁,"则合而邀击之,必尽歼乃止",以全歼来敌为战略目标。并且,或许是受到林则徐影响,王柏心主张招募民间力量为我所用、严保甲等策略,带有一定的"以民治夷"色彩,注意到需要发动民众的力量共同抗敌。

但是,王柏心的海防思想不是局限在战役中运用的具体战术,而是直指问题的要害——军纪与士气。自古以来是"将死鼓,御死辔,百吏死职,士大夫死行列,不用命者诛",如今面对列强来袭,现实却是兵员逃伍、将领怯战,"法令不明,则玩而无威"。在战争中,即便是高明的战术与策略也需要军队来付诸实践,而军纪涣散、士气低下会导致军队整体素质下降,战术执行力丧失,甚至发生大规模溃逃,最终使战争一败涂地,民心动荡,这一问题比具体的战术失误更为致命。王柏心认为"天下大虑,不患有形之扰攘,而患无形之积习",潜在的恶习积弊较之贼寇袭扰更为紧要,所以整治积习势在必行,其中尤以"作士气、固民心为最急"。先从将领到士卒整顿军纪、提振士气,"将足厉士,士始奋;士足卫民,民乃定",士气得到鼓舞,战斗力才能提升,继而通过胜仗稳固民心。"无惧寇之来,惧吾无以待之;无恃寇之不来,恃吾有所不可攻",问题不在于贼寇来犯,而是军备废弛导致临敌之时无以应对。做到"明吾赏罚,修吾政刑",整饬行伍以为防备,则"海可也,江可也;有寇可也,无寇可也"。由此来看,王柏心追求的并不是单纯的战役获胜,而是从根本上整顿清军积弊,寻求军事上的整体改良,不只是海防,还有江防、陆防,不仅在于临敌应战,更在于日常备战,最终实现以不变应万变的效果。

最后需要看到，王柏心的海防思想受中国传统兵学影响较深，其思维并未突破传统兵学的范畴，与近现代军事理论相比，仍有一定的差距。从前述内容来看，王柏心的海防思想与自明代以来逐渐形成的海防理论一脉相承，诸如"杜奸民、严保甲"等法在明代御倭战争中便已有所运用，而"明赏罚、修政刑"一类的理念，甚至可以追溯到先秦时期《孙子兵法》《司马法》等兵学典籍，这种现象与中国传统兵学发展在清代趋于停滞有关。造成兵学发展停滞的原因有很多，例如，清朝统治者的贬抑打压态度，"清朝甫一建立，政府便开始大量收集和整理兵书，尤其是注意清剿那些以反清复明为目的的著作。清朝以整理古籍为名的收集和整理，其实也是为了便于集中管控或集中销毁"，对于火器技术，同样"严格控制，以免危及政权稳定"。[17]在这种高压氛围下，加之乾嘉学风等影响，清代兵学研究不得不转向对前代经典的考求注解，甚至陷入了"言必称孙子"[18]的尴尬境地。王柏心虽然对清军武备废弛等积弊问题有着清晰的洞察，但解决之法仍不外乎从中国传统兵学典籍中寻找，更着重于搜求前人经验。然而，西方列强并非以往的海寇盗贼所能比，科技与工业进步带来的军事实力、武器装备升级使得战争已截然不同，旧的兵法典籍、海防著述已难应对新的局势，从中必然无法找到救世之策。

或许是囿于地方士人的身份，王柏心对西方列强也知之有限，并没有意识到晚清中国与西方列强在科技水平、军事实力等方面的根本差距，没有看到西方的"坚船利炮"。就如王宏斌所分析的：

后方官员由于缺乏战场的切身体验，对于战争失败的结局从情感上不能接受，从理智上不能理解。他们的知识仍然停留在古代军事著作阐述的战略战术原则，并且始终认为中国必胜，英军必败，不能面对残酷的事实，悲愤的情感压抑了理智思辨。他们同声谴责前线指挥官懦弱无能，批评士兵缺乏训练和纪律涣散，这样势必忽视中英武器装备存在的差距。[19]

这种心态会使人忽视改善武器装备的必要性，而这正是传统海防思想的弊端，"传统海防思想削弱了中国海军武装力量的发展"[20]。所以，可以看到，王柏心在《防海辑要序》中依然是从传统的"华夷观"出发，将英国等列强视作"逆夷"，对其做出了"贼本无大志，非有智计殊绝者为之谋主，又非纪律严明之师也"的判断，认为"贼不难平"，带有轻视与鄙夷色彩，整篇《序》中也没有看到王柏心探讨如何应对西方列强先进的军事装备。

不仅如此，王柏心也没有意识到清政府统治、封建专制制度对战争走向的影响、对中国发展的阻碍。作为一名传统知识分子，在"忠君"思想的熏陶下，王柏心所谓的整顿军纪、提振士气、稳固民心，最终目的仍是为了"民足奉上，上益安"，维系清朝的统治。王柏心对时局的看法和观念，可以说是对当时士人思想的真实写照，尽管带有无可避免的时代局限，但依然映射出在"百年未有之大变局"下社会思潮的涌动，展现了近代知识分子的现实观照与家国情怀。

1. 前人对王柏心著述思想的研究主要有董小梅、武娜的《晚清"国士"王柏心生平与著述》(《贵州民族大学学报》2014年第3期)，董小梅、周国林的《王柏心经世思想初探》(《历史文献研究》第三十二辑，华东师范大学出版社，2013年，第258—264页)等文，而谢葵则通过挖掘王柏心的手札书信，考证其与湘籍名臣(谢葵：《王柏心与湘籍名臣往来书札考略》，《长江大学学报》2018年第5期)、"沙滩三杰"(谢葵、谢宜修：《"沙滩三杰"与王柏心书札考释》，《长江大学学报》2019年第3期)、林则徐(谢葵、谢宜修：《林则徐致姚椿、王柏心书考释》，《长江大学学报》2020年第3期)等人的交游。
2. 程翔章、程祖灏：《王柏心年谱》，华中师范大学出版社，2019年，第37页。
3. 程翔章、程祖灏：《王柏心年谱》，第39—45页。
4. 程翔章、程祖灏：《王柏心年谱》，第50页。
5. (清)王柏心：《百柱堂全集》附录《彭崧毓·祭监利王先生文》，《续修四库全书》第1528册，上海古籍出版社，2002年，第90页。
6. (清)王柏心：《百柱堂全集》附录《王孝凤·王孝凤京卿致倪豹岑太守书略》，第94页。
7. (清)俞昌会：《防海辑要》《自序》，国家图书馆分馆编：《清代军政资料选粹》第9册，全国图书馆文献微缩复制中心，2002年，第9页。
8. (清)俞昌烈：《楚北水利堤防纪要》卷一《图记总叙》，广陵书社，2006年，第25页。
9. (清)倪文蔚等修，顾嘉蘅等纂：光绪《荆州府志》卷三四《职官志六》，《中国方志丛书》华中地方第118号，成文出版社，1970年，第389、393、400、410页。
10. (清)王柏心：《百柱堂全集》卷四《诗·送俞鸿甫参军入都》，《续修四库全书》第1527册，上海古籍出版社，2002年，第175页。
11. (清)俞昌烈：《楚北水利堤防纪要》《王柏心·序》，第19页。
12. (清)郑荚修、杜煦明、胡洪鼎纂：同治《通城县志》卷一二《职秩》，清同治六年刻本，第15b页。
13. 姚椿（1777—1852），字春木，一字子寿，号樗寮生、樗寮子、樗寮病叟、东畲老民、塞道人等。松江府娄县人，其父姚令仪官至四川布政使。姚椿在屡试不第后，绝意科考，拜师桐城派姚鼐，研习程朱理学以及水利、兵防等实学。他喜好藏书抄书，藏书楼以"通艺阁"为名，抄书所用纸张皆标有"通艺阁校录"字样（上海市松江县地方史志编纂委员会编：《松江县志》卷三一《人物》，上海人民出版社，2001年，第1020页）。道光十八年，姚椿应林则徐之聘，前往湖北荆南书院执教，而王柏心时为林府客卿，二人由此得识。至道光二十二年作序之时，适逢王柏心受姚椿邀请，执教荆南书院（程翔章、程祖灏：《王柏心年谱》，第50页）。
14. (清)王柏心：《百柱堂全集》卷三四《防海辑要序》，《续修四库全书》第1527册，上海古籍出版社，2002年，第525页。另外，本文所引王柏心《序》的原文，除在内容有异之处专门标注使用《全集》本外，其余所引皆为手稿本，不再专门作注，特此说明。
15. (清)俞昌会：《防海辑要》，第3页。需要注意的是，虽然宋翔凤《序》落款是"道光二十二年八月长洲宋翔凤记"，看似作《序》时间晚于此书刊出，但是比对宋翔凤《朴学斋文录》所收之《序》便知，此处是《防海辑要》的刻工疏漏，实际作《序》时间应为"道光二十一年八月"[(清)宋翔凤：《朴学斋文录》卷二《防海辑要序》，《续修四库全书》第1504册，上海古籍出版社，2002年，第358页]。
16. (清)俞昌会：《防海辑要》《宋翔凤·序》，第11页。
17. 黄朴民、魏鸿、熊剑平：《中国兵学思想史》，南京大学出版社，2018年，第473—476页。
18. 熊剑平：《明清兵学：中国古典兵学的终结与转型》，《军事历史》2020年第2期，第36页。
19. 王宏斌：《晚清海防：思想与制度研究》，商务印书馆，2005年，第25页。
20. 何新华：《晚清海防与海权思想论略》，中国社会科学出版社，2018年，第51页。

水陆兼司——馆藏清道光刻本《纪效新书》所见戚继光之海防实践及思想

作者：任志宏
中国航海博物馆
学术研究部（藏品保管部）
副研究馆员

戚继光作为明代的著名将领和民族英雄，不仅统兵作战战绩卓著，练兵治军同样是其所长，所著《纪效新书》（图1）深刻反映出他对于东南抗倭期间军事实践的总结，背后所折射出的军事思想也同样为后人所瞩目，这些思想对当时明代海防的发展起到了相当程度的影响，对于后世明代海防研究也仍然有着十分重要的借鉴意义。

一、其人、其书

戚继光，字元敬，号南塘，山东登州（今山东蓬莱）人。明代抗倭名将、民族英雄。戚继光出身将门，其父曾任大宁都司都指挥使、神机营副将。戚继光自幼兼习文武，博通经史。嘉靖二十三年（1544），其父病重，戚继光遂袭父职任登州卫指挥佥事，时年十七岁。嘉靖三十四年（1555），因东南倭寇猖獗，戚继光奉命调往浙江前线御倭，开启抗倭名将生涯。此后的十一年里，戚继光选练新军、严明军纪、编练战阵、造船制械，率军转战于东南沿海，无论陆地海上，连战连捷，曾于嘉靖四十年（1561）对倭寇九战九捷。至嘉靖四十五年（1566），经过十余年鏖战，东南沿海倭患基本肃清。

戚继光作为文武兼资的统兵将帅，非常注重对于行军作战和练兵治军心得的记录，战斗之余勤于著述，有记录东南抗倭经验的《纪效新书》，移镇蓟北后的《练兵实纪》。这两本兵书在练兵、治械、作战等方面多有创见，通过大量的军事实践和经验总结，把中国古代军事科学的发展推到一个新的高峰。

尤其主要记录总结东南抗倭时期经验的《纪效新书》，最初成书于嘉靖三十九年（1560），当时正值明代海防废弛，来自海上的倭寇以与过往迥异的武器、战术和来源，给当时的明代政府和军事将领第一次提出了如何有效防御海上来敌的新问题。戚继光通过东南沿海的抗倭军事实践，一步步地摸索出了一条行之有效的海防策略，并通过切实地执行这一策略，消除倭患，平定东南海疆，巩固了海防。戚继光将其在抗倭作战期间的心得体会，以及编练新军时的各种条例、规定等汇集成书，即是《纪效新书》。该书最初为十八卷本。后来戚继光又经历北守蓟镇、南调广东，于任职广东总兵期间将该书重新刊订为十四卷本。

进入明代中期以后，由于国家军备上的废弛，东南沿海的倭寇劫掠和北方边疆的蒙古骑兵入寇都给明朝政府以极大的军事压力。在这样严峻的情势下，对于边防和海防，以及新式火器的制造和使用开

图1
《纪效新书》书影
中国航海博物馆藏

始逐渐被重视，出现了很多以巩固边防、加强海防、革新火器等为目的的兵书，[1]《纪效新书》就成书于这样的大背景下。在这一时期众多的军事书籍中，《纪效新书》依然是最具意义的，其一，该书"是中国第一部以训练为主的兵书"[2]；其二，该书具有极大的实操性，因为它是戚继光实际练兵经验的总结，而且是经过实战检验，行之有效的经验总结。因此，《纪效新书》甫一问世，就受到极大关注，并在此后的几百年间多次刊印。

现存的《纪效新书》版本颇多，有明刻本、清刻本、民国刻本等。20世纪80年代后也多次对该书进行点校出版。中国航海博物馆所藏的这套是清道光二十一年（1841年）虎林西泉氏刻本，为十八卷本，共六册，纸本，线装，保存基本完好，部分书册书脊脱线；第四册封面缺，第一页脱落。该套藏书封皮为棕色厚纸，纸质较粗，素面无字。

二、海防背景

嘉靖三十五年（1556）八月，就任宁绍台参将仅一个月的戚继光站在龙山所的一块高石上，看着数千官军与倭寇交战一触即溃。他此刻所看到的其实是当时明朝中期海防的缩影，是海防废弛的现状。

"海之有防，当始自于明代。"[3]明朝以前，大海对于中国而言是陆地疆域的延伸，是海上丝绸之路的载体，除了广袤无垠和恶劣的天气之外没有什么危险，海防自然也无从谈起。然而自明朝建立，沿海地区便开始接连遭受到来自海上的侵害。这些人中既有逃亡海上的地方割据武装集团，也有来自日本的流浪武士、不法商人，后来两者逐渐合流，也即是俗称的倭寇。倭寇肆意劫掠地方，残害百姓，于是明太祖朱元璋通过设置卫所加强沿海地区的防御实力，同时组建了一支具有相当规模和战斗力的水师船队，由此，东南沿海"路聚步兵，水具战舰"的复合型海防体系逐渐成形。平时水军以"巡洋制度"在外海巡哨，陆军则依托岸防设施"海岸防御"，遇战则水陆协同作战，这在当时是行之有效的一套海防体系。永乐年间，明初的海防体系继续得到加强，并取得"望海涡大捷"，沿海局势基本平定。此后的宣德年间，由于国力的恢复和增强，进一步完善了沿海海防设施，也进一步加强水军建设，沿海地区海防趋于稳定。

然而历经百年承平，明初惨烈的倭患已经逐渐淡去，甚而被遗忘，明朝政府对海洋逐渐失去了警惕性，自然也失去了巩固海防的动力和意愿，明初费尽人力物力心力打造的海防体系也逐渐废弛。

据文献记载，当时的沿海卫所兵力空虚，大量军卒逃亡求生，致使沿海卫所兵员缺额严重，"一卫不满千余，一所不满百余者"[4]。水师战船也破损严重，不仅没有新造战船，原先装备的各式战船也在日益破损后得不到修缮保养，沿海"卫所四十一，战船四百三十九，尺籍尽耗"[5]。明初"陆聚步兵，水具战舰"海防体系已成"陆无步兵，水无战舰"，曾行之有效的海防机制至此已然是分崩离析。总之，海防体系已是形同虚设，而倭寇又在此时卷土重来，明朝中期的海防面临着严重危机。戚继光面临的就是这样的现实。

三、书中所见之海防思想

1."水陆兼司，陆战尤切"

该句语出十八卷本《纪效新书》卷首一《任临观请创立兵营公移》。（图2、3）这篇文章其实可以看作戚继光上任宁绍台参将后针对倭寇作战提出的战略方针，他在文中直言不讳地指出当下浙江地区抗倭所面临的现实情况很不乐观，"本职承命以来，且夕兢惕，兴思及此，无任忧惶"。而造成这一局面的一个很重要的原因就是没有可战之军，"今既无堪战练制之士……流寄杂兵以塞燃眉之责"，遇到倭寇来袭只能以"杂兵"充数，结果自然可想而知。对于这一问题，戚继光也并不是一味地指责，而是给出了对策——练兵。他认为现在的军队"兵将暌违，虚声冗众，士心未附，军令不知"，已经不堪使用。只有重新选练士兵，训练出"节制敢战之兵，经练素孚之卒"才能抵御沿海地区愈演愈烈的倭寇之患。同时，戚继光对于练兵所预期的困难和方法都做了预计。当时的现实情况是"两浙数年军书警报并无一日之停",宁绍台地区和其他沿海地区常年处于被倭寇骚扰侵袭四处劫掠的威胁之中,军队要到处奔走与倭寇作战,"纵有练兵之志,亦无可乘之时",很难有时间进行系统的训练。对此,戚继光针对倭寇的特性做了分析,倭寇自海上而来,需要根据季风方能操船而行,季风的间歇期同样也是倭寇侵袭的间歇期,抓住这一间隙就可以进行练兵。而且"杀贼练兵可以并行不悖",若倭寇来袭,则"一面照常督集官兵战剿,一面统集新兵,或储器、教艺、练营,待教练有成,即可期实用矣"。可见戚继光对于抗倭、练兵的各方面都是做了充足的了解和充分的预案,一些练兵的细节也在文中略加阐述。文中还对当下以及未来练兵过程中可能会遇到的困难进行了陈述,对于兵源问题,他提出"其不足额数者,或许职亦量行自募",通过自行招募士兵来解决兵员不足的问题。

图2、3
《纪效新书》卷首一
《任临观请创立兵营公移》篇首

这篇卷首文字言辞恳切，内容翔实，大至作战方略，小至烧火做饭，无不虑及，足见戚继光思虑之深远周全。该篇写于嘉靖三十五年十一月十五日，距离戚继光履任宁绍台参将仅四个月，其间他已经参加过战斗，也目睹了卫所军的表现，亲身感受到了其战力之低下。若非有切身体会，是无法写出这样言之有物的战略方针的。而"水陆兼司，陆战尤切"这一观点也成为戚继光日后统兵作战的指导思想，贯彻于他在东南沿海抗倭的整个过程。

2."凡水战于舟，火攻为第一筹"

语出十八卷本《纪效新书》卷十八《治水兵篇·战船器用说》一篇。（图4）此句中的"火攻"是放火烧船的意思，并非以火铳火炮类轰击。在戚继光后来修订的十四卷本《纪效新书》卷十二《舟师篇·火器总解》开篇第一句就是"水战，火攻为第一"，用语更为简练直白，也更有力度，足见使用火器这一思想在经历了东南沿海抗倭战争的实践和锤炼后，愈发的坚定。另外在同样由戚继光编写的《练兵实纪杂集》卷二《储练通论·原火器》一篇中，也有"五兵之中，惟火最烈"之语。《战船器用说》一篇内容是戚继光身为一名奋战在战斗第一线的军事将领对于水上作战的敏锐嗅觉和务实作风的良好体现。

明朝嘉靖年间，也就是16世纪中前期，世界范围内的火器都有了长足发展，欧洲各国已经先后开始出现炮制改革，主要是规范了火炮的形制、结构，统一了口径，根据火炮用途合理搭配，兼顾不同射程等，在技术方面并没有革命性的突破。炮制改革后的欧洲国家海战中，如1571年土耳其与神圣同盟联合舰队在勒班陀附近海域进行的海战，1588年英国和西班牙在英吉利海峡进行的海战，虽然都损失沉没了不少军舰，但大部分都是起火后沉没的，被火炮直接击沉的数量很少。足见这一时期的火炮虽然已经成为海战的重要兵器，但是对于战船而言，还没有一锤定音的决定性实力。火，依然是这一时期对战船最大的威胁。所以，戚继光认为，在水上作战两船相遇的紧急关头，使用的火器应以实用为主，并不是装备的火器种类越多越好，"火器之属种目最多，然可以应急用者甚少"，原因是"诸器或有宜于用而置度繁巧，一时仓忙不能如式掷放，致屡发而无用；或精巧宜用而势不能遍及"。可见在作战中戚继光强调的是军队士兵的反应速度，和船上所装备火器的使用便捷程度，至于火器的种类，"止有二种，一远一近，至矣足矣"。

戚继光深知武器装备对于军队的重要性，精良、先进的武器装备可以有效提升军队的作战能力，对于战斗乃至抗倭战争的结果都有着很大的影响。因此，他也十分重视武器装备的制造和使用，特别是新式火器。

《纪效新书》卷十八《治水兵篇》中记载，水兵一哨下辖福船两艘、海沧船一艘、大苍山船两艘，二哨为一营。一营编制计有士兵四百四十人、杂役七十四人，共五百一十四人。其中福船第一甲操作佛郎机、第二甲操作鸟铳，海沧船和大苍山船均为第一甲操作佛郎机和鸟铳，合计使用新式火器的共十四甲一百五十四人。另有使用喷筒、火砖等传统火器的共十甲一百一十人。总计使用火器人数已经超过一营的半数兵力。与明代前期的水军相比，戚继光水兵营使用火器的士兵比例提升了30%。[6]

十八卷本《纪效新书》初成时，书中记载佛郎机、鸟铳各一种。后来戚继光在经历东南抗倭和北守蓟镇之后，重新刊定的十四卷本《纪效新书》中，记载了5种佛郎机和所附的9个子铳的详细尺寸，还有全套的附件。还对各式佛郎机所对应的弹丸重量和装药量，以及相应的用途也做了详细分类。戚继光的另一本军事著作《练兵实纪》中也记载了另外六种不同的佛郎机样式。"戚家军"是当时明朝"装备的佛郎机最多，种类最齐全"[7]的军队。戚家军早期福船上使用火器战斗的士兵比例为50%，后期这一比例上升到72.7%。[8]

3."将不舍舟步战乎哉"

语出十八卷本《纪效新书》卷十八《治水兵篇》第二十一页。

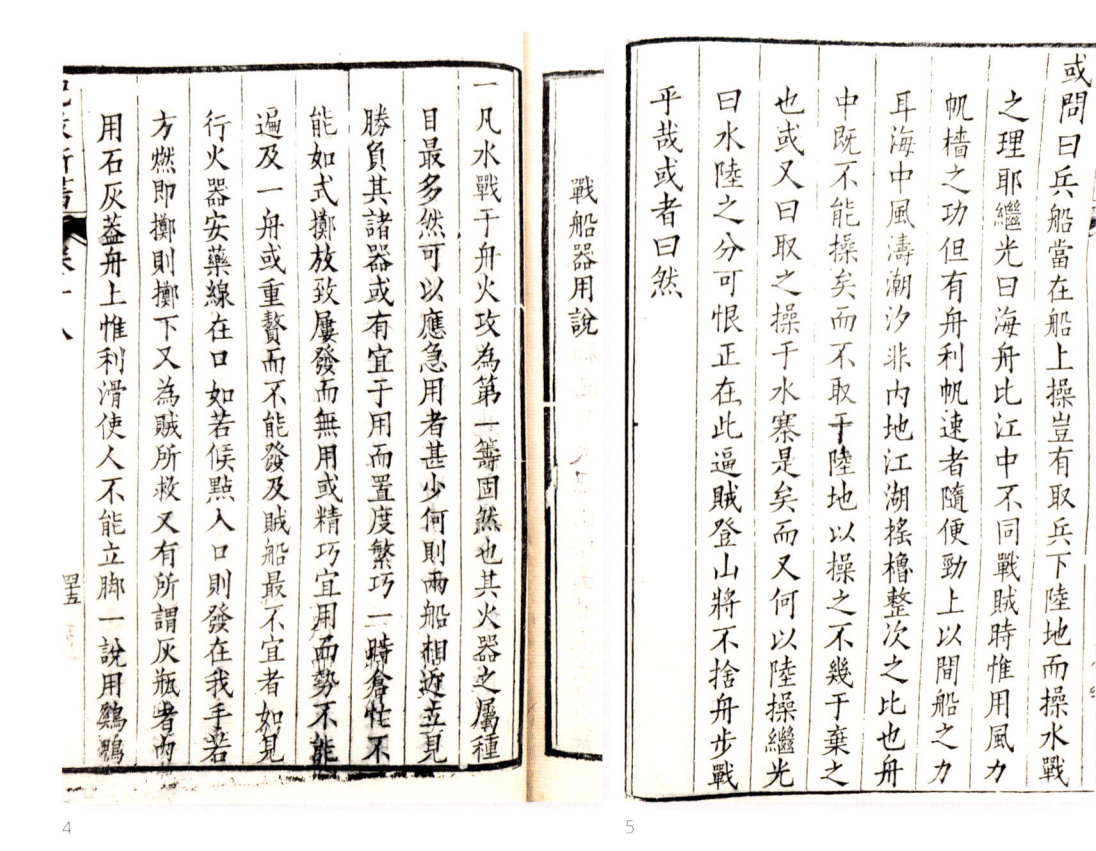

图4
《纪效新书》卷十八
《治水兵篇·战船器用说》

图5
《纪效新书》卷十八
《治水兵篇》

(图5)《治水兵篇》是专门用于阐述水师部队的编练组织、装备器械、训练操练等内容的篇章，乃至于军训号令等也一一细细写明，内容可谓十分丰富详细扎实。篇中对于水师使用的各类火器的制造、使用等也都有详细的说明，对各式船型的用法利弊也有分析，出海航行的风向、潮信等航海知识一并尽列其中，很明确地显示出戚继光对于水师部队的重视。但在第二十一页却以一问一答的形式专门就水师陆操的问题进行了阐释。这与戚继光一贯"水陆兼司"的抗倭作战思想是分不开的。戚继光认为"海舟比江中不同"，作战环境的不同，对于训练和作战方式的影响是巨大的，需要提前去准备，适应这样的变化。而对于"何以陆操"的疑问，戚继光则认为"水陆之分……正在此"，水师不仅要在海上作战，也要入内河剿倭，如果倭寇弃舟登岸，也要下船继续追击，在陆地上作战歼灭倭寇。

该篇中，戚继光对新式火器在水师中的推广使用也非常重视，以期尽快融入水师部队的训练和作战当中。为适应新式火器的装备应用，戚继光在编练水师的同时着力推动编制改革，将传统火器、新式火器、冷兵器进行合理配置。与此同时，还根据水师部队编制、武器装备等的更新变化，对训练方式同步更新。同时也要有新阵法和新战法配合，戚继光一方面钻研新的战术战法，一方面对现有战法进行调整改革。比如有关佛郎机、铜发熕之类的火器施放方法和施放纪律，在本篇内"水寨操习"部分中就有详细记述。训练时"一船一船挨次近的……先鸟铳、（佛）郎机射手照远的打发"，这种战船列队，轮番射击的战术已经颇具后世战列线的雏形。

可以说，《治水兵篇》既是戚继光创建新式水军成果的体现，也是戚继光"水陆兼司"这一抗倭思想的佐证。特别是其中关于船上水兵下船在陆地进行作战阵型操练的内容，更是有力地证明了这一点。

四、戚继光抗倭中的海防实践

戚继光从北方调往浙江抗倭前线时，时年不过二十八岁，只是一名参将，其经历、职位都决定了他当时不可能有成熟的海防思想。但名将之所以是名将，就在于敏锐的战略嗅觉。虽然戚继光不曾参与明朝海防战略的决策，也没有明确地提出过关于海防的策略，但是他在十几年的东南抗倭战争中，却不自觉地摸索出了自己的海防战略，并践行着。

1. 水陆协同作战

明初建立的海防体系中一个很重要的部分就是一支具有相当规模和战斗力的水师船队，平时巡洋外海，提供预警，战时配合陆师协同作战。戚继光到任东南后，很敏锐地注意到了这一点对于抗倭战争的重要性，于是着手重新建立水师。

较之明初的海防体系，戚继光海防思想革新进步之处在于更加积极主动。表现在提升水师规模，通过增加水师兵力、战船数量、火器数量、提升火器威力、采用新式战术等一系列手段来提高水师的战斗力。原本明初海防体系中，水师属于从属角色，只能提供巡哨预警等辅助功能。而"戚家军"中，杀伤歼敌固然还是以陆师为主，但水师已不仅仅只是在外洋巡哨预警，也开始直接参与战斗，会在海上对倭寇展开攻击，还能上陆地配合陆师作战。实际上扩大了海防体系的防御范围，变被动防御为主动防御。

在实际作战中，戚继光水师也发挥出了重要作用。嘉靖四十年（1561），倭寇趁戚继光领兵在外，纠集两万余众乘虚袭台州，戚继光率军回援，先后在附近的新河、花街、长沙等地取得九次大捷。《明史·戚继光传》中记载，"先后九战皆捷，俘首一千有奇，焚溺死者无算"。其中长沙之战时，戚继光就安排水师在海面上设伏，待陆师击溃倭寇后，在外海将倭船击沉，生擒倭首。虽然台州战役以陆师为作战主力，但水师发挥的作用不可忽视，水师也确实承担并完成了所分配的作战任务，战役目的达成。

在抗倭战争中，也有一些将领认识到水师的重要性，主张大力加强水师建设。比如与戚继光并称"俞龙戚虎"的俞大猷，就是这一主张的支持者，甚而更加激进，主张以水师为主，在海上歼灭倭寇。其想法不能说不对，但水师建设周期长，且花费巨大，确实不适合当时明朝的实际情况。相较而言，戚继光水陆协同作战的思想无疑更具有可操作性，也更适合当时明朝政府的实情。

2. 杀伤敌人有生力量

戚继光是在目睹了卫所军的战力低下不堪使用之后创建的"戚家军"。与驻防某地的卫所军不同，"戚家军"是一支善于机动的野战部队，史载戚家军"教以击刺法，长短兵迭用，由是继光一军特精"[9]。戚继光主张以杀伤敌人的有生力量为主，他认为对于倭寇应当以剿灭为主，"非大创尽歼，终不能杜其再至"[10]。因此在实际作战中，戚继光一贯主张尽量集中兵力对敌，始终保持局部的兵力优势。

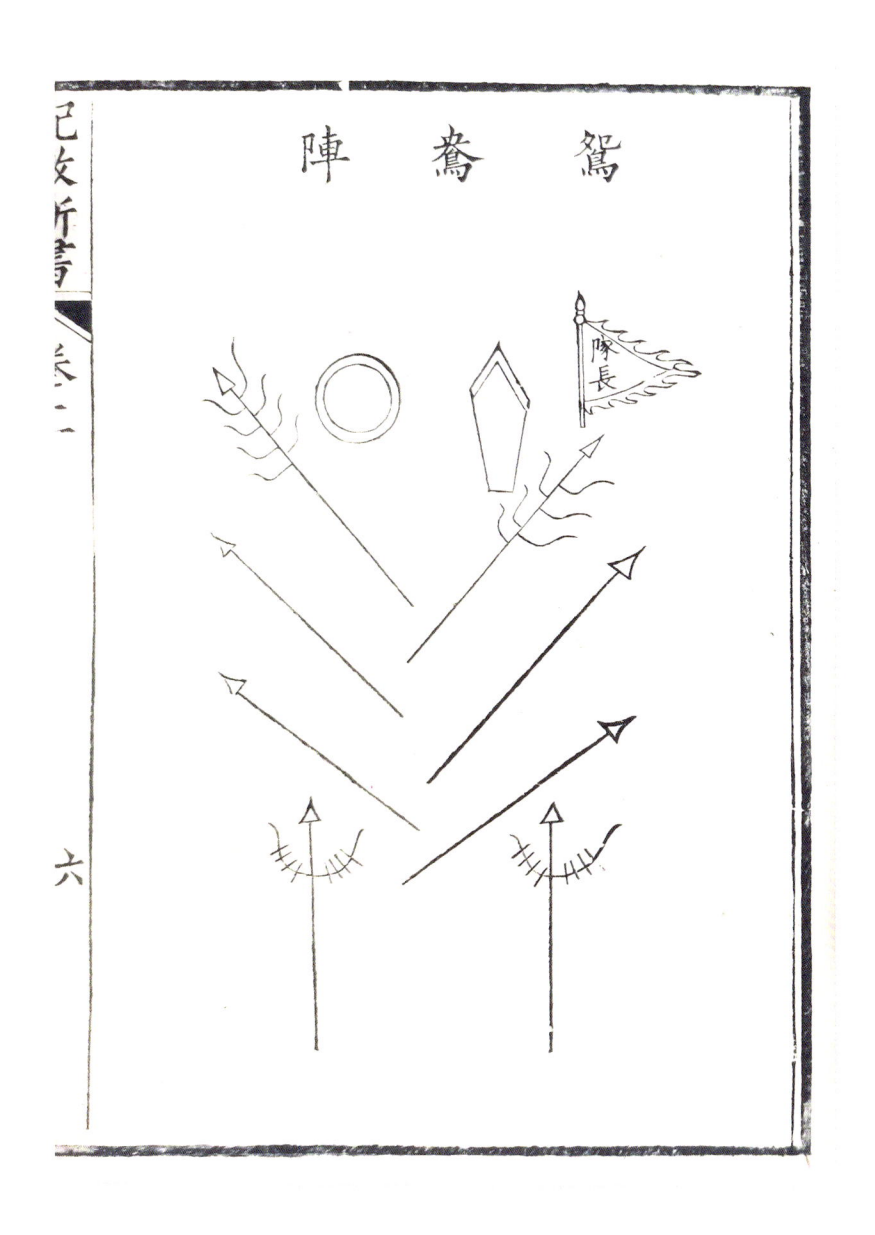

图6
《纪效新书》卷二所载"鸳鸯阵"图

嘉靖（1563）冬，万余倭寇围攻仙游，戚继光率兵六千支援。戚继光认为敌我兵力悬殊，于是一方面调集主力前来围剿，一方面派兵迟滞倭寇行动，削弱倭寇实力。不久后六千援军赶到，在戚继光的指挥下，将这万余倭寇迅速击破，并歼灭大部。

为了在与倭寇作战时取得尽可能多的优势，戚继光还针对倭寇的作战习惯和战斗特点创立了鸳鸯阵这样的战斗队形。（图6）东南沿海地区水网密布，不利于大部队展开，特别适合鸳鸯阵这样的小股队形战斗。鸳鸯阵器械搭配合理，攻防俱佳，且经过训练后可根据实际情况变化为两仪阵、三才阵等，在实战中显现出巨大威力。嘉靖四十年的宁海之战，鸳鸯阵首战就在半个时辰内斩杀倭寇数百人，自身零伤亡。

戚继光虽然重视武器的作用，但他仍然强调人的因素，在《纪效新书》中多处强调要练胆、要正心。正是由于这种勇于革新的勇气和求真务实的态度，戚继光在部队编组改革、探索新训练方式、研发新战术、改善海防设施等方面都卓有成效，他的海防思想也在实际作战过程中不知不觉地实际践行着。

五、结语

总体而言，戚继光的海防思想最重要的一点，也是与明初海防体系最为不同之处，就在于"水陆兼司"。常言道"处处设防，等于处处不设防"。东南沿海海岸线绵长，倭寇踪迹不定，明军往往疲于奔命，从战略态势到战术实施都十分被动。戚继光的·系列军事改革，不论是增加水师编制、提升水师战力、扩大水师活动范围、增强水师在战斗中的作用，以达到积极防御的目的；还是提出尽量杀伤敌人有生力量，将以往只求击溃来犯之敌的击溃战转变为"对海防来犯之敌务求全歼"的歼灭战，从而彻底打击倭寇；还有提升部队火器装备比例、提高火器质量和威力、编制合成化部队、演练新式战法从而充分发挥火器杀伤效力。这种种战术思想的转变都透露出戚继光"水陆兼司"的海防思想，通过积累战术胜利最终转化为战略上的胜利和主动。正是在这种"积极主动"的"水陆兼司"海防思想指导下，戚继光在东南抗倭战争中取得了辉煌胜利，时任兵部尚书的谭纶就称赞道："盖自东南用兵以来，军威未有若此之震，军功未有若此之奇者也。"[11]

十八卷本《纪效新书》是戚继光在东南抗倭六年之后所写，是他这些年统兵作战的心得体会。书中虽然没有海防二字，但是字里行间和文字背后的一场场战斗，却都蕴含着他的海防思想。

《纪效新书》是一本兵书，却不仅仅是一本兵书。里面有戚继光的军事思想、海防思想，练兵实践，作战实践，有三十二岁的戚继光的跨蹐满志、一腔热血，有五十六岁的戚继光的戎马倥偬、一生回眸。对于研究明代军事史、火器史、海防史等相关内容的研究者而言，是一座需要继续发掘的宝库。

---

1. 成书于这一时期的兵书还有很多，如成书于1557年的《韬钤》（赵本学著）、成书于1562年的《筹海图编》（郑若曾著）、编著于嘉靖年间的《阵纪》（何良臣著）、成书于1598年的《神器谱》（赵士桢著）、万历刻本《海防图论》（郑若曾著），成书于1643年的《火攻挈要》（汤若望口授，焦勖编纂）等。
2. 范中义：《戚继光评传》，南京大学出版社，2004年，第333页。
3. 易泽阳：《明朝中期的海防思想研究》，解放军出版社，2008，第1页。
4. （明）唐顺之：《条陈海防经略事疏》，《明经世文编》卷二六〇。
5. 《明史》卷二〇五《朱纨传》。
6. 王兆春：《世界火器史》，解放军出版社，2007年，第162页。
7. 王兆春：《世界火器史》，第162页。
8. 范中义：《戚继光评传》，第297页。
9. 《明史》卷二百一十二《戚继光传》，中华书局，1974年，第5611页。
10. （明）戚祚国等：《戚少保年谱耆编》卷一，嘉靖三十六年二月《条练土兵》。
11. （明）谭纶：《谭襄敏奏议》卷二《请行赏罚以励人心疏》。

《海防要览》等文献所见晚清海防及思想嬗变

作者：武世刚
中国航海博物馆
学术研究部（藏品保管部）
主任 副研究馆员

有明以来，一直到清代中期，国家海防总的来说是"以禁为防"，是一种消极的防御，对于海外交往采取严格的限制，所谓"闭关锁国"。正如学者所言："乾隆时期隔绝政策没有大的变化，在沿海始终存在着一堵严格限制居民自由走向大海的墙，一堵不信任人民的墙。"[1]殊不知正当中国以海为禁、闭关自守的同时，欧美西方国家却迅猛发展，科技、工业、军事、商业一日千里，随着国力膨胀，殖民扩张，海洋成为连接世界的通途，也成为争夺扩张世界权力的角斗场。中国近代海防建设实际开始于西方坚船利炮打开国门的鸦片战争之后，[2]《清史稿》称："国初海防仅备海盗而已，自道光中海禁大开，形势一变，海防益重。"[3]

面对西方的船坚炮利，以林则徐、魏源为代表的有识之士开始提出"师夷长技以制夷"的思想，从数千年以来的陆权主义传统到海防弛禁的重视与变化，实际是代表中国对外观念开始重大的转变，由此形成中国近代较早的海防思潮。第二次鸦片战争后，近代海防思潮与洋务思潮相结合，从师夷长技到试造兵船机器，从新式海军、海军衙门到海军学堂人才的培养，促进近代海洋观念的进步，近代海防海军的发展，开始了开矿、铁路、电报、航运、造船、建军、兵工、教育等一系列富国强兵的洋务实践，后随着日本侵台、中法战争、中日战争等重大事件的影响与刺激，海防思潮渐趋丰富，海防建设载沉载浮中渐有积淀和成效。

自鸦片战争之后，从朝廷大员到社会有识之士，关注、议论及实践洋务、倡议海防者渐多，数十年间蔚然成风，推动了海防建设发展，也一定程度上促进了中国近代化进程。[4]本文论及中海博馆藏文物三种，均为晚清海防类历史文献，其中《海防要览》内容所涉为海防筹议奏疏，是晚清新式海军创建的前奏；《防海纪略》主要夹叙夹议鸦片战争及天津教案相关历史，文中多有时人对于华夷之变、对于外来事物的认知与心理投射；《请缨日记》主要论及中法战争的来龙去脉，间发评议，从中亦可管窥作者对于洋务、海防的观点与看法。

一、《海防要览》

《海防要览》（图1、2）为清光绪甲申年（1884）敦怀书屋刊本，由长沙左锡九校刊，书为一册，纸张采用当时较为少见的机制纸。书中所载丁日昌《海防条议》及李鸿章《覆奏海防条议》两篇文章，是研究晚清海防史的重要史料。

提到晚清海防历史，不得不提著名的海防大筹议，又叫海防大讨论。筹议源于1874年日本侵台事件，当时海防空虚，武备废弛，清朝政府占理而力绌，无奈只好委曲求全，赔款日本五十万两白银，晚清朝廷受到极大刺激和震动。《中日台湾事件专条》在北京签字不久，总理衙门递上《海防亟宜讲求武备必求实际折》，回顾了外侮巨

图1、2
清光绪十年《海防要览》书影
中国航海博物馆藏

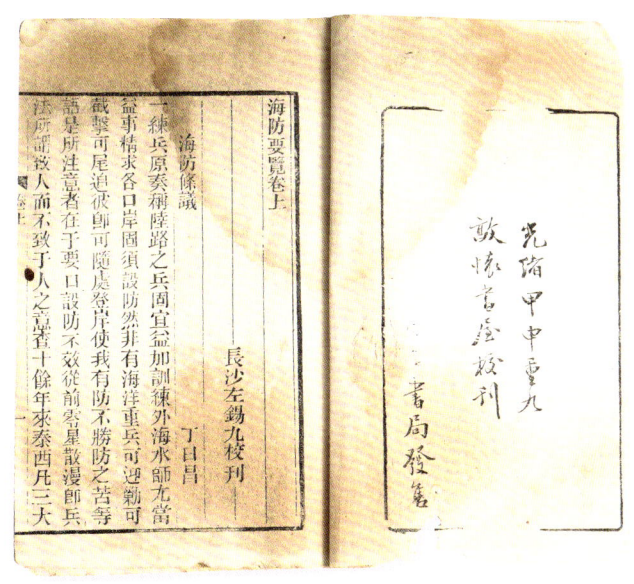

图3
丁日昌图像[6]

图4
李鸿章图像
中国航海博物馆藏

痛，认为必须讲求武备、亟图振作，并提出练兵、简器、造船、筹饷、用人、持久六条具体意见。朝廷下旨点名让沿江沿海督抚围绕总理衙门的专折，各抒己见，开展海防建设的大讨论。[5]丁（图3）、李（图4）二人均为晚清洋务派的代表人物，特别在海防建设方面，二人见识与贡献最为卓著，成为当时实际的呼吁者、擘画者和改革实践者，书中所载两人的两篇文章实际也是针对朝廷筹议海防的命题作文，成为晚清著名的海防大筹议中最为重要的两篇奏折。

丁日昌围绕总理衙门原奏提出练兵、简器、造船、筹饷、用人、持久六条意见，逐一论述，洋洋洒洒一万两千余字，形成《海防条议》专折，详细陈述自己的海防设想及建议，并通过时任直隶总督的李鸿章代递到了朝廷，引起不小震动。[7]由于文章的立场鲜明、观点

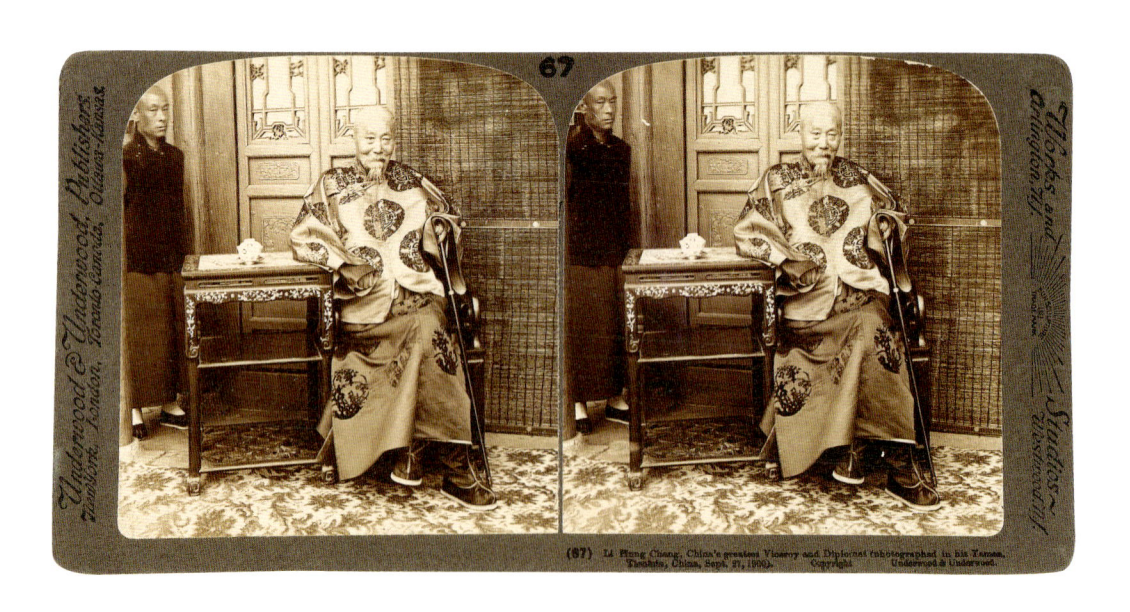

超前、内容丰富，后来流传颇广，刊入清末不少关于洋务或边事的书籍之中（如朱克敬辑《边事续抄》、左锡九校刊的《海防要览》以及葛士濬编《皇朝经世文续编》等）。[8]

具体从内容来看，《海防条议》不仅涉及海防，还谈及政治、外交、文化、经济建设等相关问题，其中对时局的清醒认识，不少新的构想及建议，颇为引人关注，初步梳理简述如下。一为练兵，分析世界各国形势，从更深远的背景讨论海防及政治、经济和军事近代化变革，提出裁汰旧员、购置新式武器、训练新兵、增强武备，特别提到对于日本的近期远期外交方略。海防建设很重要的就是编练新式海军，丁日昌也是倡导最力最早者，早在其任江苏巡抚时即提出了著名的"海洋水师章程"，此次借着海防筹议之机，再次上呈朝廷，自然受到格外重视。二是简器，谈到世界各国最为先进的枪炮火器等兵器种类与性能，以及炮台及兵工厂机器局的选址与建造。三是造船，内容尤为详细，谈及各国船舶吨位、类型、结构、性能，以及各国造船厂之特点优劣，相关各项船械诸如水雷、浮标、大筏，甚至气球、电线功能特色，考察精详，特别对于将来沿海各地兵船配置，器械购买与自制同步开展，提出自己鲜明的观点。著名的江南制造局、天津机器局、福州船政局都先后与丁氏有着千丝万缕的联系，其对于洋务熟悉程度可见一斑。四是筹饷，由筹措经费而推及对于发展国民经济、综合国力的一番议论，包括丝、茶、棉、五金、煤铁、电报、铁路、银行之设，皆为人力地利，开源节流的建议主张，认识到交通、电报、商业经济对于海防建设的重要意义。五是用人，从海军海员人才、外交出使人才、洋务制造经世致用人才三个方面，谈及变革、培养、优待、管理、吏治之法，认为作育人才、内修政事为自强根本。其早在江苏巡抚任上，即针对传统科举提出增加算术格致、机器制造等新学科目，又积极促成选派幼童赴美留洋求取西学，可见其对于新式人才培养亦是颇有心得体悟。六是持久，谈及专人专事，久久为功之道，提出民心为海防根本，而吏治又为海防根本，文中也提到对于泥古保守派的批判与争取，支持洋务事业。

丁日昌多年担任东南沿海地方大吏，对于海防洋务有着深切认知，并为同时代人所推重。[9]早在1867年江苏巡抚任内，丁日昌即草拟《海洋水师章程》六条，提出了海防战略主张，第一次提出建设北洋、东洋、南洋三支水师统一指挥、分区设防的设想。这次围绕总理衙门专折上的《海防条议》六条，并不是就海防而论海防，更进一步阐发了他在组建新式海军、机器开矿、设局造船、培养人才、扶助农商等方面的创见主张，全面着眼，通盘考虑，远近结合，虽然后续清廷并未全部采纳，但依然对于促进当时的洋务开展与海防建设起到了启发和推动作用。

李鸿章的《覆奏海防条议》，实为其代奏丁日昌《海防条议》六条的议复条陈，对总理衙门的六条，结合丁氏六条，逐条陈述。[10]一是练兵，提出要摒弃传统保守思想，演练新军，兵在精而不在多，新式武器的更新换代，推及练兵法则、炮台修筑等。二是简器，详细比较各国先进的枪炮、水雷等武器，指出优缺点，并提出设局仿造，增强自身兵工制造能力的重要性，以及产业布局国防安全的前瞻性。三是造船，李氏援引德国希里哈《防海新论》的论述，提出集中资源、选择关键点位优化布局、水师兵船游击与炮台岸防配合、简派能员前往外国工厂直接订造谈判学习、裁并旧制抵养新军等主张，颇有创见和实际操作性，可见其海防思想已经受到国外先进学说理论的影响。[11]四是筹饷，提出节流海关税收、增收外国洋药税收、整顿厘金、裁并旧制冗费，设局开矿建厂以增强洋务自强能力等数条开源节流之法，颇具切实见地。李氏长期热心支持实业，与洋人进行商战，很大目的就是要富国强兵，因为他已经意识到强大的海防必须有强大的经济实力、强大的国力作为保障和支撑。但李氏提到的摒弃西北保东南、抑塞防而挺海防，甚至提出鼓励国内各地种植罂粟与外国洋药竞争、增加收入等主张，也受到了当时有识之士及后来学者的批评，显得短视而急功近利。[12]五是用人，痛陈泥古保守思想限制人才培育发展，强调统一事权、南北洋分区设防、人才培养储备、分省设立洋学局、变通科考鼓励格物之学、铁路电报等现代工具用于国防的便捷重要性。除旧布新，整顿海防，人才最重要，特别是熟悉洋务、西学的新式人才，要从教育、科举、观念、仕途、社会地位等方面进行变革，非一时之功。六是持久，深刻认知自身的"贫弱""颓废"，劝诫"勿急近功，勿惜重费"，强调学习西方图强发展之路，力排浮议，统一思想，同心协力，先后相继，破成格开风气，变法图强，矢志功成。

对比两篇内容，看得出丁、李二人观点较为接近，对于筹议海防、学习洋务都持积极的呼吁与支持态度，特别是丁日昌对于不少海防、洋务问题的看法更为深切，建议也更具创见。可能限于二人的身份地位，有些观点是李鸿章所欲言而不敢尽说的。[13]而当时海防筹议，言论颇多，独有该两文收入《海防要览》一书，可见其作为当时人心思进的"海防派"主流思想颇具引领性和代表性。而筹议的结果，虽然引发了海防与塞防之争，但效果还是积极的，大家都认识到加强海防建设的必要性和紧迫性。清廷部分采纳洋务派主张，由过去重陆轻海，转变为海陆并重，海防问题比起过去受到更多重视。之后，朝廷委派李鸿章督办北洋海防，沈葆桢督办南洋海防，并积极筹饷、购船、练兵，着手筹备南北洋水师，开展新式教育培养人才，加强海防工业基础，创建海军进入具体筹划的实操阶段，开启了近代海防的曲折建设。

二、《防海纪略》

《防海纪略》（图5、6）一书作者署名芍唐居士，编于光绪六年（1880）。书分两卷，上卷收林文忠奏疏（附录林文忠请戴罪赴浙图剿奏疏）、王廉访书（附录王廷兰与曾望颜论夷人犯粤省情形书）等，书中内容还有沈葆桢、陈宗瀍等跋语、题诗，从作者序言可知，编撰该书的目的，主要还是就鸦片战争以来相关的史事"补缺删诬"，一方面以正视听，一方面分析成败得失以为前车之鉴、后事之师。比如讲到虎门销烟之后的中英冲突，进而林则徐遭贬抑罢黜，借英统领伯麦之口替林惋惜，称说林是好官员，只是"不悉外国情形耳。断鸦片

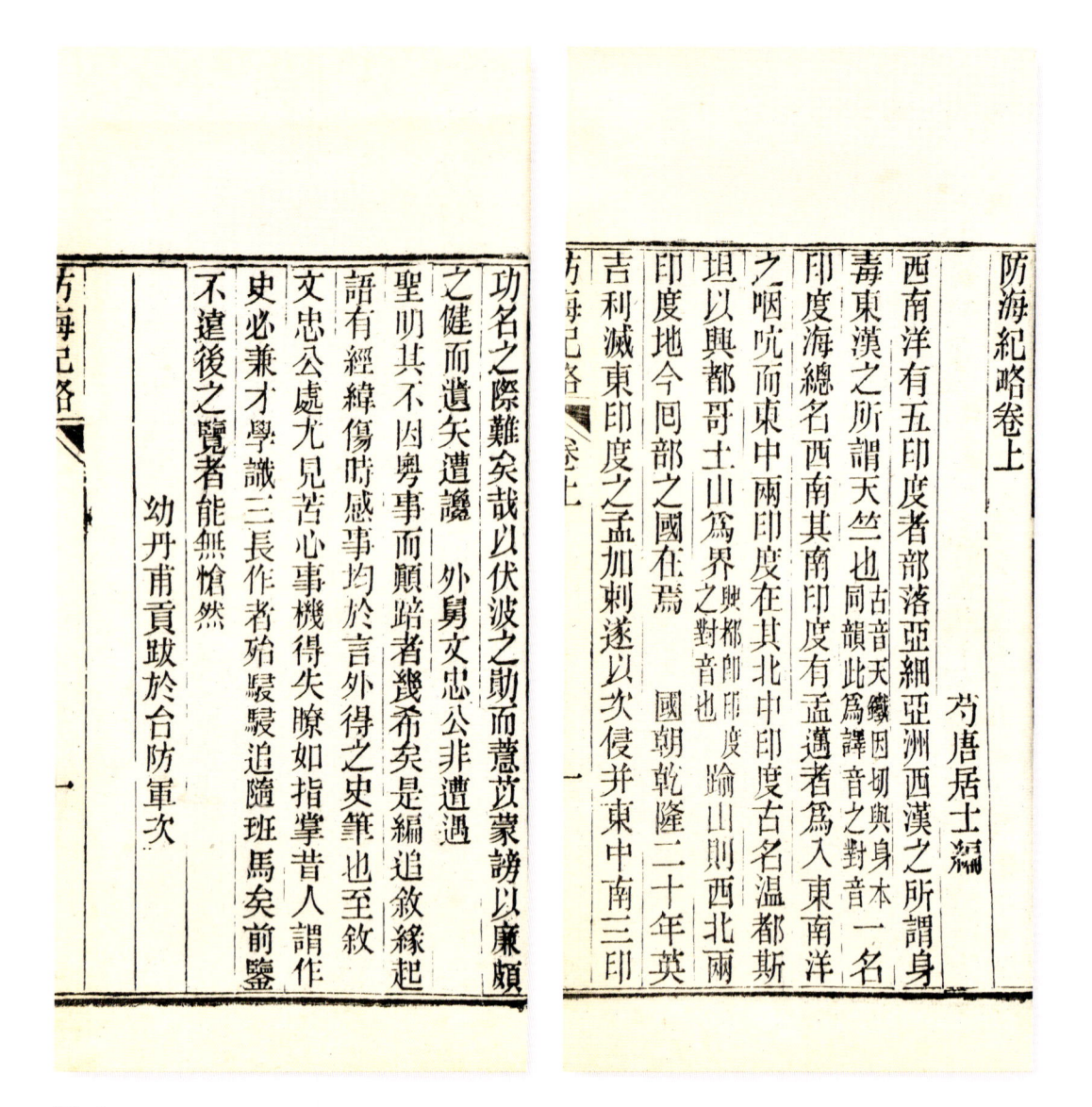

图5、6
清光绪六年《防海纪略》书影
中国航海博物馆藏

烟可，断贸易不可，贸易断则我国无以为生，不得不全力以争"。最后间有评议，提出应该尽早学习西方，师夷长技，开放通商，整经武备，裁汰冗制，富国强兵的主张。借回顾英夷入寇的史实，激扬文字，指点江山，指出当时以林则徐、魏源为代表的有识之士已经在与英人的较量中逐渐萌生较为开放、先进的海防思想。

下卷收津事述略、倭文端公奏疏、摘抄丁中丞密折等。主要回顾了1870年天津教案的发生及当时清廷政府的和战两手准备的处理，其中映射着当时曾国藩、倭仁、丁日昌等人针对该事件的不同理念与政见，以他们为代表，或委曲求全，或夷夏之防，或师夷长技，由此可以管窥当时政府及政治精英们对于洋务、外交的敏感而复杂的思想。

编者王之春（1842-1906），字爵棠，又作芍棠，号椒生，自称芍唐居士，历任山西、安徽、广西等地巡抚，参加中法战争，作为钦差出访日、俄、德、法、英等国，对于中外时势见闻感受颇为独到，多次上书朝廷自陈除旧布新建议，熟悉新政洋务，热心支持、积极实践，且留心记录，著述颇多，如《国朝柔远记》《谈瀛录》《使俄草》《中国通商史》《防海纪略》等，亦多涉外交、时政、洋务、通商、海防等内容，体现了作者浓重的洋务新政思想，是当时清廷少有的洋务思想家、开明干才。

书中所涉，特别是上卷对于鸦片战争的论述部分，反映了晚清海防思想较早阶段的启蒙与萌发。特别以林则徐、魏源为代表，在与英军的交涉、战争中，逐渐改变天朝上国、华尊夷卑的传统观念，开始认识到西方船坚炮利的长技优势，进而提出学习效仿西方"师夷长技"的经世之学，并提出创建新式"船炮水军"、设厂造船、内守与外攻并重等倡议主张，虽然受限于时局，很多主张难以展布实施，但其萌发的进步思想却对后世影响深远。

图7
唐景崧图像
上海图书馆藏

三、《请缨日记》

《请缨日记》的作者唐景崧（图7），字维卿，广西灌阳人，晚清官员、爱国将领，曾历任福建台湾道、台湾布政使、台湾巡抚等。光绪八年（1882），法国侵占越南，并伺机进犯我国云南、广西等地，时任吏部候补主事的唐景崧上书朝廷，请缨抗法，唐景崧入越，与刘永福的黑旗军共同援越抗法，参与了对法作战诸多战事，屡建功勋。光绪十四年（1888），唐景崧已因功擢升台湾道，时过境迁，唐氏将当年援越抗法的往事经过编缀成《请缨日记》十卷（图8、9），于光绪十九年（1893）刊行，成为人们研究中法战争那段历史的重要参考资料。

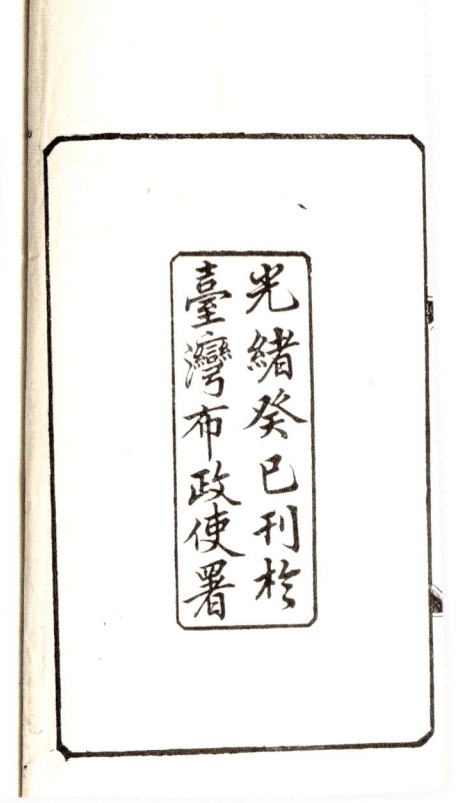

该书书首刊印"光绪癸巳刊于台湾布政使署"牌记,史事始记于清光绪八年七月初九日,终于光绪十二年(1886)九月二十二日,计四年两个月,全面记述了清末中法战争的全部过程以及战后的谈判、勘界等历史细节。该书并非单纯的日记,而是以部分日记及事后补叙的形式,搜集谕旨、军报、奏疏、邸抄、檄文、条约及朋僚游诗与往来书信等,编缀旧稿而成一部回忆录,内容包括清政府颁发的御旨、作者与刘永福的密谈、法军的进攻、越军的溃败、中法军队的激战、纸桥大捷、山西会战、北黎冲突、马尾海战、法军攻占基隆、镇南关大捷等诸多战役。清廷大员李鸿章、张之洞、彭玉

图8、9
清光绪十九年《请缨日记》书影
中国航海博物馆藏

麟、刘铭传、冯子材等在书中也均有详细描述，尤其是对于战争场面的记述，让人读后深有亲临战场之感觉。

据学者研究，《请缨日记》中的内容真伪混杂，既有唐景崧亲身经历的真实记录，也有不少记载多为穿凿附会，经不起推敲和考证。[14] 然而不论战事细节内容真实性如何，借史事发评议，亦从一侧面反映了时人对于国政、洋务、外交的理解和认知。

中法战争的失败，清政府再次受到震动和刺激，愈加感受到加强海防建设的重要性和紧迫性：一是加快订造兵舰，加强旅顺、威海等港口及营地建设；二是促成总理海军事务衙门的设立，统一事权，调配资源，指挥调度海防建设；三是加快制定《北洋海军章程》，到1888年北洋海军正式宣告创建成军。北洋海军的成军应该说达到了晚清海防建设的最高潮，后清政府洋洋自得于已有成就，故步自封，不思进取，致使1894年甲午战争中，历经数十年积累的海防家底损失殆尽。

四、结语

本文所用三种文献，同在夷夏变局、内忧外侮的大背景下，通过所涉不同的历史事件，反映出在不同的历史阶段参与其中的社会精英们对于海防时务的不同认知，从而可以看出晚清海防思想发展之轨迹。虽有各种时代局限，认识上难免有所落后、偏颇甚至讹误，但仍不失为了解当时海防思想的一种途径与代表见证，其中自然也有不少杰出人物及进步思想，在历史长河中灼烁生光。

晚清的海防思想，从最初的萌发，到中期的趋实深化，再到最后的高潮，诚然诱发推动了一系列海防海军的建设，一时颇有成效，但甲午一战，打回原形，也宣告着数十年海防建设实践的失败。然而，海防思想的历史地位及价值却不可忽视，海防思想与中国的近代化进程几乎同步，可以说海防思想一定程度上就代表着早期的近代化思想，中国的近代化就是由早期注意了解世界的有识之士倡导学习西方而推动起来的，后逐步深化并趋于实际，发展成为以"富国自强"为口号和目标的近代化运动。[15]此外，海防思想也对传统陆权思想、夷夏观念带来极大的冲击，西方的军政体制、富国强兵之道，给数千年的传统封建体制射入民主变革之光，启蒙了民智，海防思想不仅推动了西学东渐、西技东学、西器东用，也为后来的维新变法，甚至辛亥革命、五四运动，在科学、民主的思想传播与启蒙方面起到了筚路蓝缕的开山作用。而此一积极意义，比起屡有兴废的具体海防建设，更值得重视与肯定。

---

1. 王宏斌：《清代前期的海防：思想与制度》，社会科学文献出版社，2002年，第45页。
2. 姜鸣：《晚清海防思想研究》，《史林》，1988年第3期。
3. 赵尔巽：《清史稿》卷一三八，中华书局，1976年，第538页。
4. 戚其章：《晚清海防思想的发展及其历史地位》，《东岳论丛》，1998年第5期。
5. 何新华：《晚清海防和海权思想论略》，中国社会科学出版社，2018年，第139页。
6. 图片来源于黄赞发、陈琳藩：《丁日昌》，广东人民出版社，2008年9月，第2页。
7. 顾廷龙、戴逸：《李鸿章全集》第6册，"奏议六"，安徽教育出版社，2008年，第222—234页。
8. 赵春晨：《从〈海防条议〉看丁日昌的洋务思想》，《汕头大学学报》，1987年第1期。
9. 陈绛：《丁日昌与晚清海防论》，《军事历史研究》，1987年第3期。
10. 顾廷龙、戴逸：《李鸿章全集》第6册，"奏议六"，第159—167页。
11. 王宏斌：《〈防海新论〉与同光之际海防大讨论》，《史学月刊》，2022年第8期。
12. 陈贞寿：《晚清"海防"与"塞防"论争新探》，《福建师范大学学报（哲学社会科学版）》，1993年第1期。
13. 翁飞：《从两次海防大筹议看李鸿章的海防思想与海军建设》，《江淮文史》，2014年第6期。
14. 廖宗麟：《〈请缨日记〉辨误》，《历史研究》，1996年第2期。
15. 戚其章：《晚清海防思想的发展及其历史地位》，《东岳论丛》，1998年5期。

清同治十年刊《长江图说》

作者：蔡亭亭
中国航海博物馆
陈列展示部
馆员

长江是我国第一大河，横贯东西，连通陆海，素有"黄金水道"之称。凭借地势之利，长江成为难以逾越的天险和军事屏障，历来是兵家必争的战略要地；江海相连，沿长江入海口可深入中国腹地，故据守长江、加强江防，也是抵御外敌的必然要求，和海防互为表里。

中国航海博物馆藏清同治十年（1871）刊印的《长江图说》（图1），是晚清长江水师防务军用地图，由当时的两江总督曾国藩提议，长江水师提督黄翼升主持并审定，晚清大儒、地理学家马征麟（1821—1893）主编。《长江图说》根据从湖北江陵至江苏江阴的实地勘测编绘，呈现沿江山川、湖泊、城市等地理地貌概况，并附以地名沿革和历史事件的详细注释，对一些涉及长江河道演变的重要问题展开探讨和论证，是第一部关于长江的历史地理专著、第一部中国自

图1
《长江图说》书影
中国航海博物馆藏

行测绘的长江河道图，也是目前所见民国以前中国内容最丰富、绘制最精确、比例尺最大的长江中下游河流水道军事地图[1]，对于研究晚清长江防务、长江治理与水道变迁具有很高的文献价值。

一、馆藏《长江图说》概述

中国航海博物馆藏《长江图说》一套五本，共十二卷，是马征麟受晚清地理学发展的影响，应长江水师巡防之需而作，其成书离不开当时的特殊历史背景。

晚清时期，社会危机加深，外有英美侵略东南沿海，英法窥伺西南边疆，沙俄侵犯内陆东北、西北地区，多个条约的签订使中国逐渐沦为半殖民地半封建国家；内则有接连不断的农民起义，以太平军起义为甚；此外，灾害亦接连不断。面对内忧外患，有识之士深刻意识到长江地理位置之重要、战略意义之大，表现为：江防受到重视，长江水师逐渐建设起来；地理学研究"重心盖由古而趋今，由内而趋外"[2]，出现了众多以经世致用为目的、以实地绘测为方法的长江舆图。《长江图说》就是在这样的大背景下，开始绘测和编纂。

同治三年（1864），太平天国运动被镇压。东南既定，曾国藩、彭玉麟因长江防务重要，奏请清廷设立长江经制水师。同治七年（1868），长江水师部署就绪，自湖北荆州至江苏江阴，绵亘湖北、湖南、江西、安徽、江苏五省沿江数千里，立志打造"天堑雄师"。在清廷大力建设近代海军之前，长江水师一直在长江、内河和外海水师建设中处于相对重要的位置。[3]

曾国藩曾因"至长江数千里，近来中外交争，关系最重"[4]，奏请绘制长江图。但直到同治八年（1869）黄翼升出任长江水师提督时，仍未有较完整详尽的地图可用于长江防务。因此，其幕僚王香倬约请马征麟[5]，随黄翼升一同巡阅长江，以绘制长江图。马征麟一行三月从金陵出发，上溯荆州，下迄江阴，旁历洞庭、鄱阳两湖，历时九月，经过"往复回环、程逾万里、游览乃遍"的实地考察与调查测

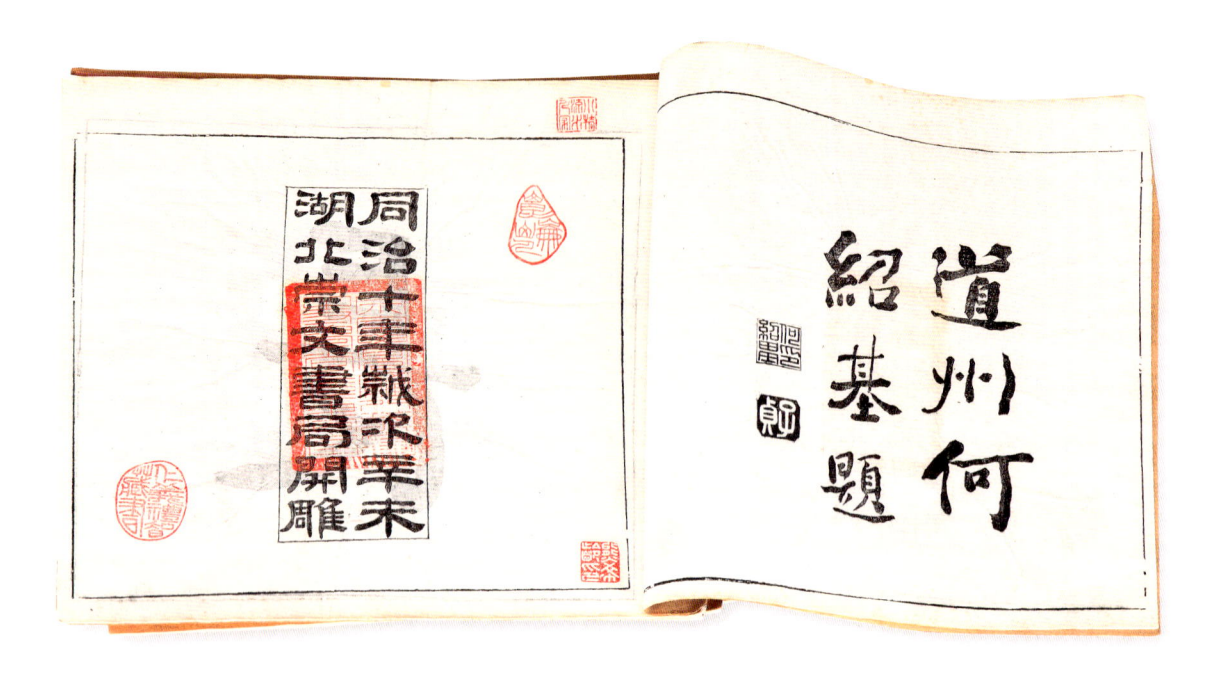

图2
《长江图说》扉页

绘，按当时长江水师新制，绘成《长江图》。[6]未尽之处以"杂说"的方式缀于其后，所成之书即为《长江图说》。

《长江图说》初版刻于同治九年（1870），由金陵提署刊刻，后有同治十年湖北崇文书局重刻本。中国航海博物馆馆藏即为同治十年刻本。

《长江图说》扉页牌记题"同治十年岁次辛未湖北崇文书局开雕"（图2），开篇为黄翼升所作《叙》，随后为书法家何绍基题签"长江图"三字；卷首有马征麟撰《例言》等，后为正文十二卷；结尾附王香倬所作《后序》。正文由"图"和"杂说"两部分组成，"图"为核心内容，是马征麟随水师提督巡阅后所绘长江水师军事巡防地图，描绘长江干流河势、江中沙洲分布与形态、各港口码头位置与相间距离、沿江府州县治所及地名沿革，等等；"杂说"则是对"图"中所涉部分内容的诠释及考订。

二、《长江图说》内容与价值

《长江图说》目录为十二卷，实际完成十卷。卷一、卷二付之阙如，下题"俟刊"二字，无图。根据目录（图3），卷一内容应为《兼辖狼山镇标内洋水师海门通州二营汛地》《瓜州镇标四营汛地》《提标五营汛地》；卷二为《湖口镇标五营汛地》《汉阳镇标四营汛地》《黄州镇标四营汛地》。卷三至卷八为江防图，共七十二幅，有内容者三十三幅。卷三第五至第十二幅，卷四第六至第十二幅，卷五第一至第二幅、第十至第十一幅，卷六第一至第四幅，卷七第一至第五幅、第九幅，卷八第一至第五幅等，图皆缺。卷九至卷十二为"杂说"。

下文就图说内容详细介绍。

图3
《长江图说总目》

卷首中，马征麟撰《例言》六幅，《六标营目》四幅（图4），《长江图目》八幅。（图5）《例言》中说明本书绘图的凡例；《六标营目》详细罗列了长江水师下属的六标二十四营，以及各标所辖具体人员配置；《长江图目》是"图"部分的目录，标注了每幅图所绘长江北岸、南岸所属府县的水师营汛。

"图"部分占据《长江图说》较大比例，是此书的核心内容。

图共六册，描绘了从长江中游的荆州到长江下游入海口的山川地形。图上北下南，每册中第一幅至第十二幅由东渐西，呈现长江曲折流向及北、南两岸的地理位置、山形、地名等，便于观览。图上以写景符号为主，所绘内容包括沿江府县、村镇、驿站、分界、山形、港汊、沙洲、桥津、渡口、炮堤等，尤其对营汛属地、标营以下各军

图4
《长江图说》卷首《例言》
《六标营目》

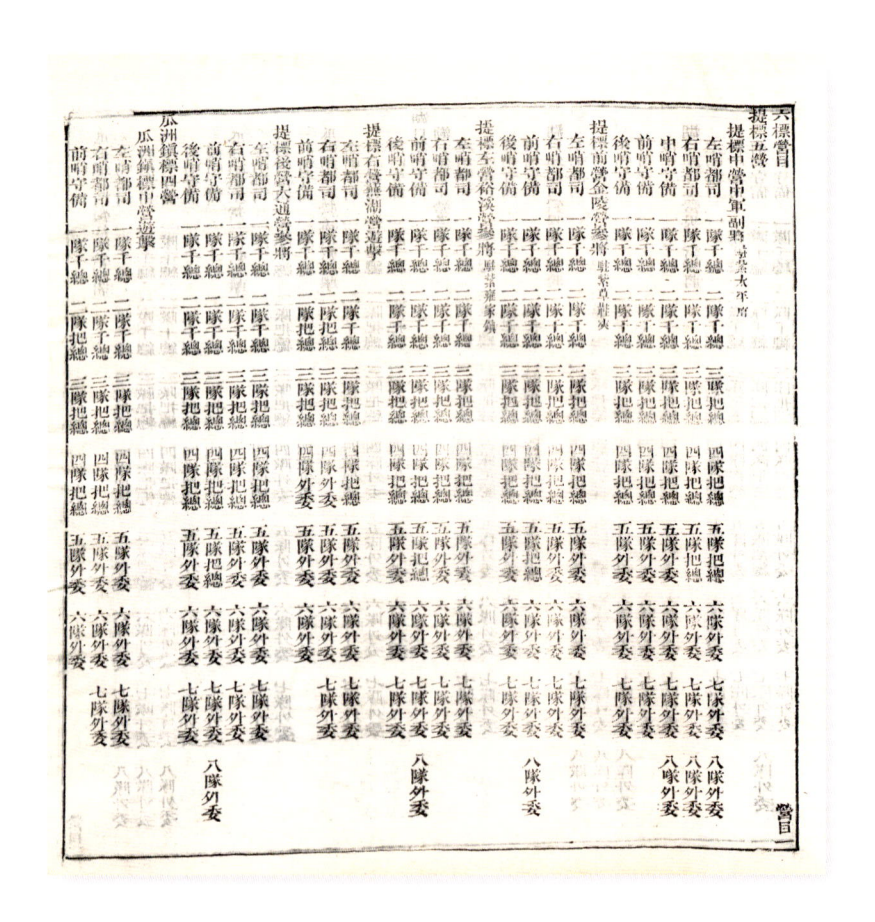

事驻守处等与军事相关的内容,都详细标出或加注说明,文字相向书写。每幅图四周的空白处还附有作者对该图的说明。全书图幅广博而精细,总览观之,当时长江流域形势如在眼前。

《长江图说》所绘范围之广前所未有。此前长江相关文献多描绘某一支流,或以一图绘一省之貌。而《长江图说》绘图范围绵亘湖北、湖南、江西、安徽、江苏五省计二十四府七十县境,约在北纬二十七至三十二度、东经一百零八至一百二十一度范围。(图6)图中以洞庭湖、鄱阳湖两大湖为核心的长江中游,是当时长江水师主要辖区,也是长江防汛的重点地带。

《长江图说》中图幅内容细致详尽。顺着江流来看,山脉、沙洲基本位列左右,府县相对较远,长江水师各营汛地杂列其间。每幅图

图5
《长江图说》图目

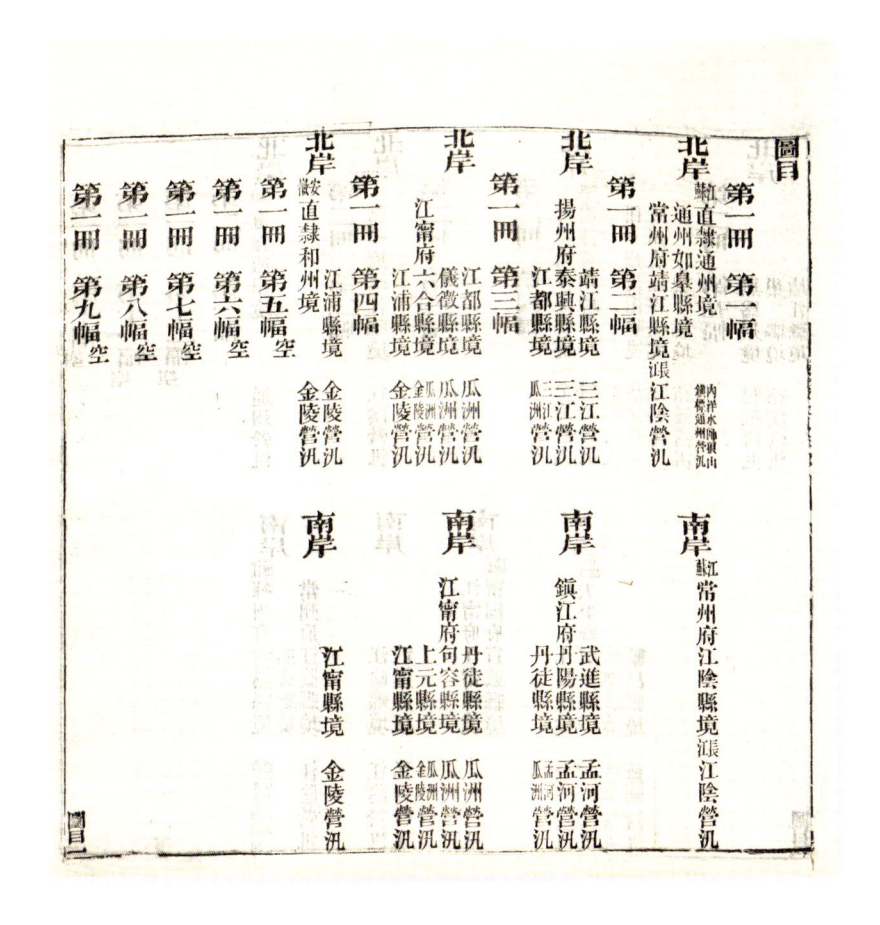

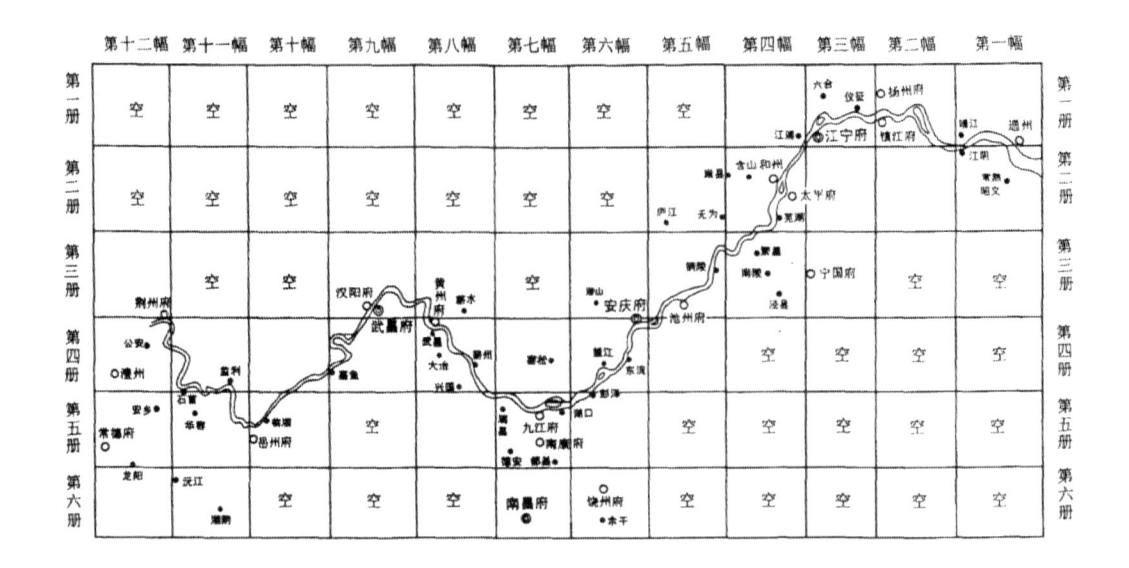

图6
《长江图说》分册分幅图[7]

上还有较多文字对重要地理位置进行阐述，图文并茂，相互说明。文字内容既反映沿江山川、湖泊、城镇等地貌及兵营炮台分布概况、长江水师兵力部署，还介绍各州县沿革、山川水陆形势、长江沿岸要地、古今兵家必争之处、历史事件考释等，并对一些涉及长江河道演变的问题展开探讨与论证，使《长江图说》具有军事防御地图和水利地图的双重性质。

如"卷三图第一册第三幅"（图7）中，河口之间无论远近皆注明里数；江宁府城中的明故宫、孝陵卫、雨花台及河流等也都绘于其中；在江流南岸中部，所绘"华山"与"栖霞"是金陵、瓜洲两处营地的界山，作者就将"金陵瓜洲营界"六字写于两山山脉之间，可知其绘图之细致。

图中关于建制沿革考辨的内容很多，马征麟认为："可以知地势之卫要，稽古人之成败，亦以识地形之险夷，以及水道变迁之利病。"[8]如"卷七图第五册第七幅"（图8），于"南康府"旁标注"宋太平兴国六年置南康军，元曰南康路，明改南康府"，以寥寥数语将江西南康府沿革一笔带过；再如"卷三图第一册第二幅"（图9），作者以多达十三行、三百余字，详细阐述了扬州府从汉至明的历史沿革，

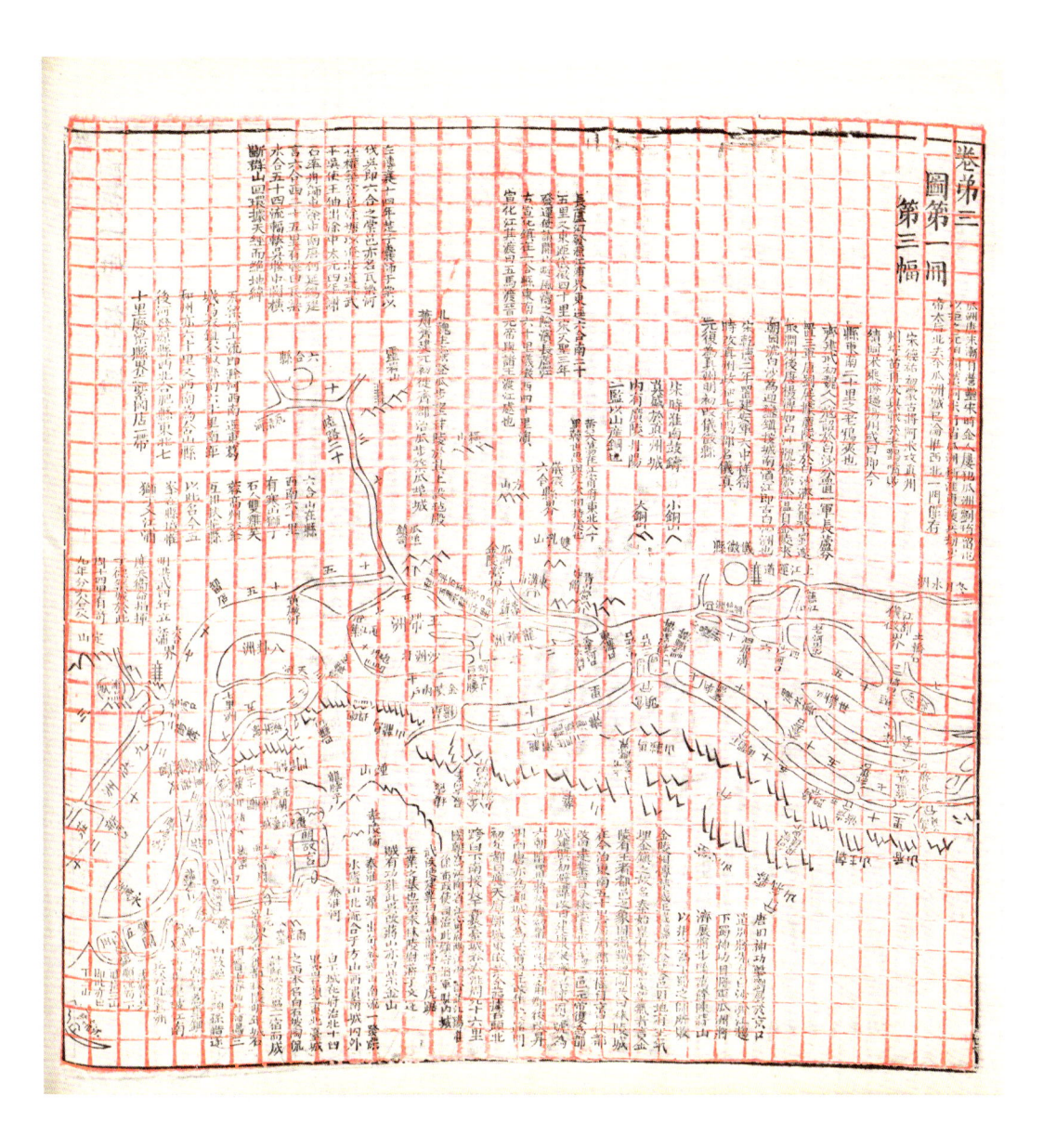

图7
《长江图说》卷三
图第一册 第三幅

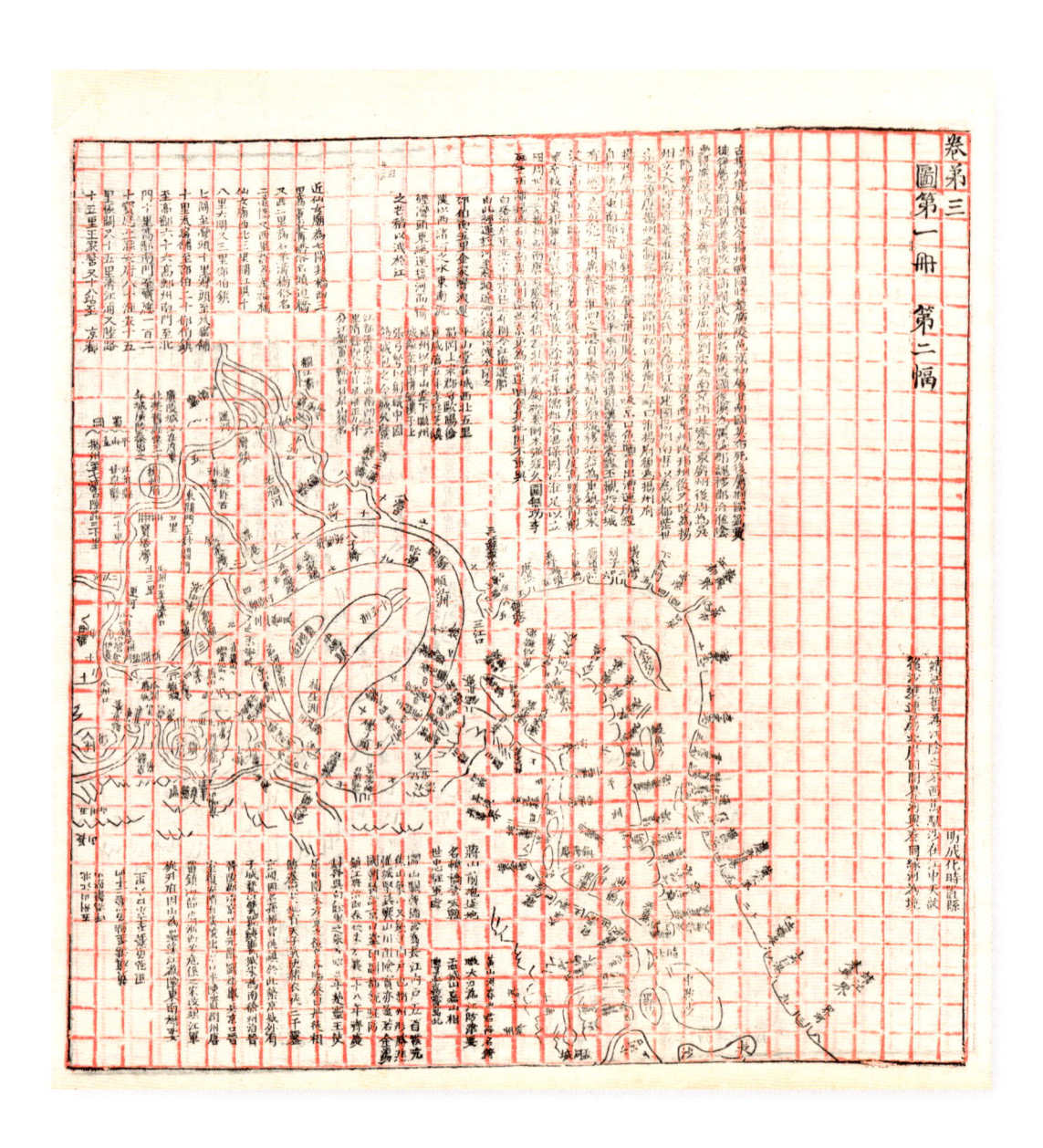

图8
《长江图说》卷七
图第五册第七幅

图9
《长江图说》卷三
图第一册第二幅

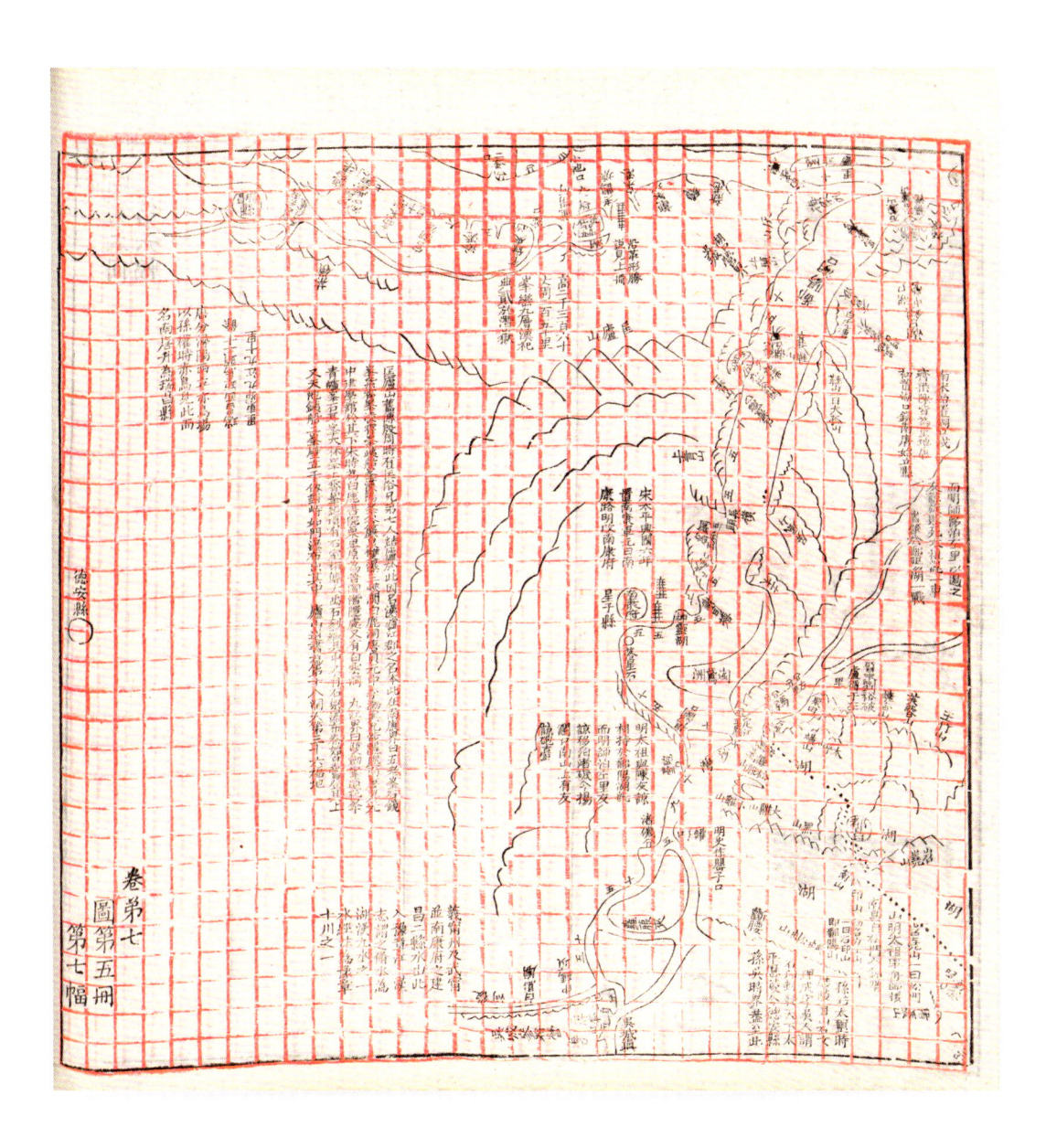

以及扬州濒江临海，为漕运咽喉、东南都会的地理特征，以强调扬州地理位置的重要性。类似的文字介绍在图上极为丰富，除了郡县沿革，还对山脉走向、河流流向的阐述。

如其书名所示，《长江图说》的编纂形式为"图"与"说"相结合，除了图、图上的说明，还有《杂说》附于"图"后，三者结合，呈现当时长江流域及沿江府县之面貌。

据马徵麟言，《杂说》部分的内容为"谬论须长言者"或"游历之间，偶有启悟者"。《杂说》共四卷三十篇，由马徵麟著，衡山王子云、全椒吴云章参著，长江水师提督黄翼升阅定。《杂说》内容丰富，结合《文献通考》《水经注》《太平寰宇记》《天下郡国利病书》《春秋大事表》《禹贡锥指》《行水金鉴》《地理志今释》等文献所记，

图10
《长江图说》杂说目录

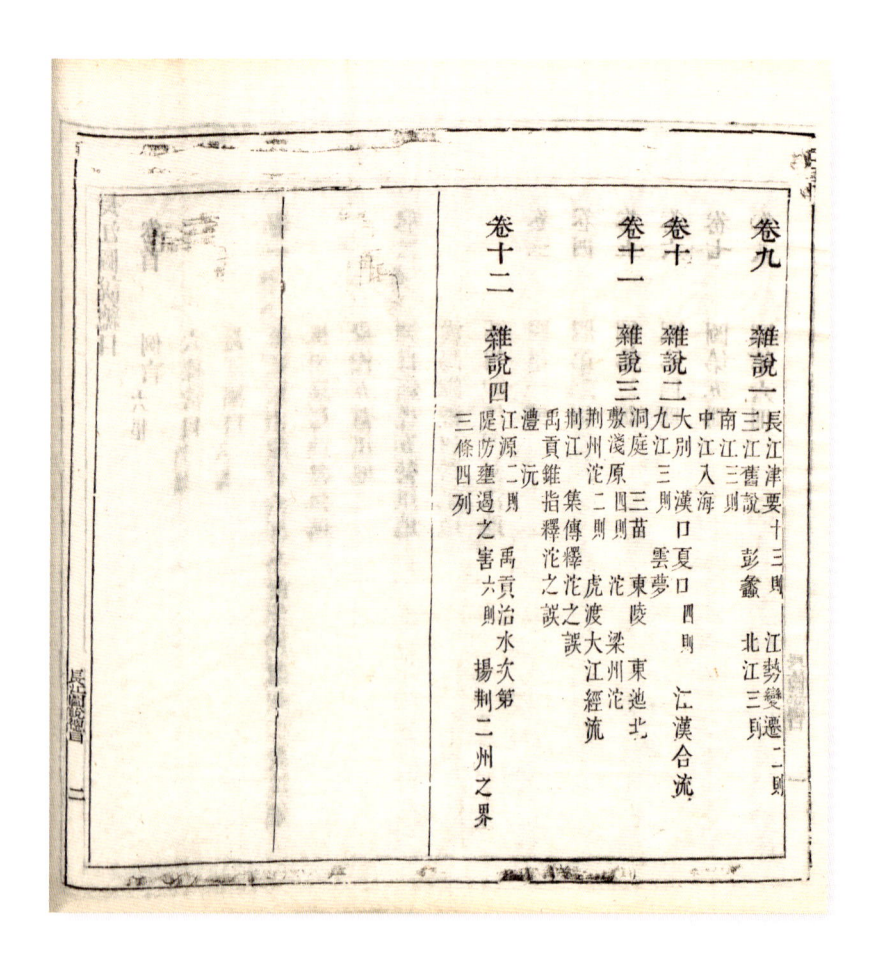

罗列各家之言，对长江所经郡县的历史沿革、地势冲要、地形险夷以及水道变迁、江防情况等进行了较为系统的考述，为后世治理长江提供了丰富的史料依据。其中所征引者“不乏今天已亡佚的文献，如明韩邦宪的《东坝考》《地说》等”，[10]因此有着较高的史料价值。

《杂说》中，作者考述了长江干流及其支脉包括沱、荆、沅、澧、彭蠡、云梦、洞庭、鄱阳的地理位置变迁、流势情况等，可作为《禹贡》的补充。对重大地理位置或古今位置有争论之处，例如古彭蠡为今天何处、“云梦”所包括的范围等进行了详细考证。对“九江”“三江”之说、“江源”等问题的考证，使《长江图说》除了具有军事性质外，也是重要的水利文献。

马征麟还在《杂说》中提出了许多可供借鉴的长江治理思想，

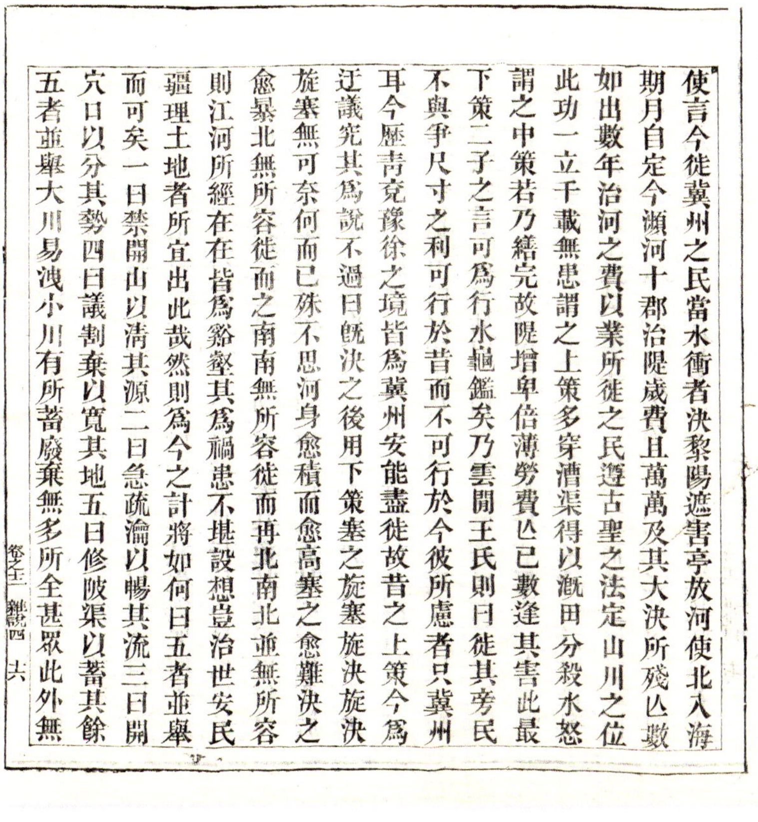
使言今徙冀州之民當水衝者決黎陽遮害亭放河使北入海
期月自定今瀕河十郡治隄歲費且萬萬及其大決所殘亾數
如出數年治河之費以業所徙之民遵古聖之法定山川之位
此功一立千載無患謂之上策多穿漕渠得以溉田分殺水怒
謂之中策若乃繕完故隄增卑倍薄勞費亾已數逢其害此最
下策二子之言可爲行水龜鑑矣乃雲間王氏則曰徙其旁民
不與爭尺寸之利可行於昔而不可行於今彼所慮者只冀州
耳今歷青兗豫徐之境皆爲冀州安能盡徙故昔之上策今爲
迂議究其爲說不過曰既決之後用下策塞之旋塞旋決旋決
旋塞無可奈何而已殊不思河身愈積而愈高塞之愈難決之
愈暴北無所容徙而之南南無所容徙而再北南北並無所容
則江河所經在在皆爲谿壑其爲禍患不堪設想豈治世安民
疆理土地者所宜出此哉然則爲今之計將如何曰五者並舉
而可矣一曰禁開山以清其源二曰急疏瀹以暢其流三曰開
穴口以分其勢四曰議割棄以寬其地五曰修陂渠以蓄其餘
五者並舉大川易洩小川有所蓄廢棄無多所全甚衆此外無
卷之十二 雜說四 十六

图11
《长江图说》“治水五策”

认为长江防治不能只依靠"地利",关键在于"人谋",直到今天仍有现实意义。清代,长江中下游地区降水颇多,洪水灾害严重,堤防问题、如何治水引起各方探讨。马徵麟在《长江图说》"卷十二杂说四"中列"堤防壅遏之害六则"(图11),以历史为线索,陈述堤防壅堵之害、历代治水措施及思想,并提出了"治水五策":"一曰禁开山以清其源,二曰急疏瀹以畅其流,三曰开穴口以分其势,四曰议割弃以宽其地,五曰修陂渠以蓄其余。"[11]马徵麟的治江之策"疏""堵"相济,是晚清治水思想的重要组成部分,对研究古代长江治理有重要价值。

总体而言,《长江图说》虽然成书年代不算久远,但意义十分重大。此书因长江水师巡防之需而绘制,其最大特点就是保存了较多长江舆图,体现了当时长江中下游的实际情形。且绘图面积广阔,十分罕见,如此详细的长江图前所未有,可使今人对清同治年间长江流域有较为全面的认识,用以考证某一区域今昔范围或位置的变化,为长江江流变迁的研究提供史料。图中长江水师军事分布、兵家必争之地、城池分布等史料,对研究历史上尤其是晚清时期长江流域军事情况、长江水师建设等,也具有极高的文献价值。

三、《长江图说》绘制方法

长江干支流自古以来就是横贯东西、纵连南北的水上交通大动脉,沿程支流众多,水量极其丰富,江岸、沙洲变化无常,因此在古代想准确绘制长江舆图,面临相当大的困难。古籍中对长江及其相关内容的记载绵延不绝,丰富程度也日益增加,从最初只有文字描述,到清代以后加入绘图,绘图又从根据记载与想象发展到实地勘测。马徵麟制成《长江图说》,就得益于对长江沿线的实地考察测绘,以及清代地理学、地图学的发展。

《长江图说》中图为朱墨双色套印,方向为上北下南,全长330厘米,宽16.5厘米,横向分为六册,每册十二幅。和传统长江相关的山水画、水文图不同,此长江舆图为长江水师巡防所制,具有重要的实用意义，因此其绘制务须遵循地图法式。当时主流的地图绘制方式为"计里画方"，即先绘方格，用方格的边长表示里数，根据比例尺来绘制。（图12）"计里画方"之术在明清时期广为传播，比此前的古代地图更精准科学，当时绝大多数舆图类古籍的绘测均直接或间接受其影响。

除了传统技术，明末利玛窦来华还带来了经纬度、西方投影法等地理学新观念。乾隆时，由清廷组织绘制的《皇舆全览图》，实地测绘各省经纬度，首次以经纬度论尺里，证明清中期时西学地理绘测已经逐渐为官方所接受。到清末光绪年间，舆图类文献已基本以经纬度为准绘测。而在早于光绪的同治时期，传统的"计里画方"之术在舆图绘测中的使用频率仍然很高，占据主导地位。

就《长江图说》而言，从其内容中可见马征麟对经纬等西方地理学观念有所了解，如《例言》中小字提及的"川流屈曲，亦非纬度可推"[12]等处。不过，书中的地图部分仍采用了传统的"计里画方"的绘制方法，具体为：以朱色的方格网为底，网格把每幅图划分为三十二方，"每方二分有五为地五里，积方二寸为地四十里"，[13]即每方格边长为2.5分，每方折合5里，换算成今天的比例尺，约为1∶30万。图幅的绘制较为精细，用不同标注区分不同要素，如县、府驻地用"○"表示城池，"∧"为山脉，双线代表河流，其边界用文字表示，各类地物形象立体描绘，居民地间注有里程数，江河、沙洲等也都根据其屈曲蜿蜒程度而绘。图中所示长江两岸的景物以及江水的深浅，都经过实地勘测，水深、水浅处都有明确标注，便于行船。综合来看，《长江图说》的绘制尚未见到明显的西方地理学影响痕迹，但和清代前中期长江舆图相比，在精确性上已经有很大进步。

四、"江海联防"与晚清江防

《长江图说》是晚清时用于江防的长江军事地图。为增强国家军事力量、抵御内忧外患，江防不应独立存在，而是与海防互为表里，

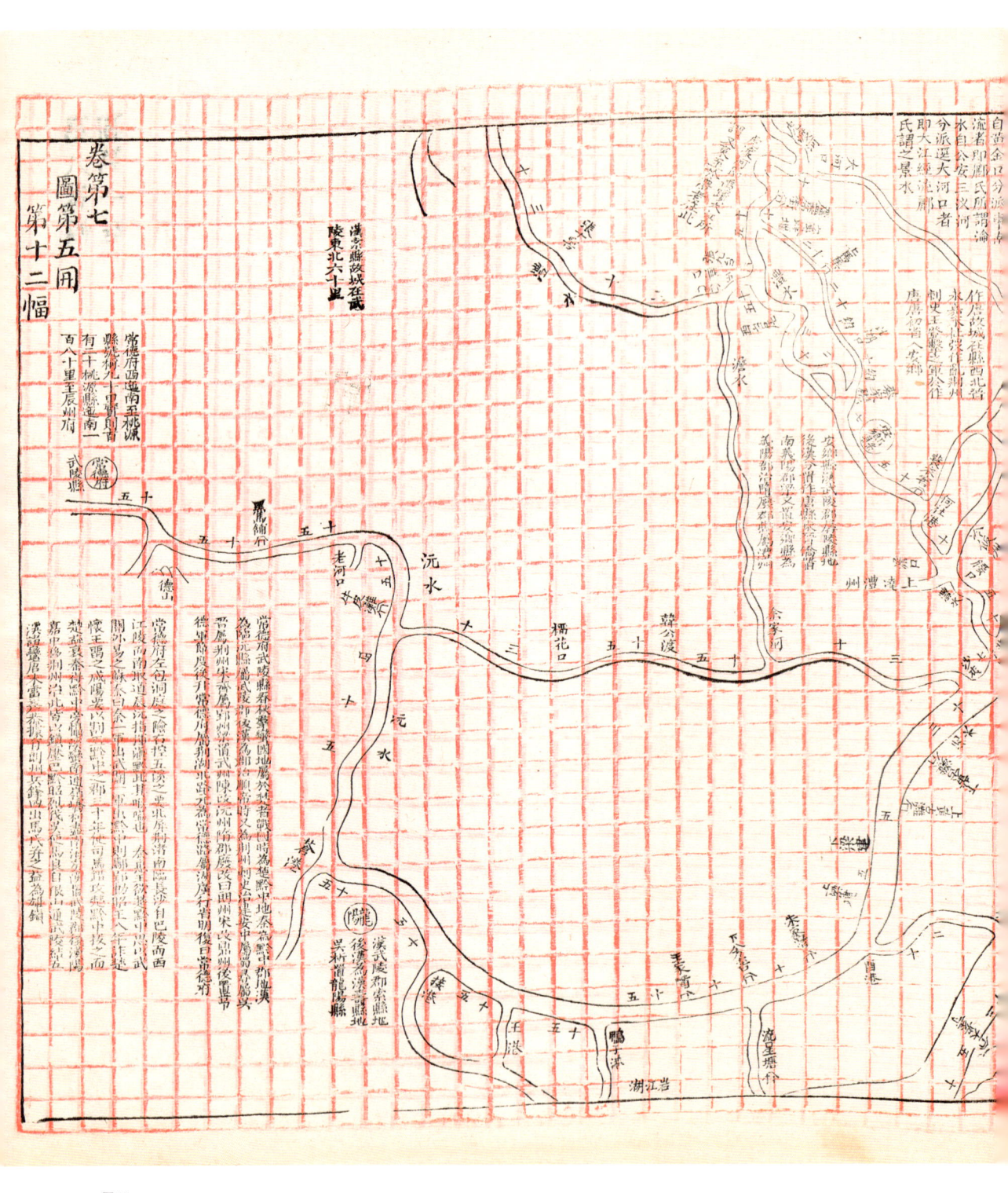

图12
《长江图说》
"计里画方"

卷第七
圖第五冊
第十一幅

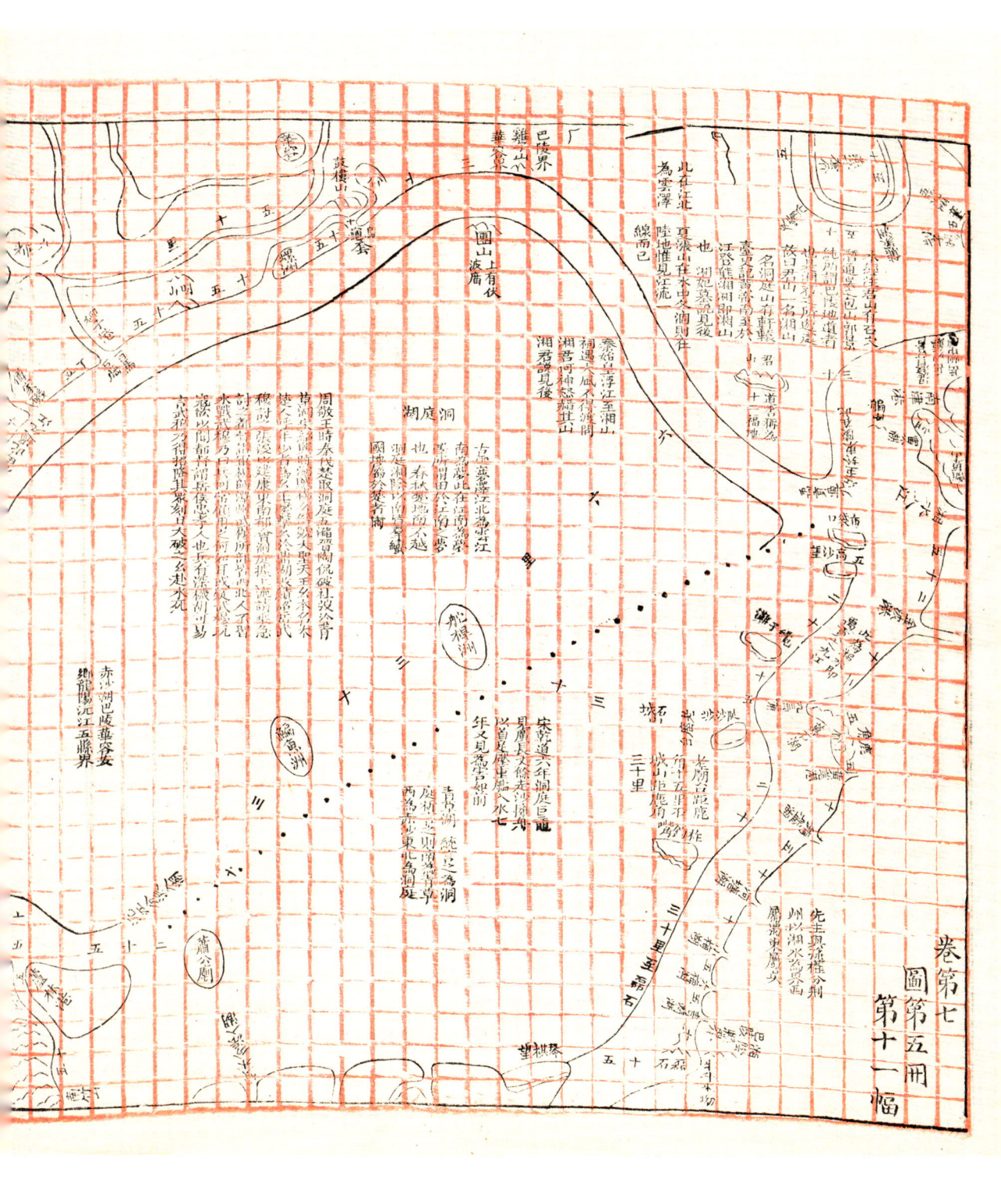

密不可分。这一思想在明代已有萌芽。《明史》载："日本地与闽相值，而浙之招宝关其贡道在焉，故浙、闽为最冲。南寇则广东，北寇则由江犯留都、淮、扬，故防海外，防江为重。"[14]江海呈汇通之势，明代在抗击倭寇袭扰的过程中，已经意识到江防的重要性以及江海联防的必要性，并着手构筑江海交会水域的防卫。

到清代，长江为交通要道、全国性商品流通的重要货运航道、漕粮运输枢纽，对朝廷可谓处处皆利，十分重要。尤其到晚清时期，长江的战略意义愈加凸显。国内而言，兴起于广西的太平军进入长江流域后，借助长江沿线地理位置的优势，水陆并进，用短短六个月的时间由湖南过湖北、由安徽至江苏，取得节节胜利。外患方面，"长江为财赋奥区"[15]，又靠沿海，一处失守势必影响全局。第一次鸦片战争时，"夷船入长江，而全局始震"，[16]英国正是首先控制了南北可截断漕运、东西可通内陆的镇江，由镇江沿长江直抵南京，逼迫清政府签订《南京条约》。此后，各列强不断侵略中国沿海沿江地区，英国、法国、日本等利用内河航行权溯江而上，测绘水道，编制地图，长江沿江险隘、都市城镇、江水涨落、通航能力等关键信息尽入外国人所制图籍之中。因此从政治经济和地理形势上分析，守长江可抵御内忧外患，加强沿江防务、构建与沿海防务协同一体的江防力量为当务之急。

在江防理念方面，"江海巨防互为表里""江防与海防相为表里"[17]基本成为共识。如果只重海防而不重江防，海防力量薄弱，列强由沿海而侵占沿江各省，可称容易。在对比敌我力量和分析清朝国力的基础上，林则徐、魏源、李鸿章等人的海防思想基本都可概括为以守为战的近岸防御战略，[18]即"弃大洋、守内河"[19]，强调不与敌争胜大洋，而是将其引入内河浅水航道，使其失去坚船利炮与机动优势，再联合水陆，一举歼之。1874年，日本入侵台湾，清廷深感危机，组织沿海沿江各省督抚筹议海防，作出"水陆兼防"的战略决策，饬令沿江沿海各省筹办江海防务。光绪十六年（1890），两江总督刘坤一提出了"海防主战""江防主守"的思想。[20]在敌强我弱、尚无近代海军的条件下，这些江海联合的防守战术应是实事求是的方针，也对长江沿岸的江防建设提出要求。

在江防举措方面，首先是长江水师的建设。清代前中期，绿营水师是江海防务体系的中坚力量。[21]在太平天国运动期间，曾国藩统率的湘军与太平军在长江流域多次作战。湘军从太平军手中收复安庆后，曾国藩多次上奏同治帝，谋划改湘军为长江经制水师，并奏请新设长江水师提督一员，专管长江江防。经数年时间、反复酝酿，长江经制水师这支重要的水师力量终于正式建立。从此直至清朝灭亡，长江水师才与八旗、绿营等经制陆师一起归于消亡。[22]

晚清长江水师设六标、二十四营，计有战船774艘，兵丁12000人，统归水师提督管理。又按地形划段，于岳州、汉阳、湖口、瓜洲、狼山五镇设总兵，下又有副将、参将、游击、哨官等。长江水师星罗棋布地驻防于长江各处，于各巡防界内，分设汛地，其责任专重在水面，并无防守城池、弹压市镇之责。[23]各营汛地巡阅有明确范围、边界，这些在《长江图说》中亦有呈现，但只用符号标注，并未以文字直接说明。据统计，长江水师各营兵弁设置及各营之汛地，共有三百七十余处。[24]《长江图说》中的图可与其他文献记载互为参补，为研究长江水师提供史料。

沿江炮台是江防的重要辅助力量。19世纪70年代，随着列强侵略步步进逼，清政府在建设近代海军的同时，还耗费数千万两白银改善沿海沿江炮台工程。从1871年直隶总督李鸿章重建大沽炮台开始，此后二十余年间，沿海沿江兴建了百余座近代化炮台工事，对巩固江海防御起到了一定作用。光绪二十六年（1900）叶祖珪所作《沿江沿海各省炮台图说》，绘图十六幅，收录了当时中国所有重要海防、江防炮台，其中位于长江流域的有：江苏南京炮台、江苏镇江炮台、江苏吴淞炮台、江苏江阴炮台、湖北田家镇炮台、江西九江炮台、安徽省安庆炮台、安徽芜湖炮台，[25]达到半数。

长江相关舆图的绘制则是江防的重要基础，马征麟《长江图说》也是因江防而制。此外,晚清国内绘制的长江图还有咸丰元年(1851)的《吴楚水路图》,光绪二十一年(1895)的《长江全图》,光绪二十五年(1899)丁应门绘的《长江图卷》,光绪三十三年(1907)的《安徽太平府—铜陵长江形势图》,光绪三十四年(1908)的《长江黄河淮运形势图》《长江图》,宣统二年(1910)的《安徽省城至九江江防图》,等等。[26]从长江舆图数量之多,亦可见长江江防的重要性。

---

1. 何谓、文图:《马征麟:清代著名地理学家》,《安庆晚报》2018年12月。
2. 梁启超:《中国近三百年学术史》,天津古籍出版社,2003年,第357页。
3. 邱涛:《论清廷与湘军集团的筹建长江水师之争》,《军事历史研究》2015年第4期,第29卷(总第117期)。
4. (清)曾国藩:《遵旨绘呈安徽地图并长江图说折》,引自《曾国藩全集07(修订版)》奏稿7,岳麓书社,2011年,第407页。
5. 马征麟(1821—1893),晚清学者、地图学家,字钟山,号素臣、淡园居士,安徽怀宁人。早年随军从政,与晚清重臣李鸿章、曾国藩相交,两次入曾国藩幕府,主从文事,辅以襄理政事,颇受赏识,后主要以著书讲学为业。他精于地理、制图,著述颇多,有《历代地理沿革图》《长江津要》《长江图说》等。
6. (清)马征麟:《长江图说》叙、后序,清同治十年刊。
7. 图片来源于张修桂:《中国历史地貌与古地图研究》,社会科学文献出版社,2006年,第581页。
8. (清)马征麟:《长江图说》。
9. (清)马征麟:《长江图说》。
10. 郝志芳:《马征麟<长江图说>研究》,湖北大学,硕士学位论文,2023年。
11. (清)马征麟:《长江图说》。
12. (清)马征麟:《长江图说》。
13. (清)马征麟:《长江图说》。
14. (清)张廷玉等:《明史》(卷九十一,兵三),中华书局,1974年,第2247页。
15. 中国史学会主编《洋务运动》第1册,上海书店出版社,

16. （清）李鸿章：《筹议海防折》，转引自曹路宝主编：《记忆1865》，方志出版社，2007年，第175页。
17. （清）姜宸英：《江防总论》，转引自任力等主编：《中华大典·军事典·军事地理分典1》，辽宁大学出版社，2018年，第180页。
18. 何平立：《略论晚清海防思想与战略》，《上海大学学报（社科版）》1922第3期。
19. （清）林则徐：《林文忠公政书》乙集卷一，两广奏稿。
20. 李强华：《刘坤一海防思想和实践》，《汕头大学学报（人文社会科学版）》第36卷第4期，2020年。
21. 谢茂发：《清前期江苏江海防体系考略》，《军事历史》2015年第5期。
22. 根据钱实甫的《提督年表》（见《清代职官年表》第3册，中华书局，1980年，第2600页）记载，到宣统三年（1911），即清朝灭亡前夕，仍有长江水师提督之设，最后一任提督为程允和。转引自：邱涛：《论清廷与湘军集团的筹建长江水师之争》，《军事历史研究》2015年第4期。
23. 邱涛：《晚清长江水师之制度论析——兼与绿营、湘军水师制度比较》，《军事历史研究》2019年03期。
24. 宋胜瑞：《长江水师巡防制度研究》，河北师范大学，硕士学位论文，2016年。
25. 贾浩：《沿江沿海各省炮台图说》与叶祖珪的海防思想，《近现代史与文物研究》2016年第8期。
26. 江苏省地方志编纂委员会编：《江苏省志·测绘志》，方志出版社，1999年，第271页；安徽省地方志编纂委员会编：《安徽省志》第37卷《测绘志》，方志出版社，1998年，第100页。

第二章

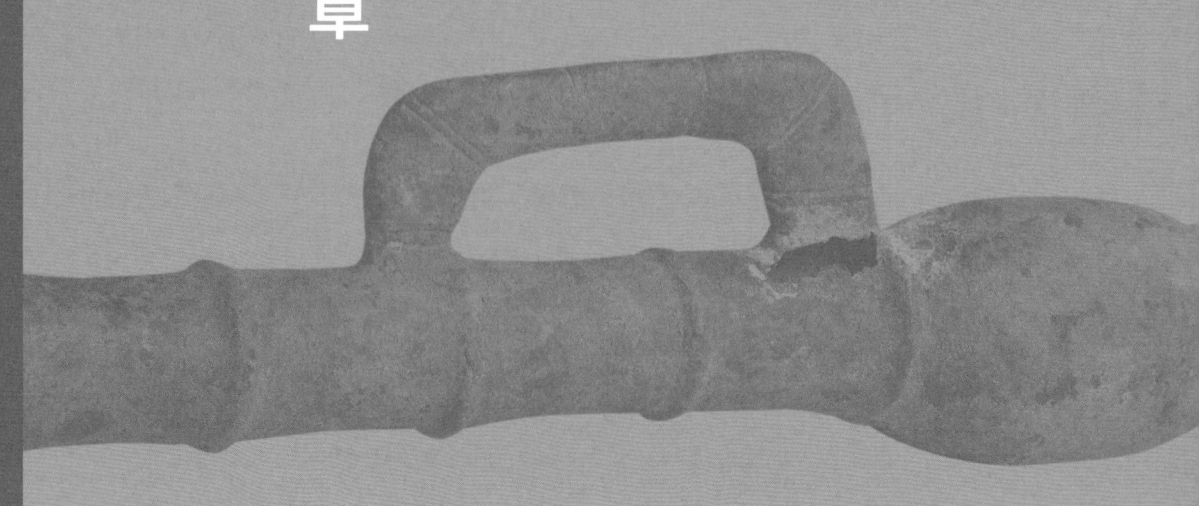

防海之技

当海洋从天堑变为桥梁，世界被连成一体。自元明开始，海防对于中国而言越发重要，元代的碗口铳，明代的手铳、佛郎机，在沿海的哨所和巡弋的战船上总是装备着这个时代最具代表性的武器。同时，大航海时代的欧洲人也已经把他们的科技带到东方，法国的舰炮、日本的铜炮、东南亚的青铜旋转炮、鱼雷扩展滑动尺，均为各国不同历史时期颇具代表性的武器装备。透过这些武器装备，我们可以看到西器东来的影响，得以了解不同时期海防装备的更迭，海防体系的建设，海防思想的发展，以及大航海时代带来的东西方文化交流融合。

元明时期碗口铳的应用及其兴衰

作者：李响
南开大学
历史学院中国史专业
硕士研究生

碗口铳是古代中国出现最早的火器种类之一，因其铳口明显外扩，形似碗口而得名，另有一种外扩程度较小的盏口铳，属于碗口铳的近亲，两者在性能、应用方式等方面几无差别。碗口铳出现于元代，至明初发展到鼎盛时期，在水陆军中都曾广泛装备，至明中叶又出现了发射爆炸弹的碗口、盏口铳，其用途进一步拓展。但由于受到佛郎机铳等新式火器的挤压，碗口铳的装备比例逐渐下降，在火器装备体系中的地位出现下滑。此前学界对于碗口铳曾有过一些研究，[1] 但稍显薄弱。本文拟以各地文物部门，尤其是中海博所藏实物为中心，对元明时期碗口铳的形制、应用、发展乃至最终的衰落进行梳理，不当之处，祈请方家批评指正。

图1
元末明初铜碗口铳
中国航海博物馆藏

图2
铳体铭文

一、现存元明两朝碗口铳实物

中海博藏有一门元末明初铜碗口铳,原有四行铭文,但已经难以完整辨识,只能依稀识别出"四川提调官检校□□□□局付使□□□匠头□□匠□□□"等字样。(图1、2)该铳通长40.5厘米,口外径20.8厘米,口内径17.3厘米,重量21.49千克。铳口外扩程度颇大,铳口外壁有弦纹,铳筒外径10.5厘米,有三道加强箍(但隆起并不显著),从铳口起第一、二道之间间隔较大,四行铭文也在此二道箍之间。后部为药室,相较铳身隆起加厚,外径13.8厘米。铳尾为平底,无尾銎。值得注意的是,在铳身一侧有两个凸出的金属残留物,可能系提把锈蚀断裂后的残留。

目前已知年代最早的盏口铳系元大德二年(1298)铜铳,该铳也是目前全世界已知年代最早的火炮。(图3)大德二年铳于

1989年被发现于内蒙古锡林郭勒盟正蓝旗，全长34.7厘米，口外径10.2厘米，口内径9.2厘米，膛深27厘米，重6.21千克。膛后部药室微隆起，上有一引线孔，无火药池。尾部中空，两侧管壁上有两个对称的穿孔，径约2厘米，钟少异等学者认为这一穿孔系安装尾轴，调整射击角度之用。铳身竖刻两行八思巴字铭文，对应汉文"大德二年于迭额列数整八十"，大德二年即公元1298年。[2] 大德二年铳的发现证明，早在13世纪，盏口铳就已经被批量生产并装备到元朝军队中。

另一门已知的元代碗口铳为至顺三年（1332）铜铳，藏于中国国家博物馆，通长35.3厘米，口内径10.5厘米，膛径8厘米，重6.94千克。铭文曰："至顺三年二月吉日　绥边讨寇军　第叁佰号马山。"[3] 该铳编号已达三百号，足见其生产数量之大。在长度、口径、重量等方面，至顺三年碗口铳均与大德二年铜铳相仿。

至明洪武时期，碗口铳达到了其全盛时期，制造数量明显超过前代，种类也发生了明显的分化，一些更为大型的碗口铳开始装备部队。

洪武五年（1372）是碗口铳生产的一个高峰阶段，内蒙古赤峰市大明镇曾出土三门碗口铳，其一通长31.7厘米，口径（似为口外径）13.4厘米，尾径8.5厘米，有一0.2厘米直径引火孔。铭文曰："神策卫神字柒拾伍号 次碗口筒重壹捌斤 洪武五年八月吉日宝源局造。"另一门碗口铳通长37厘米，口径12.2厘米，铭文为："虎字五十二号

图3
元大德二年铜铳
图片来源：《内蒙古新发现元代铜火铳及其意义》

十五斤半重。"⁴有趣的是甘肃省平凉市静宁县博物馆藏有另一门"虎"字号碗口铳，通长37.2厘米，口外径14.6厘米，壁厚1.5厘米，重15.629千克，后有尾銎，銎径9.6厘米。铭文为："虎贲卫 虎字拾贰号 大碗口筒 重贰拾伍斤玖两 洪武五年八月吉日 宝源局造"。⁵和赤峰出土的碗口铳对比，不难发现两门铜铳相似度极高。赤峰出土的第三门碗口铳通长36厘米，口径15.5厘米，尾径9.5厘米，重13.37千克，这门铜铳并无铭文，且其铸有一半环形提把，这一特征与航海博物馆藏四川碗口铳相似。

类似的洪武五年铜碗口铳还有很多，南京城墙博物馆藏有一门带有"羽林左卫猛字叁拾玖号 次碗口筒□式拾壹斤 洪武五年八月吉日宝源局造"字样的铜碗口铳，该铳铳身部分有加强箍三道，药室上部有一引火孔。⁶南京城墙博物馆还藏有一门"后"字铭文碗口铳，其铳身虽然也有三道加强箍，但明显隆起程度更大，且第一、二道箍间距较近，二三道箍间距较远，与普通的洪武碗口铜铳不同。

国家海洋博物馆藏有一门鹰扬卫铜碗口铳，同样是铳身有加强箍三道，第一、二道加强箍之间的间距较大，刻有"鹰扬卫鹰字叁号 大炮筒 重壹佰伍斤 洪武五年九月吉日宝源局造"⁷。（图4）与前述几门十几斤重的次碗口铳不同，这门隶属于鹰扬卫的第三号碗口铳属于大型铳，重达上百斤。

中国军事博物馆收藏的水军左卫进字号碗口铳可能是最为著名的碗口铳之一，该铳通长36.5厘米，口外径13厘米，口内径11厘米，

图4
"鹰扬卫鹰字叁号"大炮筒
笔者自摄

重15.75千克。和前述几门洪武五年铜碗口铳一样,该铳铳膛呈直筒形,有箍三道,间距较大的第一、二道箍之间刻有("水军左卫 进字四十二号大碗口筒 重二十六斤 洪武五年十二月吉日 宝源局造"),后刻"韩"字。此铳明确为水师所用,此外特征与其他洪武五年铜碗口铳大体相同。[8]

1988年,山东蓬莱县发现两门大型碗口铳,其一长61厘米,重73公斤,铭文为"莱州卫莱字第七号大炮筒 重一百二十斤 洪武八年二月日宝源局造";其二长63厘米,重73.5公斤,铭文为("莱州卫莱字二十九号大炮筒 重一百二十斤 洪武八年二月宝源局造")。这两门大型碗口铳口外径26厘米,口内径23厘米,膛深55厘米,铳身内径11厘米,在体型上与鹰扬卫大炮筒相似,在外形上符合洪武铜碗口铳加强箍三道,第一、二道加强箍之间刻有铭文的共性特征。[9]

结合上述多门洪武初年铜碗口铳实物,对比中海博所藏铜碗口铳,似可推断后者可能属于洪武五年前后铸造的较大型碗口铜铳。由于其产地特殊,又似有提手,不同于其他已知的洪武初年铜碗口铳,具有较高的价值。

中国军事博物馆另藏有一门洪武十年碗口铳,铭文比较模糊,依稀可见"凤阳……洪武十年月日造"字样,口径10厘米,通长31.5厘米。[10]

1964年山东冠县发现大中小三门铜铳,其中一中型者即洪武十一年(1378)铸碗口铜铳,通长36.4厘米,口外径14.9厘米,管壁厚度1.5厘米(口内径即11.9厘米),铳身有加强箍三道,直径9.1厘米,药室隆起,直径11.5厘米,下部有一直径0.2厘米的引火孔,膛深31.1厘米,重15.5公斤。铭文为("横海卫教官祝官孙 习学军人王育保 铳筒重十五斤 洪武十一年月日造。")后座另有一"海"字。[11]

1977年,贵州赫章县出土一门洪武十一年铜碗口铳,通长31.8厘米,口外径14.7厘米,铳身内径7.5厘米,仅有两道加强箍而非三道，两道箍之间有铭文（"永宁卫局提调镇抚赵旺　监督总旗夏两隆作头张孝先　铜匠钱四儿成造碗口筒一十四斤四两重　洪武十一年月日造"），重8.35公斤。[12]

广西百色市田阳区博物馆藏有另一门洪武十一年铜碗口铳，保存相当完好，铳口外沿有铭文（"吉字一百五十七号"），铳身仅有加强箍一道，这道加强箍之前刻有铭文（"安陆卫习斋军匠潘□保　洪武十一年造十三斤八两"）。[13]

现存碗口铜铳实物多数系洪武年间铸造，但洪武朝之后到明中叶前，明朝的军工部门亦铸造了为数不少的碗口铳。内蒙古阿鲁科尔沁旗文化馆于1984年征集到碗口铳三门，形制基本相同，通长50厘米，重25千克，其中一门有铭文"永乐柒年玖月□日造　显字叁仟捌佰肆拾号"[14]。从铭文不难看出，这批碗口铳铸造量十分惊人，最少也有三千八百四十门之多，从铸造时间和出土地点上看，与永乐北征应该有着密切联系。

甘肃省张掖市甘州区博物馆藏有两门碗口铳，其中一门被命名为"明永乐短膛喇叭铜炮"，还有一门名为"明永乐䞍字号铜炮"（其中的"䞍"字可能系"胜"字的误录），后者从图片中可见铭文为"胜字（贰？）千贰百肆拾号"，制造数量也相当庞大。[15]

军事博物馆除著名的洪武五年铜碗口铳外，还藏有一门弘治十八年（1505）铜碗口铳，通长26.5厘米，口内径7.5厘米，口外径11.0厘米，碗底有一道箍。前膛筒状，膛壁上刻有"弘治十八年奏准胜字号"铭文。尾銎壁刻有"徐"字。[16]

景泰元年（1450）造铜碗口铳也是出土较多的型号之一，国家博物馆藏有一门，铭文为"景泰元年造天威叁百捌拾叁号"，通长26.1厘米，口径（似口外径）10厘米，尾銎底径9.1厘米，在形制上景泰元年铜碗口铳与弘治十八年铜碗口铳几乎一致。[17]（图5）山西省朔州市右玉县也藏有一门，铭文为"景泰元年造天威叁百肆拾肆号"[18]。南京城墙博物馆藏有一门编号更大的同类碗口铳，铭文曰"景泰元年造天威叁千陆百拾叁號"，通长25.5厘米，口外径10厘米，口内径7厘米。[19]

另有一些未发现铭文，或者铭文未标明年代的碗口铳，例如日本学者有马成甫曾收录一门盏口铳，铭文曰"中路隆门关堡 汤汝口北台防御用盏口炮宣前四十三号"，除铳口铳尾外，铳筒中部有加强箍两道，全铳尺寸不明。[20]河北涞源明长城出土有一门明代铁盏口炮，通长56厘米，平底，有箍两道。[21]山东德州藏有碗口铳一门，铜铸，铳筒部分有加强箍三道，第一、二道加强箍间隔较大，尾銎部分有箍两道，从形制判断应该属于洪武早期铜碗口铳。[22]

2004年，大连小平岛海域发现一门铜碗口铳，通长30.5厘米，口外径12.5厘米，药室外径约9.5厘米，药室上部有一引线孔，和早期洪武铜碗口铳一样，铳筒部分有加强箍三道。[23]这不是大连地区第一次发现铜碗口铳，1983年，旅顺打捞出两门碗口铳，其一全长31厘米，口内径11.6厘米，药室外径约9.7厘米，重9.7千克，从形制上看应属于洪武碗口铜铳；另一门形制较为特殊，表面光滑无箍，全长

图5
"天威叁百捌拾叁号"碗口铳
图片来源：《中国国家博物馆馆刊》
2020年第7期第2页

34.6厘米，口内径9厘米，药室外径8.4厘米，尾部有尾銎，重6.15千克。[24]1987年，旅顺发现一门铜碗口铳，通长31厘米，口外径12.5厘米，口内径11厘米，重9.7千克，前膛直径8厘米，加强箍分布与2004年小平岛海域发现者相同。[25]1990年，瓦房店市又打捞出一门碗口铳，尾部有铭文"通"字，全长30厘米，药室外径9.5厘米，重7.24千克。[26]

1977年，江苏省常州市发现大批明代铳炮，其中就有碗口铳三门，分为两类。第一类口外径11厘米，口内径9.3厘米，药室呈椭圆形，引线孔在药室正面，孔径0.3厘米，并无加强箍。第二类体型更大，共有两门，口外径14.9厘米，口内径12.9厘米，引线孔在药室正上方中心，孔径0.4厘米。[27]北京永定河文化博物馆收藏有一门铳口残缺的碗口铁铳，该铳尾銎较长，与一般铜碗口铳差别较大。[28]山海关长城博物馆藏有一门保定出土的铸铁碗口铳，两侧有炮耳用以调节仰俯角，炮尾有环便于运输，这些特征均与上述碗口铳不同。这门特殊的碗口铳炮包括尾环总长79厘米，膛长42厘米，口内16厘米，口外径20.5厘米，重约60千克，属于碗口铳中体型较大者。[29]南京博物院所藏"明铜炮"，虽暂未发现铭文，但其形制与洪武初年铜碗口铳高度相似，通长31厘米。[30]

河北发现的无铭文或铭文未载年代的碗口铳尤多，1958年，卢龙县发现一门铜碗口铳，通长26厘米，重6.8千克，口外径9厘米，口内径7厘米，铳筒外径6.5厘米，药室外径8.5厘米，有一阴刻铭文"燕"字，在炮筒上原刻有其他铭文，已经被人为磨损，研究者认为此处铭文是原铭文，"燕"字为后刻，该铳从形制上更像是洪武朝之后铸造的铜碗口铳。1961年，河北张家口市发现一门体型较大的铜碗口铳，通长38.5厘米，重12.9千克，口外径15.8厘米，口内径12厘米，铳筒外径7.2厘米至8.2厘米（前粗后细），药室外径8.4厘米，在炮身的前段刻一"X"形记号，原有铭文，惜已经磨损，从外观上看属于典型洪武铜碗口铳。

1964年，张北县发现至少四门铜碗口铳。其一通长31厘米，重

7.85千克，口外径14.5厘米，口内径11.5厘米，药室外径9.5厘米。其二通长32.4厘米，重10.6千克，口外径13.8厘米，口内径11厘米，铳筒外径6.8厘米至7.4厘米，药室外径9.6厘米，刻有铭文"永州卫委官工户李祥铸匠军匠朱阿保 民匠屈元仲 天字叁拾玖 重壹拾伍斤伍两"，从外观和铭文格式分析，最有可能是洪武时期的产品。其三通长30.6厘米，重10.6千克，口外径13.0厘米，口内径10.3厘米，铳筒外径7厘米至9厘米，药室外径8厘米，在铳身正面刻铭文两行，"皇陵卫 铸造铜铳"。其四通长30.6厘米，重9千克，口外径13.0厘米，口内径10.3厘米，铳筒外径7.3厘米至8.3厘米，铭文曰"□□中卫 铸造铜铳"，该铳在铭文、形制上均与皇陵卫铜铳一致，由此推测铭文缺失二字可能为"皇陵"。两门皇陵卫铜碗口铳也属于洪武铜碗口铳形制。次年，张北县又发现一门，通长26.2厘米，重6.25千克，口外径9.0厘米，口内径7.2厘米，铳筒外径6.1厘米，药室外径7.2厘米。在炮筒的正面刻有"胜字伍佰玖号"铭文，在外观上它与甘肃张掖市所藏永乐胜字碗口铜铳、军事博物馆藏弘治胜字碗口铜铳颇为相似，应该属于较晚期的碗口铳。

1980年在河北邢台市发现的碗口铳，通长36.7厘米，重13.65千克，口外径15.6厘米，口内径约11.2厘米，铳筒外径9厘米，药室并不隆起，这一点与多数碗口铳不同，更为特殊的是在炮侧有一半环状提柄。[31]1990年，河北赤城发现铜碗口铳一门，通长36厘米，口内径11.5厘米，尾径8.5厘米，重13.6千克，虽然黑白照片较为模糊，但仍能依稀看出与洪武铜碗口铳较为相似。[32]

此外，从国外发现的沉船中也能够找到碗口铜铳的踪迹，这进一步证实碗口铳与水师舰船和商船存在密切关系。菲律宾南岛沉船，被认定为15世纪60年代沉没，其中出水两门碗口铜铳，其一长27.1厘米，膛径4.8厘米，口径8厘米，另一门长30厘米，其他数据不明，孙来臣先生认为这两门铜碗口铳应是产自中国。[33]从形制上分析，其铳身较为修长，上有多道加强箍，与上述军用碗口铳存在不小差别。菲律宾里纳礁发现的15世纪末中国沉船也载有碗口铳一门，长30.8

厘米，口径9.4厘米，前膛部分有加强箍八道，从药室前端到药室后端设有半环形提手。[34]1500年左右沉没于泰国中央湾的古船，发现有一门铳口残缺的碗口铜铳，长31.7厘米，特征与上述两门打捞出水的铜碗口铳相仿（但无提手）。[35]

二、碗口铳的应用、发展与衰落

碗口铳自创制以来，既被用于陆上守城守堡，也被用于水战。早在元末水战中就已多运用火器，例如1363年鄱阳湖之战中，面对陈友谅"高数丈，饰以丹漆，每船三重，置走马棚，上下人语声不相闻，橹箱皆裹以铁"的数百艘巨型楼船，朱元璋亲率水师，携"衣甲铠仗、旗帜、火炮、火铳、火箭、火蒺藜、大小火枪、大小将军筒、大小铁炮、神机箭"迎战，在接近到三百步（约480米）时，朱元璋部"箭、铳、将军筒、标、叉俱发如雨"，压制了陈友谅体型巨大但火力稍逊的战船，最终取得了决战的胜利。[36]而在鄱阳湖之战运用的大批火器中，当包括有碗口铳。

明朝建立后，碗口铳更是被大批运用于水师战船，《明会典》记载，洪武朝定制，海运船每船装备有"黑漆二意弓二十张，弦四十条，黑漆鈚子箭二千枝。手铳筒一十六个，摆锡铁甲二十副，碗口筒四个，箭二百枝，火枪一十条，火攻箭二十枝，火叉二十把，蒺藜炮一十个，铳马一千个，神机箭二十枝"。[37]其中碗口铳作为威力最大的装备，每船设有四门，海运船如此，大型战船装备的碗口铳估计更会多于四门。现今从海中打捞出的众多碗口铳也从侧面证明，明初碗口铳曾作为水师的主力装备之一。万历末年成书的《兵录》记载碗口铳两个一组安设在炮凳两端，"上加活盘"，可以两铳轮流射击。使用时以大石弹瞄准敌船底部水线处开火，借此击沉敌舰。[38]

除水师外，陆上守御城堡也离不开碗口铳，成化十一年（1475）十二月初一日，新任陕西巡抚余子俊在其所颁公牍中，统计延绥青水营等二十八处营堡共有守城用碗口铳二百四十九门，盏口铳四百一十六门，这一数量已经相当庞大。[39]但同年成化《山西通志》记载的山西镇太原左卫等卫所装备的火器数量更为惊人，共有碗口铳二千九百七十六门，盏口铳二千七百六十门，合计五千七百三十六门，占到了山西镇约八千门各式火炮的七成还多。[40]

巨大的需求量要求负责全国火器供应的军器、鞍辔二局具备同样惊人的产能。弘治前，按惯例军器、鞍辔二局三年一造火器，每次生产碗口铜铳三千门之多。[41]平均每年生产千门，这还是在全国大多数地区处于非战时的情况下。

明初火器技术多为中央垄断，流传于世的兵书甚少，因此关于明初碗口铳的具体参数暂未发现。但从朝鲜史料中，可以管窥明初火器的情况。明初朝鲜火器借鉴自中国，两者同宗同源，差别较小。1418年，朝鲜对马岛敬差官李艺从对马岛的日本人手中，获得"中国所铸水铁火㷁、碗口"，并将其带回朝鲜，请求以"水铁"，即铸铁打造火铳、碗口铳并分给各州镇。[42]由此可见，朝鲜碗口铳正是源自其宗主国中国。

15世纪后半叶朝鲜《国朝五礼仪》中，记载了一种体形极为巨大的碗口铳筒（图6），发射一颗周围"三尺三寸七分"（直径约"一尺七分三厘"）的巨型石弹，重七十四斤；铳口内径"一尺八分五厘"，碗底内径"八寸七分"。[43]更晚成书的《火炮式谚解》记载：大碗口铳每出用火药三十两，发射炮石七十四斤，射程三百七十步；中碗口铳每出用火药十三两，发射炮石三十四斤，射程五百步；小碗口铳每出用火药八两，发射炮石十一斤一两，射程五百步；小小碗口铳每出用火药一两八钱，发射更小的炮石。[44]记载最详尽的当是成书最晚的《戎垣必备》，其收录的别大碗口铳重一千一百斤，通长四尺三寸，内径一尺八寸五分，每出用火药七十两，发射一百二十斤重石弹，射程四百步；大碗口铳重五百二十八斤，通长三尺一寸，内径一尺三寸一分，每出用火药三十五两，发射四十五斤重石弹，射程五百步；中碗口铳重二百九十斤，通长二尺七寸三分，内径一尺，每出用火药三十五两，发射三十五斤重石弹，射程五百步。[45]

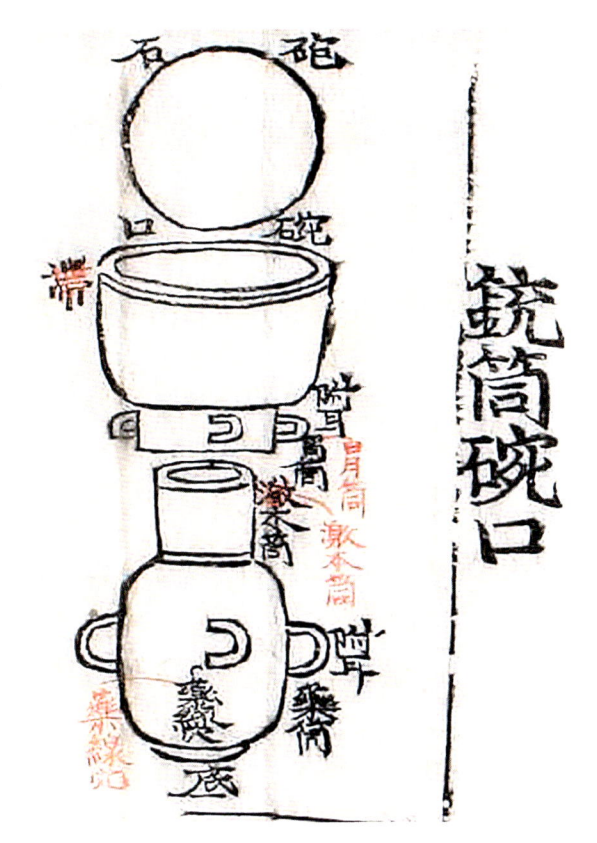

图6
《国朝五礼仪》所绘碗口铳
图片来源：《国朝五礼序例》，奎章阁图书馆藏朝鲜成宗五年刻本

中海博所藏洪武初年四川造铜碗口铳，从技术参数上看应属于"小碗口铳"范畴，发射略重于十斤的石弹，而目前现存大多数碗口铳亦属于小碗口铳或小小碗口铳范畴，这种现象符合较小型号数量较多，存世量也较大的一般规律。

最迟到16世纪上半叶，碗口铳又迎来了新的一轮发展，即以碗口铳、盏口铳发射爆炸弹。嘉靖二十三年（1544），时任巡抚的曾铣曾在山西大量制造碗口、盏口铳，短短一年多时间就制造熟铁盏口将军炮八百三十二门，熟铁盏口炮一千二百六十五门，此外还有生铁盏口炮和铜盏口炮，总数超过二千门，其发射的爆炸弹在当时被称为"毒火飞炮"，共制造了十万三千八百二十三个。[46]毒火飞炮一词，既可以指代爆炸弹，也可以指代发射爆炸弹的盏口炮。例如《明会典》就记载其用熟铁打造，似盏口将军炮，内装火药十两，发射一生铁飞

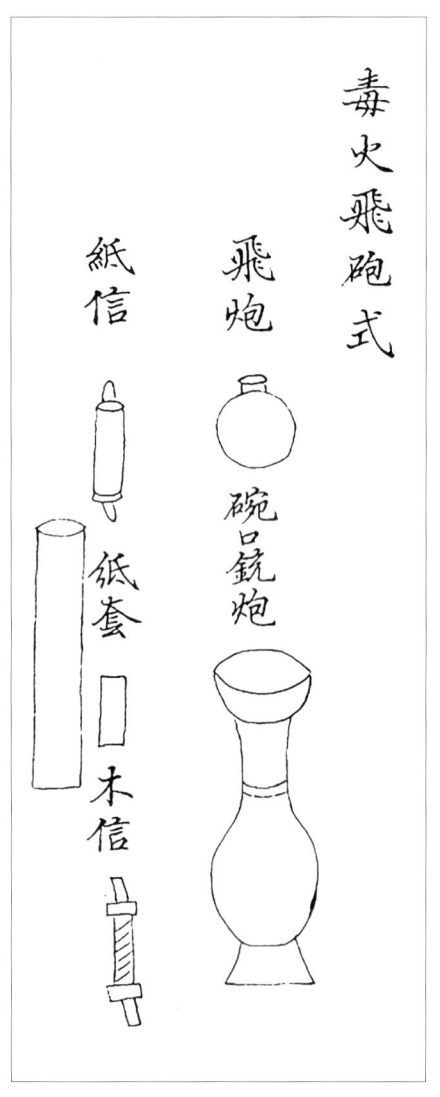

图7
发射爆炸弹的碗口铳
图片来源：《三甲兵书》，《傅斯年图书馆藏未刊稿抄本》子部第3册

炮，生铁飞炮（即爆炸弹）内装有有毒爆炸药五两，射程二百步，生铁飞炮落地后爆碎伤人。[47]《皇明辅世编》也记载，曾铣曾花费数千两白银大量制造这种新式火器，母炮用熟铁打造，子炮用生铁铸造，母炮先将子炮发射到敌营，子炮随后炸裂，"大者如弹，细者如豆，中之无不立毙"，在明蒙战争中多次立下汗马功劳。[48]明末清初成书的《三甲兵书》也记载一种"飞火炮"，由"碗口铳炮"发射"飞炮"，装有一种纸质延时引信。[49]（图7）炮射爆炸弹的出现是中国火器技术的重大突破，相比之下欧洲主要军事强国法国在1635年才首次运用炮射爆炸弹，晚于中国近一百年。[50]

万历朝鲜战争中，明军所使用的炮射爆炸弹被带入朝鲜，引发了朝鲜上下的极大兴趣，此前朝鲜国内已有一种被称为"飞击震天雷"的炮射爆炸弹，并在庆州之战中重创日军，朝鲜史料称一发即炸死日军三十余人。[51]后来，柳成龙等以"天兵遗下子炮"为模版，进一步改进了朝鲜自己的炮射爆炸弹。[52]明末成书的《火炮式谚解》记载，飞击震天雷由铸铁制造，重二十斤，内装爆炸药一斤，由中碗口铳发射，射程三百步。[53]《戎垣必备》更是记载，飞击震天雷分为大中小三等，由别大碗口铳发射的巨型飞击震天雷重量达到了一百二十斤，射程三百五十步；由大碗口铳发射的大飞击震天雷重六十六斤，射程四百步；由中碗口铳发射的中飞击震天雷重三十斤，射程三百五十步。[54]

这一改进使得碗口铳、盏口铳得以继续保持其在明朝陆军中的存在，未被其他火器彻底取代，但在水师中碗口铳的地位逐渐让位于两种新式的火器——佛郎机铳和百子铳。佛郎机铳源于葡萄牙，在正德末年、嘉靖初年的中葡冲突中被中国水师缴获，从而进入中国；此处的百子铳又名虎蹲炮，是戚继光创制的一种威力更大的锻铁炮。这种趋势在戚继光将军的两种《纪效新书》中就有鲜明的体现，成书较早的十八卷本《纪效新书》中记载，福船、海沧船、苍山船各有碗口铳三门，而各装备佛郎机铳六门、四门、二门，[55]总的来说佛郎机铳略占优势，但碗口铳仍有一席之地。成书较晚的十四卷本《纪效新书》则彻底抛弃了碗口铳，完全改用百子铳和佛郎机铳。[56]万历《两浙海防类考续编》统计了这一时期浙江水师的主要军事装备，其中佛郎机铳超过一千门，而碗口铳仅有四百多门，已经明显少于佛郎机铳。[57]

造成这一变化的原因，是碗口铳自身的固有缺陷，戚继光评价碗口铳"腹小口大，项短，药少，子重，发出无力，不堪用"[58]。而佛郎机铳由于倍径更长，药弹比更大，射程更远，侵彻力也更强，明人又对佛郎机进行了改进，使其发射比口径"微大一分"的超口径铅子（即大于口径约0.3厘米）。[59]如此一来，佛郎机铳的射程大大提高，明显超过了正德年间传入中国的葡萄牙原版佛郎机铳，后者"远可二百步，在百步内能损物，远亦无力"[60]，而经明人改进后的佛郎机"可打一里有余，人马洞过"[61]。在佛郎机铳的挤压下，碗口铳逐渐退出了水师主力火炮的位置，但凭借其的威力，仍在明朝水师中占有一席之地。百子铳即虎蹲炮的问世，彻底占据了碗口铳仅存的生态位。百子铳每出用火药七八两，有两种装填模式：第一种是合口石弹一枚，五钱重铁霰弹一百枚；第二种是合口铅弹一枚，重三十两，五钱重铁霰弹五十枚。[62]其威力又要胜过仅发射大型石弹的碗口铳，于是水师所用的碗口铳开始逐渐退出历史舞台。

三、结语

中海博馆藏的四川造碗口铳，从形制上十分接近明洪武初期碗口铳，其制造时间应该在洪武五年左右，目前发现的四川地区所铸碗口铳数量较少，因此该铳具有较高的研究价值。作为元末明初中国本土火器的代表之一，碗口铳装备数量巨大，应用广泛，在洪武至嘉靖朝的近二百年间一直是明军装备数量最多的火炮之一。明中叶以后，碗口铳又被赋予了发射爆炸弹的功用，作为臼炮参与了晚明的大小战事，并在中国火器技术向朝鲜等国传播的过程中发挥过重要作用。但在水师中，受到西式火炮佛郎机铳和新型本土火炮百子铳（虎蹲炮）的挤压，碗口铳逐渐退出了核心地位，日趋边缘化。从碗口铳到佛郎机炮等新式火器的转变，是中国明清水师推陈出新，锐意进取，在立足中国实际的基础上，主动吸收外来先进装备和设计理念，改进和创新本土火器，不断壮大自身的过程，体现了中国古代劳动人民博采众长、兼容并包的开放心态和与时俱进、不甘人后的创新精神，值得后人继承与发扬。

1. 王荣在《元明火铳的装置复原》中，对元至顺三年碗口铳和明洪武五年碗口铳的发射装置进行了分析研究。参见王荣：《元明火铳的装置复原》，《文物》1962年第3期，第41—45页。成东在《碗口铳小考》中围绕《兵录》《练兵实纪》等传世史料和各地馆藏文物对碗口铳的技术特征和应用方式进行了研究。参见成东：《碗口铳小考》，《文物》1991年第1期，第89—90页。成东的《明代前期有铭火铳初探》、王兆春的《中国火器史》、潘吉星的《中国火药史》对于刻有铭文的现存碗口铳实物进行了整理总结。参见成东：《明代前期有铭火铳初探》，《文物》1988年第5期，第68—79页。王兆春：《中国火器史》，北京：军事科学出版社，1991年。潘吉星：《中国火药史》，上海：上海远东出版社，2016年。另外，郑诚在《明清火器史论丛》中对于明清发射爆炸弹的盏口铳进行了研究。参见郑诚：《明清火器史论丛》，三联书店，2022年。
2. 钟少异、齐木德·道尔吉、砚鸿、王兆春、杨泓：《内蒙古新发现元代铜火铳及其意义》，《文物》2004年第11期，第65—67页。
3. 潘吉星：《中国火药史（上）》，上海远东出版社，2016年，第351—353页。
4. 项春松：《内蒙古赤峰市大明镇发现明初铜铳》，《考古》1990年第8期，第767—768页。
5. 《丝路古道 华夏之根——探访静宁县博物馆》，每日甘肃网，https://wyly.gansudaily.com.cn/system/2020/10/12/030175094_01.shtml。
6. 南京城墙博物馆文物展牌。
7. 国家海洋博物馆文物展牌。
8. 王全福：《军事博物馆藏明代火器》，《文物春秋》2018年第5期，第67—68页。
9. 袁晓春：《山东蓬莱出土明初碗口炮》，《文物》1991年第1期，第91—92页。
10. 潘吉星：《中国火药史（下）》，上海远东出版社，2016年，第433页。
11. 刘善沂：《山东冠县发现明初铜铳》，《考古》1985年第10期，第914页。
12. 殷其昌：《赫章出土的明代铜炮》，《贵州社会科学》1982年第5期，第71页。
13. 博物中国官网，https://www.museumschina.cn。
14. 内蒙古文物考古研究所编：《内蒙古文物考古文集》第1辑，北京：中国大百科全书出版社，1994年，第685页。
15. 博物中国官网，https://www.museumschina.cn。
16. 王全福：《军事博物馆藏明代火器》，第69页。
17. 《青铜火铳》（图版），《中国国家博物馆馆刊》2020年第7期，第2页。确实为图片刊登，图片名称叫《青铜火铳》，知网可搜到。
18. 博物中国官网，https://www.museumschina.cn。

19. 南京城墙官网，https://www.njcitywall.com。
20. [日]有马成甫：《火砲の起原とその傳流》，东京：吉川弘文馆，1962年，第201页。
21. 河北省文物局、河北省古代建筑保护研究所、河北省长城资源调查队编著：《河北省明长城资源调查报告·涞源卷》（上），北京：文物出版社，2010年，第666页。
22. 徐振江：《明初火铳的那些事儿》，德州新闻网，http://m.dezhoudaily.com/p/1393167.html。
23. 王嗣洲、刘宝卫、宋成春：《大连小平岛海域发现的铜火铳及研究》，《北方文物》2006年第1期，第59—60页。
24. 王珣：《大连地区发现两尊铜火铳》，《辽宁文物》第6期，第32—33页。
25. 苏小幸、王嗣洲：《大连发现元明铁炮和铜火铳》，《考古》1991年第9期，第864页。
26. 许明纲：《大连地区现存铜火铳和铁炮述略》，《辽海文物学刊》1996年第2期，第143—144页。
27. 徐伯元：《江苏常州出土明代铜铳铜炮》，《考古》1991年第7期，第623页。
28. 博物中国官网，https://www.museumschina.cn。
29. 冯颖：《山海关长城博物馆藏明代火炮》，《文物春秋》2018年第2期，第69—70页。
30. 明铜炮，南京博物院官网，https://www.njmuseum.com/zh/collectionDetails?id=7965。
31. 郑绍宗、郑立新：《河北发现元明时期的管状火器——铜炮、铜铳的研究（上）》，《华夏考古》2016年第1期，第114—118页。
32. 赤城县博物馆：《河北赤城发现明代窖藏火器》，《文物春秋》1994年第4期，第12页。
33. 孙来臣、周鑫、任希娇：《东南亚的中式火器：以考古资料为中心》，2016年第1期，第87页。
34. Franck Goddio, Gabriel Casal, *Lost at Sea: The Strange Route of the Lena Shoal Junk*, London: Periplus, 2002, pp. 239—241.
35. 孙来臣、周鑫、任希娇：《东南亚的中式火器：以考古资料为中心》，第90页。
36. （明）钱谦益：《国初群雄事略》卷四《汉陈友谅》，《四库禁毁书丛刊》史部第8册，第54—55页。
37. （明）申时行等修：《大明会典》卷一五六《兵部三十九·军器》，日本内阁文库藏明刻本，第10—11页。
38. （明）何汝宾：《兵录》卷十一《火攻杂说》，《四库禁毁书丛刊》子部第9册，第663页。
39. （明）余子俊：《余肃敏公经略公牍》，《天一阁藏明代政书珍本丛刊》第17册，第364—492页。
40. 成化《山西通志》卷6《兵备》，《四库全书存目丛书》史部第174册，第199—206页。
41. （明）申时行等修：《大明会典》卷一九三《工部十三·军器军装二·火器》，扬州：江苏广陵古籍刻印社，1989年，第2619页。
42. 《朝鲜世宗实录》卷一，补充版本为太白山史序本，即位年八月辛卯，第7页。
43. [朝鲜]《国朝五礼序例》卷四《军礼》，奎章阁图书馆藏朝鲜成宗五年刻本，第8—9页。
44. [朝鲜]李曙：《火炮式谚解》，藏书阁藏朝鲜仁祖十三年刻本，第4—6页。
45. [朝鲜]朴宗庆：《戎垣必备》卷一《火器类》，日本东洋文库藏朝鲜纯祖十三年刻本，第6—8页。
46. （明）廖希颜：《三关志·武备考》，《续修四库全书》第738册，第716页。
47. （明）申时行等修：《大明会典》卷一九三《工部十三·军器军装二·火器》，第2620—2621页。
48. （明）唐鹤征：《皇明辅世编》卷六《普铳》，《续修四库全书》第524册，第755、758页。
49. （明）张同敞：《三甲兵书》，《傅斯年图书馆藏未刊稿抄本》子部第3册，第287页。
50. Gaya, Louis de, *A treatise of the arms and engines of war of fire-works, ensigns, and military instruments, both ancient and modern*, London: Robert Hartford, 1678, pp. 88.
51. [朝鲜]柳成龙：《西崖集》别集卷四《子母炮》，《韩国文集丛刊》第52册，第480页。
52. [朝鲜]柳成龙：《西崖集》别集卷四《子母炮》，第481页。
53. [朝鲜]李曙：《火炮式谚解》，第7—10页。
54. [朝鲜]朴宗庆：《戎垣必备》卷一《火器类》，日本东洋文库藏朝鲜纯祖十三年刻本，第14—15页。
55. （明）戚继光：《纪效新书》（十八卷本）卷十八《治水兵》，北京：中华书局，2001年，第324—327页。
56. （明）戚继光：《纪效新书》（十四卷本）卷十二《舟师》，北京：中华书局，2001年，第258—269页。
57. （明）范涞：《两浙海防类考续编》卷六《修造兵器》，《续修四库全书》739册，第451—460页。
58. （明）戚继光：《练兵实纪》杂集卷二《储练通论下》，北京：中华书局，2001年，第239页。
59. （明）戚继光：《纪效新书》（十八卷本）卷十五《布城诸器图说篇·佛狼机式》，第256页。
60. （明）顾应祥：《静虚斋惜阴录》卷十二《杂论三》，四库全书存目丛书编纂委员会编《四库全书存目丛书》，济南：齐鲁书社，1997年，子部第84册，第208页。
61. （明）戚继光：《练兵实纪》杂集卷五《军器解·佛狼机解》，第314页。
62. （明）戚继光：《纪效新书》（十四卷本）卷十二《手足篇·虎蹲炮解》，第61页。

元末明初中国铜手铳的发展演进
——以馆藏八支元明铜铳为中心

作者：李响
南开大学
历史学院中国史专业
硕士研究生

唐代，在炼丹术士的活动中，中国人创制出世界上最早的黑火药配方。北宋时期成书的《武经总要》已经将三种火药武器：火球、蒺藜火球、毒药烟球列为宋军的制式装备。[1]到南宋时期，火药武器在中国获得了进一步的发展，铁壳爆炸弹大量出现，（景定）《建康志》记载，两年零三个月时间，建康府即制造包括五斤重铁炮壳一万三千一百零四个，三斤重铁炮壳二万二千零四十四个，突火筒

三百三十三个在内的大量火器。[2]南宋开庆元年（1259），寿春府首先创制出突火枪，这便是最早的管形火器。[3]但竹筒制成的铳管能承受的膛压终究有限，于是最迟至元代，金属材质的铳炮开始被应用于战争。1989年，内蒙古锡林郭勒盟正蓝旗发现了一门元代大德二年（1298）铸造的铜炮，经钟少异等研究认定，这是世界上现存最早的铜火炮。[4]中海博馆藏的八支元明铜铳，一支属于元代提把铜铳，两支属于洪武铜手铳，四支属于永乐铜手铳，一支属于永乐中型铜铳。这八支铜铳是元末明初中国铜铳发展历程的重要代表，对我们研究当时中国火器发展水平和发展路径具有重要意义。

一、元末明初的提把铜手铳

元代，铜制铳炮已经被广泛应用于军旅之中。2003年，河北正定滹沱河北岸发现一件至正二年回回军火铳，长31厘米，内口径2.5厘米。其正面铭文为"至正二年二月真定太保回回军"，背面铭文为

图1
元"至正元年造"铜手铳
中国航海博物馆藏

"伍仟捌佰贰拾号"。[5]元至正二年即1342年，铭文显示此种火铳制造数量极为庞大，最少生产了五千八百二十门。可见至迟到14世纪近中叶，铜手铳已经成为元朝军队的制式武器，装备数量远远领先于世界其他国家。

中海博藏有一支元代铜铳，其铭文曰"至正元年造 二十二"，即制造时间为1341年，编号第二十二。（图1）该铳全长44.4厘米，其中前膛长23.5厘米，药室长10.5厘米，尾銎长10.4厘米，铳口内径2.5厘米。药室微鼓，外径为6.5厘米，右侧中部靠后位置有一引线孔，无火药池，由此判断应为药线击发。前膛铳管有四道加强箍，呈竹节状。从铳口起第三道加强箍到药室前端加强箍之间有提把一个，系与铳身一体铸造成型。

此种类型的提把铜铳，在全国并非孤例。广东省江门市新会区博物馆藏明洪武元年款铜铳，前膛亦有加强箍四道，第三道加强箍与药室前端之间设有一体铸造提手，该铳外观特征几乎与中海博藏至正元年铜铳完全一致。[6]明洪武元年（1368）前距至正二年（1342）不过二十六年，该洪武元年铜铳完全沿袭前朝形制和制造工艺，不足为奇。上海市青浦区博物馆藏一支铜火铳，前膛有加强箍三道，在第三道加强箍到药室中部有半环形提把一个，药室后部有一引线孔。[7]南京博物院藏有一门"明小铜炮"，长33.5厘米，前膛部分铸有加强箍三道（不含唇部），第二道加强箍后至药室中部有提把一个，暂未发现铭文，形制与青浦铜铳相类，但加强箍的数量更多。[8]

浙江省湖州市长兴县博物馆藏有一支铜铳，断代为明。该铳前膛部分无加强箍，在前膛末端至药室末端有半环形提把一个。[9]1959年、1964年，江苏镇江分别出土一支提把铜铳，1959年出土铜铳通长38厘米，重6.1千克，通身无加强箍，且从铳口至药室逐渐加粗，前窄后丰，提把位于药室正上方；1964年出土铜铳通长32.4厘米，口外径3厘米，口内径1.8厘米，重2.65千克，前膛有加强箍两道一组，共两组，提把位于第二组加强箍到药室前端之间。[10]1977年，江苏常州出土一支明代铜铳，通长39.3厘米，重5.4千克，前膛无加强箍，药室隆起，前膛末端到尾銎前段有一半环形提把。[11]河北抚宁县曾发现一支洪武十八年（1385）提梁直口铳，前膛无加强箍，弓形提把位于前膛中后部到药室前端，铭文曰："永平府洪武十八年三月八日铸□□□铳铜重六十斤监造官□无君□□匠刘保子。"此铳通长51.4厘米，重35千克，口外径14厘米，口内径9.5厘米，药室外径14.5厘米。[12]该铳体量和口径均已超出手铳范畴，达到了小型火炮的标准，但其设计理念与元末明初的提把铜手铳颇有相似之处。

此类提把铜铳在外形上与后世佛郎机铳的子铳即"提铳"相似，均有一个把手方便士兵提取搬运。但不同的是，这些元末明初的提把铜铳后部为一尾銎，以便插入木杆；而明中后期佛郎机铳子铳后部有一插孔或类似的固定尾闩的设计。

这种提把铜铳的特征还出现在众多船载火器中。例如在菲律宾里纳礁发现的15世纪末中国沉船，从中出水2901号碗口铳，长30.8厘米，口径9.4厘米，前膛部分有加强箍八道，从药室前端到药室后端设有半环形提手，并有装饰。4009号中型铜铳，长30.8厘米，口径6厘米，前膛部分有加强箍三个为一组，共计三组（唇口部分另有一加强箍），同样是从药室前端到药室后端铸有半环形提手。4011号中型铜铳，长35.5厘米，口径6.4厘米，前膛部分有两个一组加强箍共两组（唇口另有一加强箍），提手位置与上述二铳相同。[13]在印度尼西亚巴考发现的年代约为1425年的中国沉船，亦发现有两支提把铜铳，编号分别为KM-5 93-341号，和KM-9 85-349号，这两支铜铳提手的位置均是在药室正上方。后者由于腐蚀严重，已经难以辨别前膛是否有加强箍存在，但前者保存情况相对较好，从孙来臣先生论文中提供的照片判断，似无加强箍或不明显。[14]

二、明初洪武朝铜手铳设计的标准化

在经历了元末战争的洗礼后，洪武朝铜手铳的发展步入了一个全新的阶段。相比于元代铜手铳，洪武手铳制造数量更多，设计更为科学，尤为重要的是，洪武手铳的制度化和标准化程度进一步提高，中国火器技术又向前迈进了重要一步。

洪武年间，对火铳的使用也趋于制度化，《大明会典》记载："军法定律：每一百户，铳手一十名，刀牌手二十名，弓箭手三十名，枪手四十名。"[15]即每一百名士兵中，就有十人专司火铳。这是推行全国的军事律令，也就意味着洪武朝超过一百万名士兵中，有超过十万人装备了火炮、火铳，[16]这样庞大的数量放眼整个14世纪绝无仅有的。

中海博藏有一支洪武七年（1374）造铜火铳，此铳长32厘米，重2.475千克，口外径4.4厘米，口内径2.5厘米。（图2）上有加强箍四道，侧面有阴刻铭文"洪武柒年造御林右营黄猛将"，药室中后部有一引火孔，同样无火药池。洪武年间所造铜手铳现今留存甚多，其中能够确定铭文的至少有二十多支，整体来看，洪武手铳长度大多在40厘米以上，口径大多不小于2厘米。据王兆春先生总结，洪武手铳"在构造上除了形体的长短粗细稍有差异外，其组成部分都基本相同。与元手铳相比，洪武手铳的构造比较规范统一……一

图2
明"洪武柒年造"铜手铳
中国航海博物馆藏

般手铳都在铳口、前膛后部、药室前、药室后和尾端等处,各有一道横箍,全铳大致有四五道箍,以加固铳身"[17]。王兆春先生所述的洪武手铳加强箍分布情况,与中海博所藏洪武七年铜手铳基本一致,该铳在铳口、前膛后部、药室前后各有一道加强箍。

其他地区出土的洪武手铳也基本符合这一特征,现以河北省出土的五支洪武手铳举例说明。1964年8月在张家口市赤城县出土的洪武五年(1372)宝源局造长铳,铭文为"骁骑右卫旺字肆佰壹号长铳筒重贰斤拾贰两 洪武五年八月吉日宝源局造",通长44.5厘米,重1.7千克,口外径3厘米,口内径2.2厘米,在膛内仍保存一枚铁质弹丸和黑火药,火药与铁弹之间有已腐朽的木塞相隔,即木马子。1962年出土于承德市宽城县城关发电厂的洪武六年宝源局造长铳,铭文为"定辽卫奇字三百八十六号长铳筒重三斤二两 洪武六年三月吉日宝源局造",通长44.5厘米,重1.85千克,口外径3厘米,口内径2厘米。1966年3月出土于保定市涞源县的洪武十年(1377)凤阳行府监造铜铳,铭文为"凤阳行府监造官镇抚孙英教匠任思毅军匠丁□□三斤六两洪武十年月日造",通长43.3厘米,重2.05千克,口外

径3.3厘米，口内径2.1厘米。次年3月同样在涞源出土的洪武十年凤阳行府造铳，铭文为"凤阳行府造重三斤八两监造匠抚刘聚教匠唐兴军匠周福 洪武十年月日造"，通长44厘米，重2.05千克，口外径3.5厘米，口内径2厘米。同月同地出土的洪武十年安陆卫造铳，铭文为"安陆卫习学军匠吴玉 洪武十年造三斤十二"，通长31.7厘米，体重2.25千克，口外径3.3厘米，口内径2厘米。[18]

如果将中海博馆藏的这支洪武七年铜手铳与上述五支手铳进行技术对比，就会发现虽然这六支手铳的制造时间、制造地点和主要负责人不同，但它们具有很多相似性。第一，这六支手铳加强箍的位置大体相同，在铳口、前膛后部、药室前后各有一道。第二，这六支手铳的点火方式完全相同，均为药线点火，因为这六支手铳均没有设置火药池，不可能通过燃烧物接触火门药池的方式点火，这与西方多数手铳的点火方式存在差异。相比药池点火，药线点火击发更加便利，且有利于瞄准。第三，这六支手铳的内口径大体相同，均为2厘米或略大。由此观之，洪武手铳相比型号更加纷繁复杂的元代手铳，形制更加规范统一，即使在不同的军工厂和制造者手中，也不会有很大的差异。这一特点有利于提高后勤保障的效率，有利于全国各地军队之间的相互协作，对于军事行动尤其是大兵团作战具有重要意义。

当然，相比上述五支手铳，洪武七年手铳的口径更大，铳管更短，管壁更厚，铳身更重。一些南方地区制造的洪武手铳与之技术特征更为相似。洪武十年南昌左卫铜铳，铭文为"南昌左卫监造镇抚李龙中 左千户所习学军匠刘善甫 教师王景明洪武十年月日造"，全长32厘米，口外径4.2厘米，口内径2.1厘米，药室直径5.0厘米，重量2.2千克。[19]洪武十年金陵卫铜铳，铭文为"金陵卫洪武十年造"，全长31.2厘米，口内径2.4厘米，重量2.5千克。[20]广东省博物馆藏洪武十一年（1378）铜铳，全长36厘米，口内径2.3厘米，重量1.1千克。[21]这三支南方制造的洪武铜手铳，倍径（铳管长度与口内径的比值）相较河北出土的铜手铳更短。考虑到洪武一朝建都于南京，因此中海博所藏这支洪武七年御林右营铜手铳，较大概率也是在南方制造。

中海博另有一支铜铳，编号11161-3，通长39.5厘米，铳口到火门长度29.8厘米，口外径3.4厘米，口内径2.1厘米，药室处直径4.8厘米，倍径约14。（图3）此铳有加强箍四道，一道位于铳口，一道位于前膛后部，两道位于药室前后，是十分典型的洪武手铳加强箍分布特点，因此该铳也应被归类于洪武手铳。且其铳管较长，与河北地区的洪武铜手铳更为相似，因此其铸造地点更可能位于北方。

三、明初永乐朝铜手铳的发展演进

永乐一朝是中国铜手铳发展的全盛时期，这一时期铜手铳的数量和质量均达到了中国历史乃至世界历史上的顶峰。经过元代和明洪武朝的发展，又经历了靖难之役和永乐北征的战火考验，永乐手铳在设计上相比洪武手铳进一步优化，规制上更加统一。永乐铜手铳的发展为永乐朝对外用兵的节节胜利奠定了坚实的基础，中国早期火器的格局也在此时确定，这一格局直到正德、嘉靖年间西式火器传入中国，本土锻铁火器逐渐崛起后才发生改变。

中海博藏有三类五支疑似永乐朝或年代略晚的铜铳。其一编号16124号，通长34厘米，铳口到火门长26.5厘米，口内径1.35厘米，口外径2.8厘米，火门处直径4.12厘米，重量2.55千克。（图4）该铳前膛部分中部有加强箍两道，在尾銎部分有箍三道。更为重要的外观特征是，从药室到铳口，管壁平滑过渡（除两道加强箍外），逐渐变薄，形成了"前拿后丰"的样式。

此铳目前尚未发现铭文，但类似形制的火铳已经有发现，有马成甫描述了两支永乐七年（1409）铜手铳，铭文分别为"天字贰万叁仟贰佰捌拾叁号　永乐柒年玖月日造"（图5）"天字贰万叁仟陆佰贰拾伍号　永乐柒年玖月日造"，这两支手铳均为永乐七年九月制造，编号分别为23283号和23625号。这两支手铳制造时间接近，形制也

图3
明铜手铳
中国航海博物馆藏

图4
明铜手铳
中国航海博物馆藏

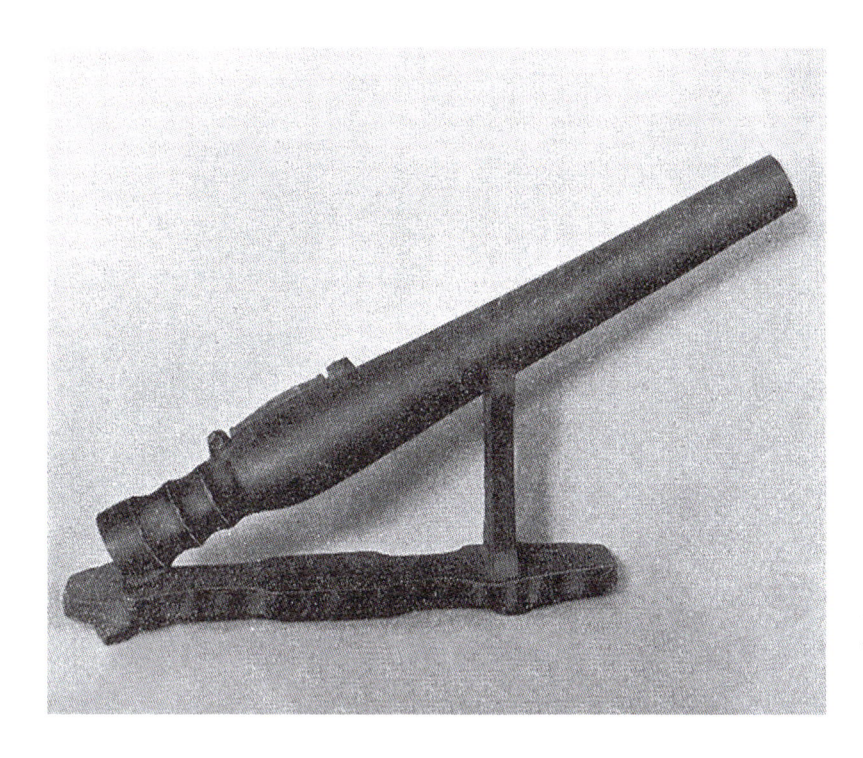

图5
"天字贰万叁仟贰佰捌拾叁号 永乐柒年玖月日造"铜铳
图片来源:《火砲の起原とその傳流》(详见注19)

图6
天字19709号永乐铜铳
图片来源:南京城墙博物馆官网

085

大同小异，其中一支通长35厘米，口内径1.5厘米，口外径2.6厘米，药室直径4厘米，重2.268千克；另一支通长35.5厘米，口内径1.5厘米，重2.5千克。[22]此二铳铳身均平滑过渡，前弇后丰，前膛无加强箍，在尾銎有箍三道。

另有一支永乐七年铜手铳在辽宁辽阳出土，这支铜手铳35.2厘米，口内径1.5厘米，"铳身收度较大"，在尾銎部分有隆起两道，铭文为"天字贰万贰千伍拾捌号 永乐柒年玖月日造"，编号22058号。[23]

南京城墙博物馆藏有上述形制的永乐七年铜手铳至少四支，这四支铜手铳几乎完全一致，前弇后丰，前膛平滑，尾銎有箍三道，引线孔处设有火门盖。其编号分别为天字15710号、天字1571？号、天字17507号、天字19709号。（图6）可惜由于笔者获取的铭文信息不完整，不能确定其铸造的具体月份。但从编号不难得出结论，这种前弇后丰的永乐七年铜手铳至少生产了七千九百十六支，数量不可谓不庞大。[24]除以上四支手铳外，南京城墙博物馆还藏有一支似无铭文的铜铳，从现有图片中难以确定是否有火门盖，该铳前弇后丰、前膛平滑、尾銎有箍的特征与永乐七年天字铜手铳高度相似。

甘肃省张掖市甘州区博物馆有一支被标注"清铜铳"的手铳，其具有前弇后丰，前膛无加强箍，有火门盖（但火门盖遗失），尾銎有箍三道的特征，这些特征与上述三支永乐七年铜手铳完全一致，且与其他铜手铳明显不同，因此该铳也应当被归类于明永乐七年铜手铳之一。[25]

前弇后丰设计的出现，证明当时的火铳制造者已经能够注意到膛压在铳管不同位置的变化（即从药室到铳口逐渐减小）。这种设计的优越性学界已经有所注意，王子林先生在《故宫博物院藏明代手铳》一文中言道，永乐铜手铳前弇后丰的设计"说明当时对火药在药室内燃烧后作用于膛壁的压强，自药室前至铳口呈递减分布的状况有一定的认识。因此，在设计火铳时，在膛径保持前后不变的情况下，将靠近药室的膛壁增厚，使之能承受较大的膛压，而铳口所受的膛压最小，所以其膛壁也最薄"[26]。

值得注意的是，河北张家口市张北县曾出土一支永乐七年赤城二边石门墩铳，铭文为"赤城二边石门墩　天字伍千贰佰叁拾捌号　永乐柒年玖月日造"，通长35.2厘米，重2.5千克，口外径2.7厘米，口内径1.4厘米，且"铳筒制作精良，前瘦后粗"。[27]南京城墙博物馆也藏有一支编号天字2575号的永乐七年铜手铳。尽管在内外口径、长度重量以及前弇后丰的特征上与上述八支永乐七年铜手铳类似，但这两支编号较小的永乐七年铜手铳并非从头到尾管壁厚度平滑过渡，而是药室有明显隆起，因此与上述八支铜手铳并非同一类。

对比馆藏之16124号铜手铳与永乐七年铜手铳，不难发现两者相似处颇多。所不同的是：第一，16124号铜手铳在前膛部分有加强箍两道；第二，16124号铜手铳的口径相较永乐七年铜手铳小约10%；第三，永乐七年铜手铳有为引线孔遮风避雨的火门盖，这种设计没有体现在16124号铜手铳上；第四，16124号铜手铳管壁相比永乐七年铜手铳更厚。前文已述，对于铜铸手铳而言，加强箍意义不大，且口径缩小使得16124号铜手铳在威力上稍逊色于永乐七年铜手铳，火门盖的缺失使得其可靠性与环境适应能力也不如永乐七年铜手铳。此种情况存在两种可能：第一，16124号铜手铳相对永乐七年铜手铳更为古早，即其制造时间晚于洪武初年，早于永乐七年九月，处于制造技术的过渡转型期；第二，16124号铜手铳可能系偏远地区非官方或域外的仿制品，年代与永乐七年铜手铳同时期或稍后，由于仿制者的技术还未完全精熟，因此仿制品的质量略逊于永乐七年铜手铳。

第一种解释容易理解，而第二种解释或许可以从中国西南地区发现的一支铜手铳得到旁证。云南省红河哈尼族彝族自治州河口瑶族自治县博物馆收藏有一支铜手铳，被归类为"清代铜制火铳"，但在外形特征上与中海博藏16124号铜手铳有很大相似性——前弇后丰，平滑过渡的前膛，尾銎有箍，似乎没有火门盖，但此铳前膛并无加强箍。[28]因此该铳应系明前期铸造，它比16124号铜铳更为进步，介于16124号手铳与永乐七年铜手铳之间。河口瑶族自治县位于中国西南边陲，与越南接壤，这一铜手铳出现在此并非偶然，它提供了一种思路——如果16124号铜手铳系永乐七年铜手铳的仿制品，且仿制者并非来自中国国内的话〔完全不能排除国内地方甚至民间仿制永乐七年铜手铳自用的可能。云南曲靖市富源县曾发现一支正德三年（1508）铜手铳，前弇后丰，过渡平滑，除无火门盖外与永乐七年铜手铳一致，此铳为平夷卫右千户所仿造〕，那么仿制者很有可能来自越南。

这就不能不提到永乐年间明朝与越南（安南）之间的激烈战争，在这场战争中大量的铜手铳被应用于战场，客观上给越南带来了世界上最为先进的火器技术。永乐七年正好处于明朝和越南作战的一个高潮，该年八月二十一日，明交阯总兵官张辅率领明军在醻子关与越军作战，明军"以划船战船齐进，火器迅烈，矢发如雨"，大败越军，斩首三千余级，俘虏越军六百艘战船中的四百多艘。[29]九月初一日，在太平海口，张辅率明军"鼓噪齐进，矢石俱发，奋锐直前"，与越军短兵相接，再败越军，斩首五百余级，俘虏三百余人。[30]在战争中，越军自然也能接触到这一先进装备，因此16124号铜手铳系越南仿制的可能性确实存在。

中海博馆藏另外三支被怀疑系越南仿制品的铜铳，为11161-1号、11161-2号、16125号铜手铳，这三支铜手铳均未发现铭文，在广西被发现和征集。[31]（图7—9）11161-1号铜手铳通长32.8厘米，铳口到火门长26.3厘米，口外径2.6厘米，口内径1.35厘米，药室处直径4.16厘米。11161-2号铜手铳通长34.3厘米，铳口到火门长23.4厘米，口外径2.8厘米，口内径1.35厘米，药室处直径4.28厘米。16125号铜手铳通长34厘米，铳口到火门长度27.1厘米，口外径3.1厘米，口内径1.25厘米，药室处直径4.6厘米，重量2.615千克。这三支铜手铳外观上高度相似，均为前弇后丰，平滑过渡，除铳尾一道宽箍外，铳身无任何加强箍，且在参数（长度、口内径）上也基本一致。与永乐七年铜手铳相比最大的不同，一在于口径略小，二在于尾銎更加平滑，三在于没有火门盖；与16124号铜手铳除有无箍外，差异极小。尾銎的箍完全没有实际价值，仅仅作为装饰，因此可将这三

图7
11161-1号明铜手铳
中国航海博物馆藏

图8
11161-2号明铜手铳
中国航海博物馆藏

图9
16125号明铜手铳
中国航海博物馆藏

支铜手铳与16124号铜手铳视为一类。

　　晚明从欧洲引进的红夷大炮也采取了类似的设计（图10），即炮口处到药室处管壁厚度逐渐增加，以在保证安全性的前提下尽可能减轻炮身重量。如果将这四支铜手铳，与晚明红夷炮的"模数"进行对比，就不难发现，它们存在颇高的相似性：

图10
崇祯十五（1642）"定辽大将军"红夷炮，笔者自摄

表1　中国航海博物馆馆藏四支明初铜铳与晚明红夷炮模数对比[32]

名称	内口径	外口径	药室处直径	倍径
11161—1号铜铳	A	1.93A	3.08A	19.5A
11161—2号铜铳	A	2.07A	3.17A	17.3A
16124号铜铳	A	2.07A	3.05A	19.6A
16125号铜铳	A	2.48A	3.68A	21.7A
《西法神机》战铳	A	2A	3A	33A
《西法神机》攻铳	A	1.75A	2.88A	17—18A
《西法神机》守铳	A	2A	3.14A	17—18A
永乐七年铜手铳	A	1.73A	2.67A	＜23.3A

从表中数据可见，这批明初铜手铳与红夷炮在"模数"设计方面没有根本区别，11161-1、11161-2、16124号这三支铜手铳仿佛成比例缩小的红夷铜炮。前窄后丰的永乐七年铜手铳及其仿制品在

中国铜手铳的发展史，乃至整个世界火器史上具有重大意义，它说明在"模数"设计思想被传入中国之前二百年，中国本土就已经出现了类似的设计，这是古代劳动人民集体智慧的结晶。但由于当时明军缺乏制造重型火炮的实际需求，永乐七年铳的先进设计被局限于单兵手铳，并未扩大到火炮等其他领域。

这种铜手铳在国内并非孤例——南京城墙博物馆藏有最少九支同类型铜手铳，它们分别被命名为"明铭文铜铳"（该铳铳尾似有三字阴刻铭文，从现有图片中难以辨识）、"明'孙癸酉'铭文铜铳""明无铭铜手铳15号"（图11）"明无铭铜手铳15号"（与前者编号似雷同）、"明安南铜手铳1—5号"。除前两支铜铳有三字阴刻铭文外，这九支铜铳的外观特征与11161-1号、11161-2号、16125号铜手铳几乎完全一致。[33]

国外发现的中国航海沉船似乎能够提供更多线索。在印度尼西亚巴考地区发现的中国沉船（约1425年）中，发现有最少三支高度相似的铜手铳，其编号分别为XM-1 48-328号、KM-2 45-324号和KM-6 47-306号。打捞出水地点尚不明确的Cannon Superstore#6号铜手铳，也明显带有这类特征，Cannon Superstore#6号铜手铳通长31.5厘米，重1.75千克，口内径1.0厘米。另外，越南军事博物馆藏有三支铜手铳（编号1、2、3号），通长29厘米，口内径1.4厘米，口外径2.5厘米，前弇后丰，前膛光滑无加强箍，这些特征与11161-1、11161-2、16125号铜手铳较为接近，但这三支铜手铳的尾銎部分较长，这一特征使其区别于11161-1、11161-2、16125号铜手铳。[34]这种尾銎较长的铜手铳，在南京城墙博物馆最少藏有一支，被

图11
明"孙癸酉"铭文铜铳，
图片来源：南京城墙博物馆官网

标注为"明铜火铳"。

综上，就目前的证据而言，这种前窄后丰、口径较小的铜手铳，既有可能由中国人创制，然后经战争或贸易途径，传入越南和其他东南亚国家，也有可能系越南直接仿制永乐七年铜铳的产物。无论是哪种情况，这三支铜手铳均是中国军事技术向越南等东南亚国家传播的重要证据，是不同文明在军事技术领域彼此交流互鉴的见证者，具有重要的历史意义。

除手持铜铳外，中海博还收藏有一支中型铜铳，编号15151，该铳体型较大，通长50.7厘米，口内径2.8厘米，口外径5.9厘米，重14.2千克。前膛部分有加强箍五道，药室加厚，暂时未发现铭文。这样重量的铜铳已经超出了手铳的范畴，在作战中应是作为轻型火炮使用。值得注意的是，与现存的永乐中型铜铳相比，15151号铜炮明显口径更小，倍径更长，这样的设计使得其对有生目标的杀伤力有所减弱，但射程更远，侵彻力更强，更适合在水上使用。15151号中型铜铳的出现，说明当时铜铳之间的功能分化更加明显，作为单兵手持武器的铜手铳口径相比洪武铜手铳进一步下降，变得更加轻便易携；而作为轻型火炮使用的中型铜铳体型增大，以换取更远的射程和更大的威力。

南京城墙博物馆最少收藏有四支相似火铳，分别被命名为"明无铭铜手铳17号""明无铭铜手铳18号""明代铜质五箍无铭火铳""明代铜质五箍无铭火铳"（似与前者重名）。这四支铜火铳中，后三支在加强箍数量和分布上与15151号铜铳完全一致，而"明无铭铜手铳18号"除前膛部分相较15151号少一道加强箍外，其他特征也相同。[35]

越南军事博物馆也收藏有两支同类火铳（编号8、9号），具有竹节状前膛（但加强箍的形制与15151号存在差别）和加厚的药室，这两支铜铳相比15151号，体型明显更小，口内径1.5厘米，口外径4厘米，通长40厘米。

至永乐一朝，中国早期火器装备的基本格局已经奠定，其应用技术也日趋成熟，牢牢占据着世界火药武器技术的最高点。同时，中国的火器技术向外流动，引发了越南等周边国家的装备革新，为中国火器的发展赋予了世界意义。

四、结语

  中海博收藏的八支铜铳，贯穿了从元末到明初的中国早期火器发展史，绘制出中国铜手铳从元代探索起步，到明永乐朝基本完善的壮阔画卷，凝结着中国古代劳动人民的杰出智慧，具有很高的历史意义和现实价值。元至正元年铜手铳是目前发现的年代最早的提把铜铳之一，填补了提把铜铳发展史的空白。而海外中国沉船中发现的提把铜铳，又将这类火器与中国和东南亚诸国的航海贸易联系起来。明洪武七年铜手铳作为洪武朝南方铜铳的典型代表，与11161-3号铜手铳一起为我们勾勒出洪武手铳的完整样貌，展现了洪武手铳存在的南北方地域的相似性与差异性，印证了从元末到明初中国铜手铳逐渐制度化、标准化的历史进程。16124号、11161-1号、11161-2号、16125号铜手铳虽然暂未发现铭文，但其前窄后丰的先进设计理念与现存永乐七年铜手铳具有明显的关联性，不排除是仿制永乐七年铜铳的可能性。这四支铜铳的形制在国内相对少见，但在东南亚海域的中国沉船中却发现了多支与之高度相似的铜铳，由此似可推测这种铜铳在中国与东南亚地区的航海交流中曾发挥过一定作用，是中国军事技术向东南亚流动的明证。16125号铜铳属于中型铜铳，相比前述铜手铳射程更远、侵彻力更强，它的出现体现了铜铳功能的逐渐分化，对于研究明初中国火器的发展演化具有相当价值。总之，中海博所藏元明铜铳种类较为全面，谱系相对完整，其中的多数铜铳又与海上贸易或国际交流有着一定联系，对于研究元明中国军事装备的发展演变，和元末明初中国与东南亚国家的交流互动有着重大意义，值得深入挖掘和研究。

1. （宋）曾公亮等：《武经总要》前集卷一二《守城》，《中国兵书集成》第3册，解放军出版社，沈阳：辽沈书社，1988年，第635页。
2. （宋）周应和等：《景定建康志（四）》卷三九《武卫志二》，南京出版社，2009年，第991页。
3. （元）脱脱等：《宋史》卷一九七《兵志·器甲之制》，中华书局，2013年，第4923页。
4. 钟少异、齐木德·道尔吉、砚鸿、王兆春、杨泓：《内蒙古新发现元代铜火铳及其意义》，《文物》2004年第11期，第65—67页。
5. 郑绍宗、郑立新：《河北发现元明时期的管状火器——铜炮、铜铳的研究（下）》，《华夏考古》2016年第2期，第95页。
6. 明洪武元年款铜火铳，博物中国，https://www.museumschina.cn/collection/details?id=C5AD24CB0B0E484FB3CFEF6509AC2FA8。
7. 铜火铳，博物中国，https://www.museumschina.cn/collection/details?id=7034472005914601BF138738AA0C6806。
8. 明小铜炮，南京博物院官网，https://www.njmuseum.com/zh/collectionDetails?id=7490。
9. 明铜火铳，博物中国，https://www.museumschina.cn/collection/details?id=308FF405823E400EBA140582F6151F79。
10. 史宝珍：《镇江出土的明代火器》，《文物》1986年第7期，第91页。
11. 徐伯元：《江苏常州出土明代铜铳铜炮》，《考古》1991年第7期，第621页。
12. 郑绍宗、郑立新：《河北发现元明时期的管状火器——铜炮、铜铳的研究（上）》，《华夏考古》2016年第1期，第118页。
13. Franck Goddio, Gabriel Casal, *Lost at Sea: The Strange Route of the Lena Shoal Junk*, London: Periplus, 2002, pp. 239-241.
14. Michael Flecker, The Bakau Wreck: an Early Example of ChineseShipping in Southeast Asia, *TheInternational Journal of Nautical Archeology*, Vol. 30.2, 2001, pp. 221—230. 形制参考孙来臣、周鑫、任希娇：《东南亚的中式火器：以考古资料为中心》，2016年第1期，第85—86页。
15. （明）李东阳等：《大明会典》卷一九〇《工部十二·军器军装一》，江苏广陵古籍刻印社，1989年，第2605页。
16. 王兆春：《中国火器史》，北京：军事科学出版社，1991年，第103页。
17. 王兆春：《中国火器史》，第86页。
18. 郑绍宗、郑立新：《河北发现元明时期的管状火器——铜炮、铜铳的研究（下）》，第77—80页。
19. [日]有马成甫：《火砲の起原とその傳流》，东京：吉川弘文馆，1962年，第112页。
20. 史宝珍：《镇江出土的明代火器》，第91—93页。
21. 潘吉星：《中国火药史（下）》，上海：上海远东出版社，2016年，第432页。
22. [日]有马成甫：《火砲の起原とその傳流》，第118—120页。
23. 《辽阳发现明代佛朗机铜铳》，文物编辑委员会编：《文物资料丛刊（第七册）》，北京：文物出版社，1983年，第173—174页。
24. 南京城墙博物馆官网，https://www.njcitywall.com/index.shtml。
25. 清铜铳，博物中国，https://www.museumschina.cn/collection/details?id=70ca63e08edf4252ae0bbac741d6ecb5。
26. 王子林：《故宫博物院藏明代手铳》，《故宫博物院院刊》1995年第1期，第92页。
27. 郑绍宗、郑立新：《河北发现元明时期的管状火器——铜炮、铜铳的研究（下）》，第85—86页。
28. 清代铜制火铳，博物中国，https://www.museumschina.cn/collection/details?id=7DEB326F876C4046961F8B36FC9CD5D2。
29. 《明太宗实录》卷九五，永乐七年八月庚申，北京：中华书局，2016年，第1263页。
30. 《明太宗实录》卷九六，永乐七年九月庚午，1268页。
31. 李学茂：《浅谈中国航海博物馆所藏元明火铳》，《河北画报》2021年第4期，第80—81页。
32. （明）孙元化：《西法神机》卷上《铸造大小战铳尺量法》《铸造大小攻铳尺量法》《铸造大小守铳尺量法》，郑诚整理点校：《明清之际西法军事技术文献选辑》，湖南科学技术出版社，2019年，第131—134页、第141—142页、第150—152页。
33. 南京城墙博物馆官网，https://www.njcitywall.com/index.shtml。
34. 孙来臣、周鑫、任希娇：《东南亚的中式火器：以考古资料为中心》，第85—86、94—95页。
35. 南京城墙博物馆官网，https://www.njcitywall.com/index.shtml。

从馆藏青铜旋转炮看太阳纹的图腾崇拜与应用嬗变

作者：杜树志
中国航海博物馆
藏品修复部
副研究馆员

一、东南亚青铜旋转炮及研究简介

2010年4月，中海博征集到一件18世纪东南亚地区船用青铜旋转炮（图1-1，以下简称"旋转炮"）。该炮长65厘米，宽8.8厘米，高16.3厘米，重6.72千克；炮口外径6.3厘米，内径2.6厘米，膛深54.5厘米。炮身铸有三组尺寸、方向和纹样相同采用浮雕手法铸造的纹饰（图1-2），每组纹饰包含四张相同的等腰三角形图案，它们均匀环绕于炮身之上。其中架座附近和炮尾位置两组图案顶角朝前，炮口附近一组图案方向相反。每个三角形腰部用两道直线勾勒而成，外缘直线相对较粗，内侧直线稍细，中间部分以海波纹填充。外观纹饰整体来看呈典型西洋风格。铜炮表面光滑细腻，保存状态良好，实为一件不可多得的前装炮。铜炮金属炮架设计独特——炮身中间两只炮耳与U形架座相连，架座底端是一个可供定位、支撑和旋转的倒圆锥形构件。在转动炮耳调整仰角或俯角的同时操作炮尾，可使炮口在平面360°范围实现自由旋转。这种能上下左右灵活操控的设计，使其机动性和立体杀伤效果大大增加。综合其使用设计、纹饰及当前保存状态等信息，初步判断它是一件18世纪某外国官方用于海防的舰船武器。

旋转炮最引人之处当属前文提到的三组纹饰，它们是18世纪火器，尤其是铜炮上常见的一种太阳纹。之所以称其为"太阳纹"而非蕉叶纹，主要基于后者写实风格所给出的判断。作为文物中一种常见纹样，蕉叶纹"最早出现在商周时期的青铜器上。最初的蕉叶纹近似三角形，两腰长过底边，且呈弧线内收，形似芭蕉叶……唐宋以后，

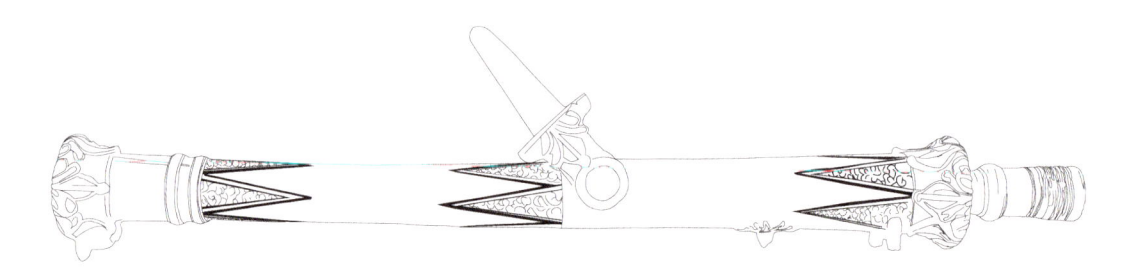

靖疆御海：中国航海博物馆藏明清海防珍品释读

1-1 旋转炮

1-2 旋转炮正视线形图

图1
18世纪东南亚地区船用
青铜旋转炮及线形图
中国航海博物馆藏

蕉叶纹的运用扩展到服饰、铜镜、瓷器、玉器、建筑等领域"[1]。除弧形的蕉叶边缘，还有一个关键特征需要补充，即叶脉构图同样具有写实性：它们要么是围绕叶边缘多条长长的平行曲线，如上海博物馆藏商代晚期商黄觚、南宋时期瓷器蕉叶纹三足炉；要么是叶径两侧近乎平行直线的梳篦纹，如龙泉青瓷博物馆藏北宋龙泉窑淡青釉莲瓣纹带盖五管瓷瓶等。换言之，蕉叶纹不仅腰部轮廓具有一定外收或内收的弧度，叶脉也是由多道平行的细长曲线或直线构成。这两点特征有多位国内学者做过详尽的专题研究，[2]这里不再赘述。在文献查阅中，意外发现故宫博物院藏小铜炮，其外形纹饰与旋转炮相似，尺寸略长，书作者将该炮纹饰描述为蕉叶纹。[3]根据前述分析，笔者认为这一说法有待商榷。另外，对比馆藏18世纪中期乔治·亚当斯为威尔士亲王专制日晷仪（图2，简称"日晷"）晷面中间太阳纹，可以看出两者外形轮廓，尤其是内部填充纹饰构图，几乎完全相同，进一步证明了旋转炮炮身纹饰为太阳纹这个推断。

不止旋转炮，中海博馆藏西汉石寨山形羽人划舟船纹铜鼓（图3，简称"西汉铜鼓"）、东汉冷水冲形船纹铜鼓（图4，简称"东汉铜鼓"）等多件青铜文物上都有太阳纹。它们样式大同小异、彼此勾连，引人无限遐想。铜鼓鼓面中心部位一般略显突出，称为"光体"，光体向外辐射出多道光芒，又称"芒"。芒的数量从八到二十一不尽相同，其中十二芒最常见。光体和芒合二为一，称之为"太阳纹"。西汉铜鼓太阳纹为平面十四芒，相对鼓面来说芒纹稍显突出，由于使用其表面形成一层温润透明的包浆，在其他纹饰映衬下给人一种错落的视觉感；芒纹间由内到外采用等间距的人字形条纹填充，中间部位是两个椭圆形平面图案，芒纹外围被十四组共计二十七根晕圈所包围。东汉铜鼓为浮雕十二芒太阳纹，芒纹间以孔雀翎状纹饰点缀，整个芒纹被七组共二十二根晕圈环绕，相比之下最内层晕圈线条粗壮，它们一起将鼓面划分成不同区域。日晷晷面太阳纹采用阴刻十六芒，这些芒线按样式风格又分为两组，每组等间距交叉分布；每根芒由于采用左右对称的海波纹或直线留白样式，花样繁杂但有序，因此呈现出更强的立体感。细看之下，日晷太阳纹海波状光芒与旋转炮炮身纹样颇为相近，外围十三组二十二根晕圈与西汉铜鼓太阳纹晕圈构图风格也如出一辙。不同年代、地域的多件历史遗物采用同类纹饰，无疑凸显出太阳纹在世界文化传承中所具有的独特魅力。本文以旋转炮纹饰为切入点，从太阳纹起源、表现形式、文献著录、神话传说、传播路径以及考古实证等方面展开研究，并尝试对太阳纹在人类文化传承中某一历史时期的嬗变进行分析，找出新时代背景下提升全民海防意识和强化海洋强国战略的核心要素、实践路径及现实意义。

图2
18世纪中期乔治·亚当斯为威尔士亲王专制日晷仪及晷面线形图

图3
西汉石寨山形羽人划舟船纹铜鼓及鼓面线形图

图4
东汉冷水冲形船纹铜鼓及鼓面线形图

2-1 日晷

2-2 日晷俯视线形图

3-1 西汉铜鼓

3-2 西汉铜鼓俯视线形图

4-1 东汉铜鼓

4-2 东汉铜鼓俯视线形图

二、古今中外对日崇拜之对比分析

太阳崇拜起源分析。原始社会生产力水平低、人类思维简单，对许多自然现象认知肤浅，因此世间万物受神灵支配或者说"万物有灵"逐渐成为先民共识，他们将太阳赋予超级力量——一切生命在它的照耀下实现再生与净化。于是，原始社会早期出现了一种最朴素的信仰，即太阳崇拜。

对日崇拜表现形式。作为原始宗教信仰，太阳纹是早期人类对太阳崇拜的原始印记，又被称为"太阳花"或"岩石花"。起初，人们将一些最简单符号，如日纹、日鸟纹（又称"阳鸟纹"）或日火纹（又称"阳火纹"）等，刻画在岩石、陶器、牙骨器及玉器等不同载体上。考古发现，"国内最早的阳鸟纹，出现在距今6800年前的半坡早期彩陶上"[4]。南方河姆渡文化中也有日鸟纹。另外，"湖南长沙马王堆汉墓出土的帛画，上面有通过彩绘方式表现的一轮画有金乌的太阳"[5]。还有，古人在祭祀中常把太阳看作火神象征，这种认知在一些考古出土器物上最直接的体现就是日火纹，如山东大汶口、莒县陵阳河、诸城前寨、河南大朱村和安徽蒙城尉迟寺等地出土的大量陶器腹部就绘有日火纹。

太阳崇拜传承演变。随着人们对太阳的神化与敬畏，这些符号逐渐演变为一种部落图腾。据不完全统计，早在先秦时期，岩画、彩陶、铜鼓等器物上使用的典型太阳符号、纹饰或文字就多达三十余种。它们从作用来看，一是作为符号被顶礼崇拜，二是用于礼日祭祀等活动器物上的装饰。不唯中国，"其他国家也普遍存在太阳（神）崇拜"[6]。如公元前14世纪埃及人的阿顿（Aten）崇拜、公元前7世纪—前4世纪希腊人尊崇阿波罗（Apollo）和希利奥斯（Helios）日神、罗马人膜拜梭尔（Sol）、英国人立石柱祭拜日神、印度人和波斯人信奉米特拉（Mithra）、巴比伦则称之为沙玛什（Shamash，太阳和正义之神），北美印第安部落把日神看作世界开创者。国外太阳崇拜形式尽管多样，但总体来看，均经历了从早期符号崇拜到祭祀仪式的流变。古埃及、巴比伦、希腊和波斯等地十分流行"卐"符号（又叫"万"字符），他们认为该符号代表太阳，因而得到广泛应用，这点几乎与华夏先祖一脉相承。祭祀仪式则大同小异，如北美印第安人部族崇拜太阳，每年到了8月份，当地族人会身着盛装，背后挂着多角"太阳盾"，面朝东方进行祈祷。还有，"古代秘鲁的印加人也将太阳作为崇拜对象，每天清晨与黄昏他们面对安第斯山的峰峦，朝拜初升的旭日和徐徐坠入大海的夕阳，每年1月21日还会举行祭祀太阳的盛大仪式"[7]。

火神信仰与太阳崇拜。华夏祖先将火与太阳紧密联系起来可谓源远流长。"在中国传统神话中，太阳、火和鸟三者存在着紧密联系，火神在很多时候兼是太阳神，以鸟神为图腾的氏族往往又是太阳图腾的子孙。"[8]有趣的是，国外一些民族宗教信仰也几乎毫无二致，如"旧约圣经中多次提及耶和华神的显现都是在火光之中。古希腊的赫拉克里特认为万物起源和逻辑基础是一团生生不息的活火"[9]。古印度诗歌集《梨俱吠陀》记载的火神阿耆尼，其地位仅次于众神之王因陀罗，他"被视为极少数属于有相（具体）的超自然神之一，以三种形式（"三界"，即天界的太阳、空界的雷电之火、地界的祭火）存在"[10]。

文献记载与神话传说。自远古时期文字符号诞生那一刻起，华夏先民对日崇拜就从未停止过。甲骨卜辞、典籍等均有相关记载：殷墟卜辞有"乙巳卜，王宾日"[11]、"出入日，岁三牛"[12]。可见殷人对日神已有朝夕祭拜仪式。类似卜辞还有"贞，燎于东母，三牛，又"[13]，这里提到的"东母"，即太阳。除甲骨文外，《尚书·尧典》等古籍中记载神话传说："日中星鸟，以殷仲春。"[14]《山海经·海外北经》里有夸父逐日传说。《淮南子·地形训》中有十日神话。《淮南子·精神训》道"日中有踆乌，而月中有蟾蜍。"《论衡·说日》："日中有三足乌……"凡此种种，这里提到的"乌"，类似我们今天所说乌鸦等鸟类。战国时期，"屈原在《离骚》篇首写出'帝高阳之苗裔兮'来强调楚人是太阳神的后人，他在《楚辞·九歌·东君》中把太阳尊为

'东君'来进行歌颂"[15]。类似还有北齐魏收《五日诗》中"因想苍梧郡，兹日祈东君"。如今在湖南湘江、沅江流域的苗族民间，仍保留着古老的太阳祭拜仪式。西方《圣经》中有"背对耶和华庙而东向拜日"[16]的描述。一些民族或部落自称"太阳之子"，如埃及日神拉及荷拉斯的雄鹰造型、古波斯帝国"以鹰鸟作为太阳的象征，犹如我国称太阳为金乌"[17]，还有"墨西哥的太阳金字塔……都是原始先民对于太阳与鸟类特点浅显的感性认识和相似性思维作用的结果"[18]。巧合的是，玛雅人的日神庙也与乌鸦有关，"他们传说日神是一只乌鸦变成"[19]。古希腊神话中从天国盗取火种引入人间的普罗米修斯，同古代中国钻木取火的燧人氏一样，均受到两国人民顶礼膜拜。

铜鼓鼓面太阳纹饰。在所有太阳纹历史遗存中，铜鼓显得尤为突出。梁志明等人总结道"中国是发现和保存铜鼓数量最多、形制最丰富的国家……最早的铜鼓产生于公元前7世纪，即距今2600年前，它在中国西南和东南亚各国民族中广泛使用和传播，形成了独具特色的铜鼓文化。"[20]李永强针对不同类型铜鼓太阳纹特征，专门做过详细研究，他认为："太阳纹是铜鼓上最早出现和最基本的纹饰，除了极个别的原始形态的铜鼓以外，几乎每个铜鼓上都有，是识别铜鼓纹饰类型的标志之一。"[21]房仲甫则指出："太阳纹饰随着铜鼓而传布海外……相对而言，越南北部、缅甸掸邦铜鼓分布较为稠密。老挝、柬埔寨、泰国、马来西亚、印度尼西亚、苏门答腊以及甘尼安岛等地也有零星发现。"[22]现今我国广西、云南等少数民族日常生活中，仍有击打"太阳鼓"伴舞祭神的风俗。东南亚铜鼓上最常见的是太阳纹和蛙形装饰。越南玉镂铜鼓，鼓面中央就有突出的太阳纹，其光芒有十六道，这些光芒是原始居民对太阳神崇拜的最直观反映。

太阳崇拜考古实证。华夏先民对太阳崇拜最早出现在何时何地，目前就业界已有研究成果来看，尚未达成一致。不过根据考古可以确定的是，早在旧石器时代，我国就已出现人为雕琢使用的太阳纹符号，如辽宁海城小孤山遗址，考古人员在这里"发现了刻在蚌壳上的太阳纹饰"[23]。进入新石器时代，太阳纹样式逐渐增多，地域分布也更为宽广，如马家窑、河姆渡、大汶口以及庙底沟等多处遗址。总体来讲，"中国新石器遗址中发现的太阳崇拜遗迹有七八千年的历史"[24]。欧洲意大利梵尔卡莫妮卡岩画中，有一百多处跟太阳崇拜有关的图案。1902年，伊朗古城苏萨旧址出土了一根黑色石柱，柱上雕刻着太阳神沙马什（Shamash）。[25]1984年，考古人员在印度河马哈嘎遗址发现了一件距今约6000年的铜轮形饰件，而"印度教中，轮形纹饰是太阳神苏利耶的象征"[26]。2017年，埃及开罗出土了一块约4300年前方柱形尖碑残块，顶端酷似金字塔且包裹一层薄薄的黄金，能反射太阳光芒，熠熠生辉，该碑也是太阳崇拜的一种象征。

三、世界范围内太阳崇拜交流互鉴

上述研究可以看出，远古时期以太阳为主题的图腾崇拜，曾以多种形式广泛传播，对世界民族精神和历史文化都产生了重要影响。诚如英国人类学家爱德华·泰勒所讲，"凡是阳光照耀到的地方，均有太阳崇拜存在"[27]。

太阳崇拜不分地域且天下大同。美洲印第安人认为，"太阳之所以能在天空运转，正因为它是神鸟的化身……印第安部落豪皮族祭祀时身后披挂的'太阳盾'人面纹，与我国陕西姜寨出土的公元前4000年左右仰韶文化人面鱼纹陶盆所绘制人面形态近乎完全相同"[28]。墨西哥"太阳石"纹饰不仅与我国汉代八角芒纹铜鼓鼓面中心的光体和晕圈非常接近，"太阳石"上其他崇拜物形象，与国内大量铜鼓上的神雷纹、鹭鸟纹、蛙爪纹等还存在着惊人相似。美洲印第安人祭祀太阳时，在"太阳蓬"上放置一只醒目鸟喙的做法，与我国古典神话中"踆乌""三足乌"非常接近。更有美国学者指出，中国"古书中所描述的'汤谷'，与现今美国科罗拉多大峡谷地貌没什么两样"[29]。

太阳崇拜传播方式、方向与路径。说起传播方式，业界普遍认为由于环境变化伴随种族迁徙完成，传播方向主要是"由东向西"，但也有少数学者认为是"由西向东"。陈丽琼等人认为："越文化中的'太阳纹'，是沿着南太平洋诸群岛向美洲等地传播。"[30]有考古人员通过对史前美洲与东亚人种的牙齿检测分析，证明"早在14000年前后，东亚与美洲之间就已存在着同一民族间的'跨洋迁徙'"[31]。有学者引用该证据进一步阐释，中国古人迁往美洲，将具有太阳崇拜含义的"岩画传播至北美洲西海岸是具备可能条件的"[32]。到了青铜时代，铜鼓上的"太阳纹"对外传播，也是一个很好的力证。房仲甫在考证铜鼓船型纹饰后指出："源于我国云南带有'太阳纹'的铜鼓，当是百濮、百越两大族航海者通过太平洋航路顺风顺流相送实现了海外传播。"[33]法国戈鹭波、越南史学家陶维英持相近观点。[34]王大道、李伟卿等人则认为，其传播路线随着铜鼓"不仅有由西趋东的传播主轴线，也有由东至西再随澜沧江南传到泰国的线路。泰国班清地区发现的万家坝型铜鼓就是证明"[35]。以杨万娟等为代表的少数学者持不同意见，强调远古时期太阳崇拜，其"发源地为古埃及，这些文化是通过沙草游牧民族和海洋民族传播扩散的"[36]。持类似观点的还有19世纪末20世纪初英国的埃及学家、解剖学家格拉夫顿·E. 史密斯（Crafton Elliot Smith）提出的"日石文化"[37]。可见，太阳崇拜传播路径呈现"一元多支"和"阶段性"两个明显特征。

通览古今中外，我们有理由相信，远古时期华夏民族的太阳崇拜，曾跨越千山万水与其他国家相同宗教信仰发生碰撞与融合，并对当地产生过深刻影响。

四、18世纪西方列强太阳崇拜嬗变

到了18世纪，国内艺术理念在丝绸之路对外传播和航海科技西风东渐双重影响下，中外文明交流互鉴呈现跨越式融合。以太阳崇拜为例，不同地域、不同种族间相同的图腾信仰，在现实应用中却出现了显著差异。以英国为代表的西方列强，将太阳纹应用于开疆拓土所用枪炮与航海计时仪器上，相较之下清帝国在这方面几乎毫无建树。究其根本原因，是中外对日崇拜理念发生了变化，进而导致艺术外在形式有所不同。著名评论家伯纳德·贝伦森在比较东西方艺术时曾指出，"我们欧洲人的艺术有着一个致命的、向着科学发展的趋向"[38]。大航海时代西方国家，在对待人与自然关系方面，更为理性，喜欢海上探险、科学发现和对外征服；而此时深受几千年封建礼制影响的国人，从上到下骨子里仍存在一种"根深蒂固的安土重迁思想"[39]。换言之，在两种治国理念下，西方列强以科学技术为支撑，依靠坚船利炮与海外贸易实现了殖民扩张和经济掠夺；清王朝却依旧在儒家思想框架下奉行"重陆轻海"这样一种怀柔的守成国策。

因此，我们不难理解日晷上引入太阳纹纹饰根本原因：作为时下航海探险中经常使用的计时工具，必然会受到英国社会各阶层，尤其是航海探险者的青睐，从"爱屋及乌"心理学角度来审视制作艺术，原本用于图腾崇拜的太阳纹，彼时出现在18世纪60年代英国威尔士亲王加冕礼的这件皇家礼物上，自然也就不足为奇。

彼时的英国，已然取代法国成为全球新的"海上霸主"，加之东南亚地区资源向来十分丰富，战略地位非常重要，"英帝国在与西方各国竞争的同时逐步进入了东南亚海峡地区"[40]。再看这件铜炮，其炮口、炮身与炮尾多处太阳纹样式与日晷非常接近。据此，我们甚至可以做出一个大胆推测——该铜炮虽然征集于东南亚地区，但最初却极有可能是英国制造！作为时下海防常用的一种舰船武器，对英帝国来说其重要性显而易见，因此工匠在铸炮过程中选择具有"日不落帝国"象征意义和图腾崇拜的太阳纹来进行修饰，可谓顺理成章。旋转炮用途大致分两种。一是葡萄牙、英、美等国在18世纪对东南亚地区贸易掠夺使用的船载武器。这里所谓贸易，既有物质和经济方面，如"17世纪葡萄牙在对亚洲进行漆器贸易时，帆船上就安装了旋转炮"[41]，又有人力资源方面，如"18—

19世纪在押送中国苦力至东南亚或美洲等地的船只上，也曾配备旋转炮。"[42]"二是英国等西方列强在海外殖民扩张时使用的舰载武器。如18世纪澳大利亚第一舰队中的一艘军舰，实则来源于英国殖民皇家海军舰队"供应"号，据考证，其舰载武器也曾安装过"六门旋转炮"[43]。

五、结语

科学技术是第一生产力，乃亘古不变之真理。在浩瀚的历史长河中，放眼整个18世纪，虽沧海一粟，但却是一个社会万象精彩纷呈和科技快速发展的时代。西班牙、葡萄牙、荷兰、英国和法国等西方国家在前期大航海经济刺激和工业革命推动下，集中所有资源发展科技并经略海洋，从而使整个国家实现了快速崛起。

时至今日，管窥太阳纹在18世纪西方列强科技、外贸和殖民角逐中的种种外在表现，对全面提高国民海防意识和加速推进21世纪"海洋强国"建设，意义非同寻常。我们在全面贯彻向海图强理念的同时，还要重视象征海上"软权力"的科技创新并使之引领经济发展，唯有这样方能在世界发展大潮中永立不败之地！

---

1. 《中华传统纹样说（植物篇）⑧：蕉叶纹》，常熟博物馆官方微信公众号，2022年09月08日。
2. 陈江燕、戴欣怡、赵慧宁《中国传统纹样研究——蕉叶纹》，《艺术大观》2022年第28期，第73—75页。石亚卿：《商周青铜器蕉叶纹初探》，陕西师范大学硕士学位论文，2019年。武红红：《中国古代陶瓷装饰中蕉叶纹比较研究》，景德镇陶瓷大学硕士学位论文，2020年。白金超：《浅析西周蕉叶纹觯造型纹饰之美》，《西部皮革》2020年第13期，第62页。张静、周强、王莹等：《元明清陶瓷蕉叶纹纹饰的特征》，《硅酸盐学报》2020年第9期，第1373—1381页。
3. 徐启宪：《清宫武备》，上海：上海科学技术出版社，2011年，第194页。
4. 蒋书庆：《起飞的太阳鸟—半坡鱼鸟纹初探》，《西北大学报（社会科学版）》1992年第3期，第98-104页。
5. 黄剑华：《太阳神鸟的绝唱—金沙遗址出土太阳神鸟金箔饰探析》，《社会科学研究》2004年第1期，第130—134页。
6. 王守功：《考古所见中国古代的太阳崇拜》，《中原文物》2001年第6期，第39—44页。
7. 孙国维：《秘鲁的太阳神与太阳祭》，《外国奇风异俗》，北京：世界知识出版社，1981年。
8. 张舒珊：《中国与美洲印第安"鸟日神话"比较研究》，《河北北方学院学报（社会科学版）》2014年第4期，第42—47页。
9. 高福进：《太阳崇拜与太阳神话：一种原始文化的世界性透视》，上海：上海人民出版社，2002年，第35页。
10. 郑慧玲：《宗教国度的古老赞歌》，北京：中国音乐学院，2016年。
11. 胡厚宣总编，王宇信、杨升南总审校：《甲骨文合集释文》，北京：中国社会科学出版社，1999年，第32181页。
12. 《屯南》890片。
13. 高秉江：《中西文化中的太阳崇拜与太阴崇拜》，《清远职业技术学院学报》2013年第2期，第35—38页。
14. 李民、王健：《尚书译注》，上海：上海古籍出版社，2012年，第2页。
15. 巫允明：《华夏文化对美洲印第安人古代文明和传统习俗的影响初探》，《2000青海海峡两岸昆仑文化考察与学术研讨会论文集》，西宁：青海人民出版社，2000年，第164—199。
16. 《圣经·新约全书·以西结书》第八篇第16章。
17. 夏鼐：《青海西宁出土的波斯萨珊朝银币》，《夏鼐考古学论文集》，北京：科学出版社，1961年，第130—131页。
18. 夏鼐：《夏鼐考古学论文集》，北京：科学出版社，1961年。
19. 张小华：《中国与大洋洲、美洲古代交往的探讨》，《中央民族学院学报》1984年第1期，第48—58页。
20. 梁志明、郑翠英：《论东南亚古代铜鼓文化及其在东南亚文化发展史上的意义》，《东南亚研究》2001年第5期，第54—60页。
21. 李永强：《古代铜鼓上太阳纹饰产生的历史渊源及文化内涵》，《艺术探索》2010年第4期，第35—36页。
22. 房仲甫：《我国铜鼓之海外传播》，《思想战线》1984年第4期，第44—51页。
23. 杨凌云：《不同民族太阳纹的比较研究》，《西部皮革》2023年第6期，第134—136页。
24. 任晓丽：《中国传统"太阳纹"视觉艺术符号探索》，西安美术学院收拾学位论文，2014年。
25. 赵立行：《〈汉穆拉比法典〉—第一部完备的成文法律》，《历史教学问题》2010年第1期，第62—67页。
26. 王茜：《印度河文明考古学术史研究》，西北大学博士学位论文，2021年。
27. 高福进：《太阳神话及其研究》，《思想战线》1994年第3期，第51—56页。
28. 巫允明：《华夏文化对美洲印第安人古代文明和传统习俗的影响初探》，《2000青海海峡两岸昆仑文化考察与学术研讨会论文集》，西宁：青海人民出版社，2000年，第164—199页。
29. 张小华：《中国与大洋洲、美洲古代交往的探讨》，《中央民族学院学报》1984第1期，第48—58页。
30. 陈丽琼：《也谈古代中国人航渡美洲》，《重庆师院学报（哲学社会科学版）》1983年第3期，第75—81页。
31. 王涛、袁广阔：《古代中国与美洲交往研究检视》，《南方文物》2015年第4期，第230页。
32. 荀爱萍：《论"人面"岩画的起源与传播—基于贺兰山"人面"岩画的分析》，《西安工程大学学报》2017年第2期，第178—18页。
33. 房仲甫：《我国铜鼓之海外传播》，《思想战线》1984年第4期，第44—51页。
34. 石钟健：《铜鼓船纹中有没有过海船》，《古代铜鼓学术讨论会论文集》，1980年，第11页。
35. 王大道：《云南铜鼓》，昆明：云南教育出版社，1986年。
36. 杨万娟：《蛇鸟天下—远古的地球村》，昆明：云南民族出版社，2009年。
37. 公雅妮：《"神话-原型"批评视角下古埃及金字塔与神庙建筑的文化阐释》，重庆大学收拾学位论文，2022年。
38. [意]但丁著，朱维基译：《神曲·天堂篇》，上海：上海译文出版社，1984年，第5—6页。
39. 罗荣渠：《扶桑国猜想与美洲的发现—兼论文化传播问题》，《历史研究》1983年第2期，第42—59页。
40. 李文光：《英帝国海洋战略与海峡殖民地的建立》，《东南亚南亚研究》2017第2期，第70-75页。
41. 方婷婷：《17—18世纪西欧与中日漆器贸易研究》，浙江师范大学硕士学位论文，2011年。
42. 郭晔旻：《重重迷雾锁南洋—"猪仔贸易"里的华人出海史》，《同舟共进》2018年第5期，第70-73页。
43. 沈毅敏：《西洋帆船史学习漫记（4）》，《现代舰船》2006年第3期，第51-53页。

百目千眼——东西合璧的日本"千眼纹铜炮"

作者：任志宏
中国航海博物馆
学术研究部（藏品保管部）
副研究馆员

一、铜炮概述

中海博藏"千眼纹铜炮"系日本铸造使用的火炮，铸造时间或在17世纪至18世纪。（图1）炮身整体由青铜铸造而成，工艺较好，质地均匀，炮体无沙眼，表面呈青绿色铜质光泽，重量为100千克。炮身整体为圆柱形，炮口微侈，炮口沿平整，宽2厘米，有两道弦纹，一处深刻划痕。自口沿后内收，至颈部最细，颈部同样饰有两道弦纹。颈部向后渐粗，至炮尾火门处最粗。炮身布满花纹，花纹呈卷曲盘旋状，线条粗壮，带有短刺状纹。炮身上方正中为一条平整长条，略凸出于炮身，自炮口延伸至炮尾，宽度炮口处为3.5厘米，其后随炮身粗细渐变，颈部最细为2.5厘米，炮尾处最粗为3.6厘米。在此长条上阴刻有"百目筒三挺之内　臣稻叶源之丞越智正道献之"十九字铭文。

该炮全长84.2厘米，宽20厘米（两侧炮耳最宽处），炮身直径13厘米（火门位置炮身最粗处），炮口外口径为11.2

图1
千眼纹铜炮
中国航海博物馆藏

厘米，内口径为4.1厘米。该炮前膛装填，炮膛光滑无膛线。炮耳位于炮身靠后约三分之一处位置，圆柱形，直径3.4厘米，左右各一，与炮身一体铸造成型，外表光滑，无铭文，有陈旧磕碰刮擦痕迹。炮身正上方之平整长条上，有前后两处长方体凸起，应系瞄准装置，即准星。前准星位于炮口端，长2.4厘米，宽1.7厘米，高1.4厘米，纵向，顶端有一条凸起的纵线；后准星位于距炮尾18.2厘米处，长2.5厘米，宽2厘米，高1.7厘米，纵向，在中部有一条横向凹槽。两处准星外表均凸凹不平，且有多处深浅不一的划痕。火门位于后准星后方，距炮尾6厘米（从火门中心处测量），火门略凸，前部宽度约2厘米，向后渐收为圆弧，整体呈倒钟型，火门现已堵塞。（图2、3）

图2
前准星

图3
后准星及火门

炮身正下方有两处凸起，固定于炮身，纵向长方形，侧面开孔。前者距炮口16.7厘米，长3.6厘米，宽1.8厘米，高2厘米，略有松动，有铸接件的可能；后者距炮尾13厘米，长3.8厘米，宽1.8厘米，高2厘米。两处凸起与炮身连接处较为平坦，可能系固定炮车使用。（图4）

炮尾为圆柱体，长9厘米，分粗细两段，皆略呈圆锥体状，与炮尾相连一段较粗，长度5厘米，两端直径分别为6.1厘米和5.2厘米；最末一段较细，长度4厘米，两端直径为3.5厘米和3厘米。在较粗一段上有竖直开孔，位于距炮尾3厘米处，开孔直径约1厘米。（图5）

该火炮保存基本完整，口径处有较深刻划痕，炮身各处如炮耳、准星、炮身等位置多有摩擦痕迹，可能系使用时造成的。该门火炮设计独特，外观壮观，炮身表面铭文遒劲有力，字体工整，炮身布满清晰可见的卷草纹，被称为"千眼纹铜炮"。

图4
炮身底部凸起物

第二章 防海之技

图5
炮尾

二、日本火器之源

日本原本没有使用火器的传统，自身也未诞生火器。日本历史学家近藤好和就认为，火药是火器诞生的必要条件和前置技术，而日本国内因为缺乏制作黑火药的重要成分——硝石，无法生产火药，进而也就无法诞生火器。简言之，因为日本不能制造火药，所以日本无法发展出火器。

王兆春说："日本的火器制造与使用技术起步较晚。"[1]学界的主流观点认为，元至元十一年（1274）忽必烈派遣三百艘战船和一万五千兵力渡海进攻日本，在战斗中元军使用了铁火炮、震天雷等火器作战，这是日本第一次接触到火器。七年后的元至元十八年（1281），忽必烈再次发大军十四万人分两路分别从高丽和中国庆元、定海出发进攻日本。日本文献《八幡愚童记》中记载元军第一次进攻日本时"士气勇猛，所向披靡……飞铁炮火光闪闪，震声如雷，使人肝胆俱裂，眼昏耳聋，茫然不知所措"。这也是"铁炮"一词第一次出现在日本历史上。此外，在另一本日本文献《太平记》中，有关于元军具体使用何种火器的记载，以及对于火器的详细描述，"击鼓之后，短兵相接。铁炮抛射出球形弹丸，沿山坡而下，状如车轮。声震如霹雳，光闪如雷电，一次可射二三个火弹。日本兵被烧、被害者众多，城上仓库着火，本应扑灭，但也无暇顾及"[2]。完成于1293年2月9日的《蒙古袭来绘词》，就绘制有元军使用火器的场景，在图中上部爆炸的就是铁炮，铁炮爆炸之后，火焰朝向日军方向。（图6）《蒙古袭来绘词》的作者竹崎季长，曾亲身参与过同渡海东征日本的元军的战斗，因此绘词中铁炮爆炸的场景应该是写实的。

从以上记述可知，当时元军使用的铁炮是"抛射出球形弹丸"，且弹丸"沿山坡而下，状如车轮"，从这一描写判断，当时的铁炮应当是抛掷型的，[3]通过小型投石机或人力抛射。装满火药的球状弹丸可以发烟、爆裂、燃烧等，在当时具有很大的威力。"元军发射出的盛有火药的铁罐，向日本武士飞来，爆炸后冒出黑烟和闪光，伴随震

图6
《蒙古袭来绘词》（局部）
图片来源：日本国立文化财机构藏品综合检索数据库ColBase

耳欲聋的巨响，日本武士慌乱，人马死伤甚众。"[4]

正是在经历了两次与元军的战斗后，日本才第一次接触到火器。而在亲身感受到了铁炮等火器的巨大威力后，日本开始想方设法学习制造火器的技术，但是遭到元朝的反制，严令沿海地区不得泄露火药、火器的相关制造技术。在这种技术封锁下，日本掌握火器的时间被推迟到了16世纪。

明朝建立初期，沿海地区始终受到来自海上的武力威胁和骚扰，除了元末起义时流亡海外的地方割据势力外，还有相当一部分是来自日本地方的豪绅和落魄武士，他们觊觎海上贸易的财富和中国沿海地区的富庶，于是开始大规模、有组织地侵入中国沿海地区进行劫掠，明朝称之为"倭寇"。从洪武年间开始，明朝为抵御倭寇，在沿海地区设立了以卫所为军事单位的完整的防御体系，并在抗倭前线配置了大量的先进火器，包括碗口铳、手铳等，日本通过倭寇再次接触到了比当年元军更先进的火器。其后，通过倭寇劫掠及其他渠道，日本开始接触并获得火器及其制作技术。据日本文献《碧山日录》记载，应仁之乱（1467—1477）中细川胜元的东军就使用了"火枪"。[5]日本历史学家洞富雄认为，东军使用的"火枪"是类似于明军在永乐年间所使用的火铳，因而这是日本使用火铳的最早记录。[6]

日本庆长十一年（1606），日本僧人南浦文之撰写了一篇文章，文中记述了一件六十三年前发生的事情："天文癸卯（日本天文十二年，即1543年）秋八月二十五丁酉，我西村小浦有一大船，不知自何国来。船客百余人，其形不类，其语不通。见者，以为奇怪矣。……贾胡之长有二人，一曰牟良叔舍，一曰喜利志多侘孟太，手携一物，长二三尺，其为体也，中通外直，而以重为质。其中虽常通，其底要密塞。其傍有一穴，通火之路也。……其为用也，入妙药于其中，添以小团铅……其发也，如掣电之光；其鸣也，如惊雷之轰，闻者莫不掩其耳矣……此物一发，而银山可摧、铁壁可穿也……既而人名为铁炮者……"[7]很显然，这些"船客""贾胡"并不是中国人，而是从东南亚殖民地航海而来的葡萄牙人，这种被称为"铁炮"的就是葡萄牙火绳枪。种子岛岛主时尧见其威力巨大，于是花费重金向葡萄牙人购得两支铁炮，并派遣家臣筱川小四郎学习"妙药之捣筛和合之法"。翌年，又派金兵卫清定随葡人铁匠学习铁炮制造法，最终成功掌握了铁炮的制作技术。

中国火铳，也是日本火器最初之源流。而之后从葡萄牙传入的铁炮，也就是火绳枪的仿制成功，标志着日本已经开始掌握火器的制作技术，并开始应用于军事。由于火绳枪良好的射击效果，其性能比当时中国明朝使用的手铳更加先进，在日本很快就得到了大力的推广。日本其他一些冶铁机构纷纷前来种子岛学习制铳之法，铁炮的制作技术开始在日本传播开来，并"在16世纪后期出现了制造火绳枪的高潮"[8]。日本战国时代频繁的战争，使得铁炮的制作技术和使用战术都得到了进一步发展，也促进了日本后来的火器发展。而随着倭寇劫掠和侵朝战争等军事活动，东北亚地区的火器也在对抗、相争中产生了交流和发展。

三、火炮形制分析

相较于在16世纪日本掀起制造高潮的火绳枪，火炮在同时期的日本就显得有些悄无声息，不仅制造技术无从谈起，连使用经历都乏善可陈。日本最早见到的火炮，是在抗倭战争中明军战斗时所使用的各式火炮，如虎蹲炮、佛郎机铳、大将军炮等。同铁炮一样，日本也从葡萄牙人手中获取到了佛郎机。据日本文献记载，日本天正四年（1576）时，日本九州大名大友宗麟从葡萄牙人手中得到两门佛郎机，青铜铸造，日本称其为"国崩"，又称"破罗汉筒"。

这一时期的日本正处于战国时代，各地军阀之间相互攻伐不休，对于新式武器的需求和使用都变得颇为迫切。同时也是由于战争的需要，海上贸易通商所产生的财富也是日本地方割据势力所急需的。于是这一时期的日本对于海外交往持较为开放的态度，想方设法获取新式火器的制造技术。此时的中国明朝也正由于面临倭寇的海上侵袭，涌现出一大批军事著作，如《筹海图编》《纪效新书》《兵录》《武备志》等，其中对明军装备的佛郎机等火器的技术都有所收录，这些书籍也成为日本获取中国火器制造和使用技术的主要来源。有坂铅藏在其著作《兵器考·火炮篇》中提到，在这一时期日本从国外所流入的各式火炮中，来自中国制造的铜制佛郎机数量最多，也成为日本仿制的样品。此外，根据日本现存的佛郎机遗物，来自葡萄牙、荷兰的佛郎机也都曾被日本仿制过。

通过观察外形，我们可以发现，很显然中海博馆藏的这门"千眼纹铜炮"并不是佛郎机样式，而是一门标准的火炮。（图7）15世纪的欧洲火炮取得了快速的发展，但也存在研发无序、种类繁多、造型各异、标准不一等诸多问题，于是在进入16世纪后，欧洲各国掀起了一场炮制改革。改革的成果是欧洲各国的火炮更加的标准化和专业化，火炮的性能和威力都得到了进一步提升。而随着海上贸易和交流活动，这些先进的火炮也被带到了亚洲。明朝后期传入的"红夷大炮"就是这样的火炮。同样，日本也有新式火炮传入。日本兵器史学家有马成甫在其《火炮的起源及其流传》一书中，记载了传入日本的三门火炮，两门加

图7
千眼纹铜炮
中国航海博物馆藏

图8
西班牙17世纪装备的火炮
图片来源：《世界火器史》（详见注1）

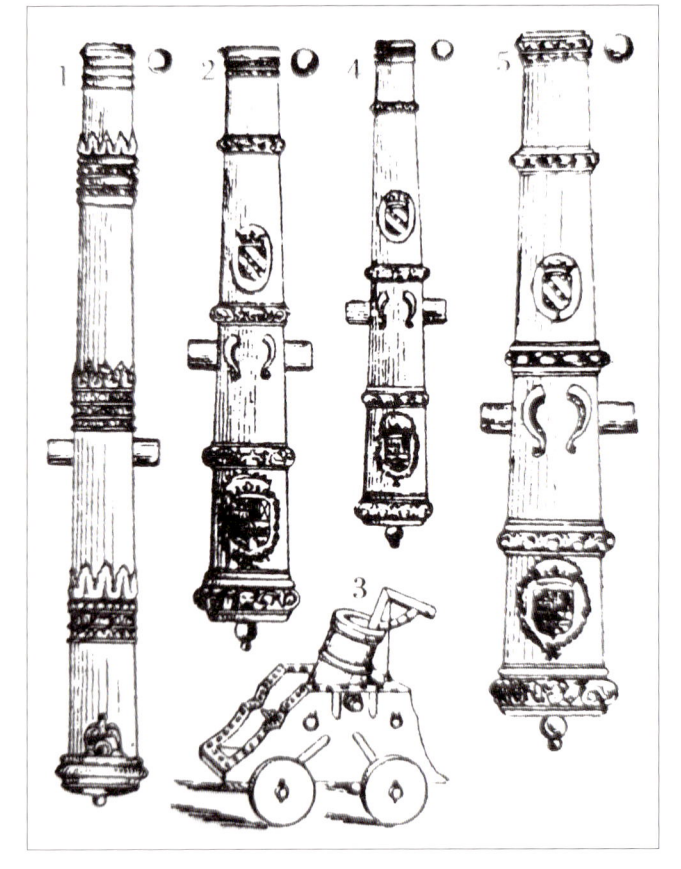

7　　　　　　　　8

农炮、一门蛇炮、均系葡萄牙制造的火炮。

将"千眼纹铜炮"与17世纪加农炮相比较，可见两者形制相似，均为侈口、有颈、双炮耳、圆柱形炮身、炮尾较粗。（图8）但是根据口径测算得知，其使用的炮弹重量约为306克，弹重不到一磅，口径较之当时亚洲地区的欧洲火炮显得十分小。不过在当时的欧洲国家众多类型火炮当中，也有类似弹丸磅数的火炮，如法国的轻炮，其口径5.2厘米，发射430克重的炮弹；西班牙的莱巴多契尼（Rebadochini）炮就配有0.5磅（227克）重的炮弹。[9]而且17世纪的葡萄牙正处于和西班牙王国的合并状态，其舰船上装备使用西班牙火炮也不无可能。但结合"千眼纹铜炮"身上的其他特征，如准星、炮尾、纹饰、炮身底部固定等具有日本特色的部件推测，该门火炮很可能是采用欧洲制炮技术并结合日本本土特色所铸造的一门火炮。

四、百目

在该门火炮炮身的铭文中，有这样一段文字"百目筒三挺之内"。（图9）在日语当中，汉字"玉"用作表示圆形的东西，而铁炮所发射的恰好也是圆形弹丸，所以在日语中火器发射的弹丸也被称为"玉"。或许是因循欧洲火炮的分类习惯，日本也习惯根据"玉"，也就是弹丸的重量来对铁炮和火炮进行分类划分。根据所发射弹丸的重量不同，铁炮从小到大可分为铁炮、大铁炮、大筒。通常而言，发射37.5克以及小于37.5克弹丸的被称为铁炮；发射37.5克到375克弹丸的被称为大铁炮；发射375克到3.75千克弹丸的被称作大筒；而发射的弹丸重量超过3.75千克也就是日本"1贯"重量的，则被归入火炮之列。[10]

前文中曾提到，"千眼纹铜炮"根据其口径测算得出发射弹丸的重量约为306克，似乎应被归入"大铁炮"之列。但这一弹丸重量是按照铁质弹丸计算的，铁炮作为单兵火器，最初使用的是铅质弹丸。南浦文之《铁炮记》中就有"添以小团铅"之语。故若以铅质弹丸计

图9
炮身铭文

图10
炮身纹饰

118

算,则其弹重应约为439.6克,恰可归入"大筒"之列。

"匁"(音末),是日本古代尺贯法中的一个重量计量单位,表示贯的千分之一,换算为现在的计量单位后是1"匁"等于3.75克。"大铁炮"与"大筒"的分界线正好是一百"匁",而"匁"在日语中读作"文目",所以铭文上称其为"百目筒"是准确的,"百目",是指其所发射的弹丸重量在百目左右。

在炮身铭文上镌刻弹丸重量也是日本火炮上常见的一个习惯。现存的收藏于游就馆的数门青铜佛郎机上就可见类似字样。如编号游佛一号的佛郎机,在其炮身表面就镌刻有"三百五十目玉·三百目"字样;编号仙一号佛郎机在装弹室外壁刻有"六百目"和"四十六贯四百目"字样。

五、纹饰

该门火炮在征集过程中所获得的信息将遍布炮身的花纹称为"千眼纹",概因所刻花纹盘旋卷曲,一个个圆形类似眼睛,故以此命名。(图10)

其实,这些花纹应当是日本卷草纹样。这是一种在全世界都流行的图案纹饰,"以波状连续或自由卷曲的几何形式为主干,以植物类花草为主要题材,以卷曲、盘旋、缠绕为基本特征的中外纹样,统称为卷草纹样"[11]。这种纹饰在中国还有一个更熟悉的名字——缠枝纹。日本同样也有类似的纹饰图案,称为唐草,或唐卷草纹。

随着唐代海上丝绸之路的繁荣,卷草纹也随着大量的唐代丝织品被引入到日本并广泛使用。也正是在大量的使用过程中产生了新的变化,日式唐卷草纹开始更多地使用富有自身民族特色的元素,也更加注重表达自身的精神世界。这一时期的日式唐卷草纹受到当时日本社会被佛教思想渗透后的审美观影响,故而日式唐卷草纹相比中国卷草纹的富有生气和闲适自然,抽象、简朴、闲寂成为其主要表达内容和风格。

日式唐卷草纹的应用场景也较为广泛，在日本人生活中的日常用品如陶瓷器，艺术品如织物，还有绘画等之上常常能见到这样的纹饰。而且因为日本国内的社会风气和主流话语权被贵族和武士阶级所把持，日式唐卷草纹被"极大地运用在各种武器盔甲上，并一度成为武士阶层的审美风潮"[12]。火炮作为当时威力最为巨大的火器，是实力的象征，也是权力和地位的保证，以唐卷草纹进行装饰也是顺理成章的。日本游就馆现存的两门仙台佛郎机的装弹室侧面，就装饰有日式唐卷草纹图案。中海博馆藏的该门火炮，通体饰以唐卷草纹，具有强烈的日本特色，或许寄托了铸造者和使用者的特殊含义。

六、特色

在该门火炮上，具有强烈日本特色之处除了布满炮身的唐卷草纹外，上部的准星，下部的固定凸起，分段的炮尾，都是颇具日本本土特色的部件。（图11）

前文曾提到日本将弹丸重量在百目至千目即375克至3.75千克的大口径铁炮（火绳枪）称之为"大筒"。究其原因，"大筒"的出现是

图11
铜炮侧视图
可见其上部的前后准星，下部的前后带孔凸起以及特色的两段式炮尾

由于日本战国时代国内战事的实际需求，火绳枪的出现和大量普及使得日本国内的割据势力开始追求更强大的火力。虽然在天正四年日本已经从葡萄牙人手中得到了大型佛郎机，但受制于制造技术，生产数量有限，无法得到大规模普及。况且在实际的作战过程中发现，佛郎机体型过大、自重较重，用于守城尚可，若要运用于野战，则力有不逮。在这种需求的推动下，日本将目光转向了正处于发展高潮中的火绳枪。16世纪是日本火绳枪飞速发展的时期，16世纪后期更是制作和生产火绳枪的高潮，这种高速发展带来的技术进步和革新使得日本有足够的能力将火绳枪口径扩大化，进而填补野战火力不足的空白，这就是"大筒"。

由此可见，虽然口径增加了，但是其本质仍然是大号的火绳枪，其造型和使用方式仍然与火绳枪别无二致。击发原理与火绳枪一致，枪管上后有照门前有准星。大筒的准星和照门与西式火绳枪不同，是位于炮管上方的两个长方体。这样的准星在现在存世的日本大筒上依然可以看到。日本现存的一门铸造于1601年（日本庆长六年）的铁火炮上，也有着同样的长方体照门和准星。可见这样的瞄准装置是日本火器所特有的。

该门火炮有炮耳一对，根据火炮的安装方式，应当是将炮耳安装在炮架上，然后通过控制炮尾来调整火炮的俯仰射角和控制射程。但是这样的火炮安装方式无法解释在火炮下方纵轴上的两个侧面开有穿孔的长方形是做什么用的。而且该门火炮的炮腹下方也与其他火炮不同，并不是圆形，而是平整的。结合其铭文上"百目筒"的字样推测，该门火炮的安装方式或许很可能像"大筒"一样，安装在木制铳床上。炮腹下方的两个金属件，就是用来固定铳床的。

至于炮耳，"大筒"在放大口径后，其重量和使用难度都大为增加，虽然还有一部分可以单人手持施放，被称作"抱式大筒"，但"百目筒"显然已经超过了这个范围。馆藏这门铜炮重量为100千克，人力是无法搬动的，必然要安装在炮架或者炮车上才可使用。实际上日本当时的很多"大筒"也确实都是安装在炮车上使用的，现存的一些实物和古画都能反映出这一点。这样该门铜炮的分段式炮尾也可以得到解释，"大筒"作为放大版的火绳枪，后部是有木质握把的。虽然体量过大使得无法手持施放，但是配合安装于炮车之后，木制的握把则正好可以用来调节俯仰射角。因此，最后的分段式炮尾大概率是用于安装木质握把的。

七、结语

综上所述，中海博收藏的这门"千眼纹铜炮"，其形制特征，特别是炮身上装饰的日本唐卷草纹表明，这既不是仿葡萄牙的佛郎机炮，也不是仿中国的铳炮，而是仿欧洲早期的前膛火炮，且已不是初期的完全仿造，而是增加了日本本土元素。此外，炮身上的铭文"臣稻叶源之丞越智正道献之"，也提供了一些重要线索。德川幕府时代，"稻叶家族"是幕府的谱代大名，地位很高，自称为"臣"的稻叶源之丞，将这门铸造精美的火炮所奉献的对象，只能是地位更高的德川幕府将军。综合这些信息，有助于推定该炮铸造的大致年代，当或在17世纪末叶，至迟到18世纪中叶。

这门铜炮身上融合了东西方火器的风格和特色，它是大航海时代东西方交流所留下的历史余韵，其身上折射着大航海时代技术革新的智慧。作为一件藏品，它反映出了17世纪到18世纪的海上交流和东亚火器发展的历史，从中我们可以研究获取很多信息，但同样还有很多需要进步一解开的内容，期待后续更多的研究。

---

1. 王兆春：《世界火器史》，军事科学出版社，2007年，第233页。
2. [日] 有坂铭藏：《兵器考·火炮篇》，第三章《日本火炮沿革》，东京：雄山阁，1937年，第35页。
3. 目前已知年代最早的碗口铳为1989年发现于内蒙古锡林郭勒盟的元大德二年铜铳，元大德二年即公元1298年，晚于蒙古两次征日的1274年和1281年。虽然不能完全排除当时已经有类似碗口铳的火器出现，但从文献描述来看，抛射型火器更为准确。
4. 李伯重：《火枪与账簿：早期经济全球化时代的中国与东亚世界》，三联书店，2017年，第127页。
5. 《碧山日录》卷五，载于近藤瓶城编：《改定史籍集览》第25册，临川书店，1984年，第340页。
6. 王兆春：《世界火器史》，第234页。
7. 南浦文之：《铁炮记》，洞富雄：《铁炮伝来记》付録，东京：白扬社，1939年，第269—270页。
8. 王兆春：《世界火器史》，第235页。
9. 王兆春：《世界火器史》，第250、252页。
10. 梁修齐：《铁炮传入日本及其影响》，东北师范大学硕士学位论文，2012年，第5页。
11. 朱利峰：《卷草纹源流考》，《设计艺术（山东工艺美术学院学报）》2010年第4期，第65页。
12. 戴寅、李好、缪玲：《中式卷草纹与日式唐草纹的差异对比与实际应用》，《艺海》2020年第4期，第153页。

17 世纪晚期法国海军战舰铜炮

作者：沈洋
中国航海博物馆
学术研究部（藏品保管部）
馆员

一、中海博藏17世纪晚期法国海军战舰铜炮

中海博藏一门铜制战舰舰炮，为三级珍贵藏品。该舰炮于1670年前后出厂，制式为小型舰炮，可放置在四轮移动炮架上使用。该舰炮长106厘米，宽12厘米，重70千克，口径3厘米，所配炮弹重100克。炮体上有五道炮箍，用以加固炮身。炮体中间有一对炮耳，用以固定炮体，尾部有一炮珠，长55毫米。炮体后端铭刻鸢尾花一朵，周边环绕花纹。鸢尾花是法国波旁王室的象征，代表着皇家权威和荣耀，鸢尾花作为纹饰普遍用于法国国王和贵族的徽章、盾牌和服饰上，也被铭刻于枪炮刀剑等武器上。（图1—7）

图1
17世纪晚期法国海军战舰铜炮
中国航海博物馆藏

图2 炮珠

图3 炮口

图4 鸢尾花纹饰

图5 手柄

图6 炮箍

图7 炮耳

二、舰炮的产生与发展

早期的海战，双方战舰两舷相接，手持大刀长矛的水手跨跃至对方战舰的甲板上，肉搏拼杀以决胜负。自14世纪中叶开始，滑膛炮装配在战舰的两舷，海军战术也随之发生巨大的变化，从接舷跳帮肉搏战演变为舷炮战，即交战双方舰队编成单纵队，抢占上风位置，再接近敌方至舰炮射程以内，采取与敌方航向平行运动，进行同向异舷或异向同舷的舰炮对射，直到决出胜负或一方撤退为止，任何舰只不得擅自脱离队形自行战斗。接舷战在17世纪中后期逐渐被战列线战术所取代。[1]拥有八十门火炮以上的大型战舰被定义为

图8
战舰三层炮台剖视图[3]

"战列舰"。战列舰的正式名称是随着1652年至1674年的英荷战争中海军战术的改变而提出的。英荷战争结束后，凡是在海战中能加入战列线作战，拥有一定火炮数量与相当吨位的舰船，均可称作战列舰。战列舰的舰体为木质，有双层或三层甲板，由前桅、主桅和后桅三根高大的桅杆撑起风帆以驱动军舰，每层甲板都装配一定数量的火炮。[2]（图8）

17世纪中后期，欧洲战舰的舰炮主要是滑膛炮，由铜或铁铸成，当时铸炮的主要方式是制作一个由石膏、石灰为主要原料的模具，将熔化的铜水或铁水倒入模具，等待金属冷却后，将模具砸碎，这样就能得到一门铜炮或铁炮。火炮造好以后，还要进行试炮，在试炮过程中要确认火炮不会因为开炮而出现裂痕或碎屑，这有可能导致炸膛，经过试炮后的火炮才可上舰服役。17世纪舰炮所使用的炮弹主要是实心弹，炮弹由金属或其他材料制成，形状通常为圆形。实心弹的威力有限，它能够在舰体上打出一个坑或一个窟窿，击沉一艘战舰则需要长时间的连续攻击。

滑膛炮的操作相对简单，炮手将炮弹从舰炮装填口装入，然后通过火药燃气的压力发射。装填炮弹和清洁炮管是一项费时费力的工作，在战斗中需要大量的人力来支持舰炮的操作。舰炮的操作需要经过严格的训练，内容包括装填炮弹、瞄准、发射以及紧急情况下的处理等技能，以确保在海战中能够迅速有效地使用舰炮，对敌方舰船予以杀伤。

舰炮的装填流程比较复杂，一般分为五步：一是清洁炮管，炮手使用长杆裹上湿海绵清洁炮管，以熄灭残余火星，防止点燃发射药包；二是装填火药包和炮弹，炮手将火药包和炮弹装入炮管，此时另一名炮手会用通膛杆将炮弹和火药压实，以确保舰炮射击的威力；三是点火，在装填过程中，负责点火的炮手按住炮尾的点火孔，防止空气助燃发生走火，待炮弹装填完毕，该炮手通过点火孔捅破炮膛里的药包，并在药池灌满火药；四是复位火炮，舰炮两侧的炮手拉动绳索使火炮复位，准备发射；五是瞄准与发射，一名炮手负责瞄准目标，待一切准备就绪后，手持火绳的炮手在得到命令后点燃火药，发射炮弹。值得一提的是，舰炮装填时间受多种因素影响，包括炮手的技术熟练度、战斗中的紧张程度以及火炮的型号等。在训练有素且配合默契的情况下，炮手们可以在较短时间内完成装填和发射流程。在实战中，由于各种不利因素的干扰，装填时间会大大延长。

舰炮瞄准主要依赖于炮手的经验和感觉。由于当时还没有精确的瞄准器具和测距仪器，炮手们通常需要通过观察目标的位置、风向风速以及火炮的弹道特性等因素来大致判断射击角度和提前量。在射击过程中，炮手们需要不断调整火炮的角度和方向，尽可能提高命中率。例如，在海上作战中可以通过调整舰队阵型、利用风向风速等因素来发挥舰炮的最大威力。在接舷战或撞击战中则通过调整火炮的射击角度和方向来轰击和摧毁敌舰的桅杆、甲板等关键部位，并大量杀伤舰上人员。

在海上作战时，法国海军战舰往往在下风口列阵，舰炮炮手将炮口抬高，集中火力猛烈轰击敌舰的桅杆和帆索，使其失去动力而退出战斗。即便是打赢了，法舰一般也不会乘胜追击，这就很难发挥己方战舰的舰炮优势。反观同时代的英国战舰，通常在上风口列阵，在交战时，舰炮炮手习惯于把炮口放低，横扫敌舰的船身和舱面，以达到击沉或重创敌舰，大量杀伤敌舰人员的目的。双方的战术可谓各有千秋。不过，法舰的舰身比同级别的英舰庞大，在海战中更容易被训练有素的英舰炮手击中。总之，法国海军想要在海上战胜老对手英国，单靠性能领先的战舰和火炮是远远不够的，还必须改进作战体制，提高官兵的实战技能，但是法国海军一直没能很好地解决这方面的问题。[4]

综上所述，舰炮操作是一个高度依赖人力和技术的复杂过程。在这一过程中，炮手们需要凭借丰富的经验和精湛的技术来确保火炮能够准确、迅速地发射出炮弹，以击毁敌舰和杀伤舰上人员。

三、17世纪法国海军的崛起与衰落

17世纪初,法国人对海洋的认识依然还是停留在地中海贸易上。对于当时法国贵族们来说,他们更关心的是如何将自己打扮得漂亮、体面、有风度,对那些赚取海外贸易利润的商人则是不屑一顾。法国贵族更期待像自己的祖先一样执刀跨马,做一名威风凛凛的骑士,而不是那种饱经风霜、满身油污、脸色黝黑的水手。

伴随着海外扩张的加速,法国与西班牙、荷兰、英国等国的海上争端日趋激烈,法国上层对于海洋的认识终于有了质的飞跃,路易十三的首相黎塞留认为"别国有的,法国也应该有",路易十三对此深表赞同,他认为"其他国家有海军,法国当然要有海军,即使仅仅作为威信"。[5]

1625年,法兰西王国海军部成立,黎塞留首相亲任海军大臣,主管一切海军事务。黎塞留将法国海军的正式名称由皇家海军(Marine royale)更改为国家海军(Marine nationale)。1626年,为了给新生的海军提供足够的资金支持,黎塞留强令国内一切割据势力拆除设防的城堡,鼓励生产,增加赋税,充盈国库。同年,黎塞留设立海事与贸易总监(Grand-Maître de la Navigation et du Commerce),后改称海事总监(Grand-Maître de la Navigation),黎塞留亲自担任首任执事。1627年,他撤销了掌控于大贵族之手的法国海军元帅职位,将海军的最高指挥权收归中央。随后,黎塞留将有关海外贸易、海军以及港口的一切事务集中到由他控制的海军国务大臣手中。黎塞留还发布《海洋法令》,将法国的港湾和一切沿海土地收归中央,将一切作战舰船编入新成立的地中海和大西洋两大舰队中去。鉴于法国所处的地理环境,法国海军在建立之初就分为两大舰队——大西洋舰队与地中海舰队,大西洋舰队驻守法国西北部海港布雷斯特(Brest),地中海舰队驻守东南部海港土伦(Toulon)。

黎塞留从荷兰订购了包括"王储"号(Dauphin Royal)在内的五艘战列舰,以此为主力组建了法国国家海军。这一系列行动立即引起了荷兰与英国的警惕，两国政府迅速召回了在法国海军服役的本国舰船和水手，刚具雏形的法国海军很快陷入瘫痪状态。残酷的现实使法国上层充分认识到，依靠从他国购买船只和水手创建法国海军是危险的。于是，为提高海军官兵素质，黎塞留成立了专门的海军军官培养机构，开始自主建造战舰和培养海军人员。

1669年2月16日，路易十四的财政总监科尔贝（图9）被任命为海军国务大臣（Secrétaire d'État de la Marine），为了拓展海外市场，科尔贝在海外殖民方面显示了比前人更高的热情，他首先劝说路易十四将海军视为皇家荣耀和权力的象征，获得了国王对皇家海军的关注和大力资助。科尔贝仿效荷兰和英国方式，重组和新建了多家享有官方贸易垄断授权的殖民公司，如东印度公司与西印度公司（1664年成立）、北方公司（1669年成立）、利凡特公司（1670年成立）以及非洲公司（1673年成立）等，以加强法国与东印度、西印度、波罗的海、中东和非洲等地区的商业联系。与此同时，法国大力扶持对加拿大、密西西比河流域、安的列斯群岛、塞内加尔、马达加

图9
法国海军国务大臣科尔贝
（Jean-Baptiste Colbert）

斯加等海外地区的探险和拓殖，将其纳入法国原料产地和成品市场供销网络中。[6]科尔贝认为，法国拓展自己的海外贸易，仅靠政府的财政来源和法国本上的经济是远远不够的，必须大力开拓殖民地域海外贸易，这就亟需一支强大的海军以控制海洋，为了此目的，他一方面从英国、荷兰引进造船工匠，并向荷兰和英国派出间谍，搜寻舰船设计图纸，扶持造船业的发展，包括奖励国内造船、限制外国建造船只的进口，建立多家海军和海员培训学校，严格禁止法国水手到外国舰船上工作，同时确立了带有强制性的国内海员招募和输送制度；另一方面加紧训练皇家海军，修建了罗什福尔、塞特、拉罗谢尔、勒阿弗尔等军事港口。多管齐下的政策使法国政府从很低的起点急速地建起强大的商船队和保护商船队的强大海军，海军战舰在科尔贝主政期间从十八艘猛增至二百七十六艘。对于科尔贝这方面的作为，经济史学家沃尔特·罗斯托评价道："他为法国的海军、贸易和殖民地力量的发展奠定了基础，使法国在18世纪超过荷兰，成为英国最主要的对手。"[7]法国启蒙思想家伏尔泰这样赞许科尔贝："天才的科尔贝异常勤奋，很快使法国富足充裕，并建起了一支强大的海军。路易十四国王从此应有尽有，也能像英国和尼德兰一样，去任意开拓辽阔的海外殖民地并进行海外商品的转口贸易了。"[8]

1672年，法国海军拥有196艘战舰，名列欧洲第三位。1677年，法国海军在编服役人数达到4万。到了1688年，法国海军拥有各类战舰221艘，其中的主力战列舰达93艘，装备80门以上火炮的一级战列舰有12艘。而同时期的英国海军有173艘战舰，荷兰海军只有102艘战舰。相比英国与荷兰，法国海军在装备74门舰炮的主力战舰和轻型挂帆的快速战舰的设计建造上独领风骚，舰炮火力和军舰速度均优于英国海军，以至于英国经常通过缴获的法国战舰来学习法国的先进造船技术。[9]

1683年，海军国务大臣科尔贝去世，法国海军因失去了政治上的坚定支持者而受到上层统治者的冷落。虽然科尔贝的儿子德·塞涅莱侯爵（Marquis de Seignelay，1683年至1690年担任法国海军国务大臣）打算重振海军，并制定了到1695年使法国海军总吨位达到十九万吨的庞大造舰计划，但随着他于1690年去世，这份宏伟的造舰计划最终成为泡影。此后，法国先后卷入奥格斯堡同盟战争与西班牙王位继承战争。路易十四忙于征战欧陆，大笔军费投向陆军，对海军发展的关注度显著减弱，缺少了上层支持的法国海军迅速走向衰落。1685年，路易十四废除了给予新教徒宗教宽容的《南特敕令》，约二十万信仰新教的手工业者、商人、海员和技术人员离开法国移居荷兰、英国和德意志地区，海军发展大受影响，据当时著名将领沃邦（Sébastien le Prestre de Vauban，1633—1707，1703年获封法国元帅）的估计，约有九千名水兵与一万二千名步兵因为信仰的缘故开了小差。[10]曾经风光无限的法国海军陷入兵源严重匮乏的状态。而在英国1688年"光荣革命"后，抗法名将、荷兰的奥兰治亲王被立为国王，英法两国由盟友变为死敌，英国加入反法的"奥格斯堡同盟"，成为反法同盟的领导力量，并联合其他欧洲国家与法国在海洋和陆地展开全面争夺。面对海上力量不断壮大的英国，屡战屡败的法国海军在1704年后彻底放弃了歼灭英国主力舰队的想法，而是将庞大的舰队分散为单个舰只，在浩瀚大洋上对英国商船进行袭扰，采用私掠游击战和破交战打击英国的海上贸易。1707年8月，法国地中海舰队被英荷联合舰队围困在土伦军港，被迫集体自沉，这导致法国海军元气大伤，英国从此获得西地中海的制海权。

　　17世纪末法国海军的衰败不是由于某一次海战的失败，而是由于法国在欧陆战争中的巨大开支已使得国家财政捉襟见肘，无法在海军上投入更多的资金与人力。[11]海军预算的大部分花在建造新舰上，虽然海军军官大多出身贵族，具备良好的教育背景，但是海上实战经验极度缺乏。[12]近代法国海军的发展一直存在两个瓶颈障碍：第一，法国是一个陆海复合型国家，在长期的对外战争中，海军要发展，不可避免地同陆军竞争军费，不能指望有足够的资金和人员进行补充；第二，法国两面临海，其海军分为大西洋舰队与地中海舰队两部分。英国与法国在欧陆的敌人结盟，迫使法国必须保持一支巨大的常备军用于防御其陆上邻国的攻击，英国海军分别打击法国的大西洋舰队与地中海舰队，并千方百计地阻止这两支舰队联合起来对英作战。归根结底，法国海军只是在国王和大臣一厢情愿的推动下，作为服务于欧洲争霸的工具而存在，也没有同海运和保护海外殖民地利益的事业紧密结合起来。

四、结语

17世纪的法国是一个农业经济占优势的国家，既欲与英国在海外市场和殖民地开拓上一决高下，又因深陷欧洲争霸战争而陆海不能兼顾。法国首先是一个欧陆国家，它的主要精力必须放在欧洲大陆的战争上，海军只能是陆军的配角。法国能够在海上有所作为的前提是必须确保欧洲大陆的安全与稳定。17世纪法国海军的发展不是一以贯之的，而是受到高层统治者意志或兴趣的极大影响，法国海军从创建开始就取决于上层执政者的爱好与兴趣。海军的建设与发展同一个国家的海上贸易、殖民地利益、国家海上安全密切相关，必须有海上利益的大力支持，并且为海军建设提供可持续发展的资金。路易十四的法国只是将海上贸易和殖民地看作增加王国实力和宣扬法兰西荣耀的辅助手段。[13]海军作为法国参与欧洲争霸的工具，没有同保护海上运输和殖民地利益相结合，这就使得法国海军时而高歌猛进，时而堕入深谷，在跌宕起伏中曲折发展。

---

1. 史春丽：《法国海军战列舰纵览》，《现代舰船》2006年第11期。
2. 史春丽：《法国海军战列舰纵览》。
3. 张恩东：《血与金的无敌战舰：风帆时代与海上战争》，机械工业出版社，2014年，第120页。
4. 沈洋、朱金龙：《大革命阴影下的法国海军》，《法国研究》2015年第3期，第13页。
5. 白海军：《帝国的荣耀：英国海洋称霸300年》，江苏人民出版社，2014年，第98页。
6. 梅俊杰：《论科尔贝及其重商主义实践》，《社会科学》2012年第12期。
7. [美]沃尔特·罗斯托：《这一切是怎么开始的：现代经济的起源》，商务印书馆，2014年，第45页。
8. [法]伏尔泰：《路易十四时代》，北京出版社，2007年，第56、61页。
9. [英]杰弗里·帕克：《剑桥战争史》，吉林人民出版社，1999年，第207—209页。
10. 陈文海：《法国史》（修订本），人民出版社，2014年，第150页。
11. 沈洋：《论大革命对法国海军之影响》，《法语国家与地区研究》（第二辑），第104页。
12. 张加河：《英法两国的海上争霸（1688—1815）》，山东师范大学，2011年，第16页。
13. 胡杰：《海洋战略与不列颠帝国的兴衰》，社会科学文献出版社，2012年，第93页。

"运动"的知识：弹道学与算尺

作者：吴鹏
中国航海博物馆
学术研究部（藏品保管部）
馆员

一、引言

冷兵器时期，刀剑弓矢等是战争最主要的武器。13世纪左右，中国出现使用火药发射弹丸的火铳，开启"热兵器时代"的先声，并逐步认识和掌握了铳管口径、装药重量、弹丸重量、发射俯仰角等与射程远近的关系，出现了早期弹道学的萌芽。到17世纪，随着英国在欧洲海上强国地位的确定，军事技术出现了变革——刀剑的优势地位下降而火器在战争中处于主导地位。与刀剑弓矢这些冷兵器不同，火器的运用离不开弹道学知识。欧洲进入大航海时代以来，随着葡萄牙、荷兰、英国等国海上力量的崛起，冷兵器快速衰落而让位于热兵器，火炮、火绳枪成为其装备军队、开拓海外殖民地的利器，与火炮等热兵器密切相关的弹道学因而得到发展，并在19世纪后期基本形成其学科体系。

近代早期弹道学一般可以分为内部弹道学和外部弹道学。内部弹道学主要是涉及有关火药通过燃烧转化成的气体的形成、温度和体积等方面的知识。一般会运用关于一定重量的火药燃烧提供射弹速度的公式、关于气体与弹药对大炮和炮膛的反作用的公式来计算，以探讨火药重量与射弹重量和炮膛的长度、反冲速度等等的关系。另一个基本问题是如何判断一个具有稳定性的大炮的最小重量。外部弹道学则关心的是射弹离开枪炮膛管之后的运动轨迹，探讨轨道（或者射弹重心在其运动中描绘的曲线）以及射弹速度和空气阻力之间的关系。

达·芬奇是近代最早把军事技术和科学知识结合在一起的人。达·芬奇绘制和描述了众多的军事机械和物理原理。其中和弹道学最密切的是他关于45度射角理论，即炮弹在仰角45度时射出可获得最大射程。塔尔塔莉亚（Tartaglia）和伽利略都曾提出这一结论。在火器史上有一个著名问题："为什么中国率先发明了火器，但在15世纪后逐渐落于欧洲之后？"所以要理解中国火器史，就要从明清时期中国对弹道学的理解开始。

二、中国明清时期对弹道学的理解：力学与数学的结合

邹振环《克房伯火炮和克房伯炮书的翻译》一文指出，第二次鸦片战争以后，清政府认识到西方枪炮的威力，遂注重输入"洋枪""洋炮"。而当时克房伯公司所生产的火炮是清政府最为依赖的。克房伯公司对于火炮制造技术的保密相当重视，但对于火炮操作技术却极为开放。在当时的火炮操作技术手册——《克房伯炮准心法》中写道："炮之利用在乎命中，在乎攻坚，然非详考炮弹之准点，则虽有炮表可查，亦难命中，非详考炮弹之能事，则虽造弹如法，亦难以攻坚。"[1]此处的火炮操作技术，包含火炮瞄准、填装、发射角度等等方面。

在中国17世纪左右就有专著提到弹道学，《西法神机》和《火攻挈要》是17世纪时中国关于火器的专著。两者都在讲述火炮制造和使用时，一并介绍了西方的弹道学知识。按照尹晓冬的说明，弹道学知识主要分为瞄准问题、飞行轨迹。[2]此时，中国知识分子主要用中国古代语言、知识背景来解释和描述西方的弹道学知识。

有学者提出，能准确解释弹道轨迹的原理才能理解西方弹道学发展的途径。虽然在16世纪时，火器相关知识就已经传入中国，而西方力学知识最早应是由耶稣会士邓玉函（Johann Terrenz Schreck，1576—1630）在1627年带来的。他在中国信徒王征（1571—1644）的协助下撰写的《远西奇器图说录最》里介绍了各种"奇巧机器"，并介绍了力学的概念：

力是气力、力量，如人力、马力、水力、风力之类，又用力、

加力之谓，如用人力、用马力、用水风之力之类。艺则力之巧法巧器，所以善用其力、轻省其力之总也。重学者，学乃公称，重则私号，盖文学、理学、算学之类，俱以学称，故曰公。而此力艺之学，其取义本专属重，故独私号之曰重学……盖此重学，其总司维一曰运重。[3]

之前中国古代火器主要涉及化学，例如古代火攻多用油脂草艾等。刘钝在谈起中国古代弹道学时指出："冠以'炮规''炮说'之类的书目，凡是涉及弹道规律的内容都是泛泛的经验谈，缺乏理论上正确的论述。"[4]因为中国古代虽然有数学理论知识，但缺乏相关的力学知识。《远西奇器图说录最》中的"重学"和"力艺"是用来指西方"力学"和"静力学"的。这里的力学不同于现在广为人知的牛顿经典力学，而是源自亚里士多德时代的力学。[5]按照亚里士多德的理解，这种"力学"是一种技艺，能使物体沿着一定方向移动，而这种移动是靠物体自身无法完成的。

而后，李善兰在1859年完成的《火器真诀》首次介绍了引力这一概念。《火器真诀》受到李善兰翻译《几何》和《重学》两书的影响。[6]《重学》底本为英国物理学家胡威立（W. Whewell, 1794—1866）的《Mechanics》。殷之格受《火器真诀》的影响，曾在上海格致书院的一次考试中出有关炮弹弹道曲线的测试问题：

夫弹之所以必循抛物线，系合三种力所成，为势所必然之重学之理：一为弹行本重速力，一为地心引力，一为空气阻力，合而较之，而抛物线之理得矣。[7]

到此，殷之格能够准确地描述弹药运动时的受力情况。然而我们想要更全面地了解早期西学中的"力学"普及中国过程中的状况，必须要同时对该学科的历史发展进程做一定的细致描述。人们常常讲到阿基米德（Archimedes），特别是他将力学原理应用于战争中。人们也认识了力学史上的许多重要人物，如伽利略（Galileo）、惠更斯

（Huygens）和牛顿等，但对他们在西方社会所取得的公认成就却说不太清楚。

阿梅龙在重构晚清中国对西方力学的接纳时发现，晚清学习过西学的人往往难以重视科学家在科学发展中的角色。例如会将蒸汽机械发明人纽科门（Newcomen）和物理学家牛顿搞混。[8]这与现代科学史研究的理论完全相悖。[9]这些因素是不利于中国科学技术发展的。

清代时期，中国对于弹道学的认知是从感官印象中得到的，这并没有打开中国科学知识体系的大门，而是继续在传统弹道学知识框架内纠错和改进。炮弹飞行的原因以及时间与抛物线轨迹的关系是弹道学研究的重要内容。虽然有一些先进的西方力学传入，但并未扩大影响力。数理化的进步最主要的还是数值上的精化，没有对于物理现象进行理论的归纳。[10]另外，整体社会环境也是影响科学理论发现的因素之一。显然在明清时期，并未形成良好的科学研究的社会环境。

三、清代弹道学的实际应用——以《穷理学》和《火器真诀》为例

中国人对于弹道学不仅停留在对于原理的理解，也在著作中详细描述了各类可以在军事活动时直接利用的图表以及计算办法。这里以《穷理学》和《火器真诀》两本书为例，来看弹道学在实际应用上面对的问题。

南怀仁是比利时籍耶稣会传教士，于清初1658年来华传教，并从事科学活动，对火炮技术也有相当深入的研究。他著作的《穷理学》的"形性之理推卷八"集中讨论了弹道学的观点、概念、仪器、数据表等。"因性之道"与"强性之道"如上文所提，是继承亚里士多德的力学。《穷理学》中的弹道学分为十条理论，分别是：（一）重物空中行道之势理；（二）重物如炮弹等自下往上比自上往下更中鹄之所以然；（三）求改正炮之偏向；（四）推重物远近高低之仪；

(五）远度表之解说并其用法；（六）求不拘何炮之弹、弓之箭各本道内空中所行最高系步数几何；（九）炮弹行空中顷刻秒微表说；（十）炮弹顷刻秒微表之用法。[11]

第一条是遵从亚里士多德的观点，物体没有受到外力时是不会移动的；第二条是讲射击时从下往上比从上往下更容易射中目标；第三条是关于内部弹道学，即由于炮管铸造厚薄不同所引起的炮弹偏向；第四条介绍了铳规等测量射角工具；第五、第六条是对"远度表"的介绍，"远度表"记录了不同射角下的炮弹射程；第七、第八是对"高度表"的介绍，"高度表"记录了不同射角下的炮弹高度；第九、十条介绍了"顷刻秒微表"，"顷刻秒微表"记录了炮弹到达目标所用的时间。从原理到实际运用的图表，《穷理学》全方位地描绘了清代时期火炮发射技术的实际应用情况。

上述的远度表、高度表、顷刻秒微表是炮弹飞行轨迹不同物理层面的数值表达，是利用三率法推算不同的射程、高度和起止时间，其值分别与$\sin 2\alpha$, $\sin 2\alpha$, $\sin\alpha$成反比，这些都是根据伽利略及其门生推算的公式而来，表的格式均与伽利略《两门新科学的对话》一书中的远度、高度表相同。[12]在南怀仁的弹道学里，还未考虑到重力这一要素，但实际数表已经考虑到了。这说明在实际应用方面，中国的弹道学达到了比较准确的程度。

在前人的基础上，晚清数学家李善兰进一步完善了清代中国的弹道学理论。其所著《火器真诀》注重数学方法在火炮使用上的利用。全书共十二款，每款对于各种情况下枪炮射击中发射角与射程之间的关系都进行了论述。刘钝认为该书是在一个抽象力学模型的基础上，经过代数处理，最后以几何形式表现出来的。相比于《穷理学》，最主要还是考虑了重力加速度对于炮弹的弹道的影响，所以理论上是无懈可击的。[13]

在了解清代弹道学时，我们可以注意到，有部分知识分子已经接受并重审西方科学知识。但也可以看到这样的进步只局限在理论或者是实验阶段，还没有火炮操作人员对于弹道学知识的反馈。在弹道测量和计算方面，在中国众多关于弹道学著作中，铳规是最常被提到的科学仪器。它主要用来测量火炮仰角，以便计算火炮的射程。但这些计算手段和仪器没有在社会上形成一股潮流，科学家、军官、制造火炮或者社会其他方面的专家没有广泛地参与到弹道学的讨论中。

四、从铳规到算尺——清代以降的弹道计算工具

铳规只是辅助计算弹道的工具，而弹道计算涉及复杂的函数问题。这对于当时的普通炮兵来说很难，他们一般不具备高深的代数能力。所以从科学仪器上看，炮弹弹道计算没有普及是有着深刻的社会原因的。大约在17世纪初，欧洲出现了算尺。算尺能够简化复杂的函数运算。

算尺，英文为slide rule，通常由定尺、滑尺和滑标三部分组成。算尺广泛应用在对数、三角函数、平方根、指数等运算上。计算通常通过在一个刻度上滑动另一个刻度来完成，所以有时候会被称为滑尺。

1614年，约翰·纳皮尔（John Napier）发明了通过加减法实现乘法和除法的对数。例如，log(xy)=(log(x)+log(y))和log(x÷y)=(log(x)−log(y))。一般认为，埃德蒙·冈特（Edmund Gunter）在1623年发明了算尺。他利用航海技术上的优点，即四分仪或十字测天仪常常展示的那样，仪器边缘刻上数字，并通过分尺来实现计算。[14]（图1、2）

在17世纪至18世纪的英国，算尺一般是为特定行业和职业而设计的，其中以木匠、玻璃工和航海家等为代表。工程师詹姆斯·瓦特（James Watt）开发出了一种更便捷的算尺，它具有单半径、双半径和三半径对数刻度。有了Soho算尺[16]，布尔顿和瓦特公司有简单代数能力的员工可以进行平方、平方根、立方和立方根等复杂计算。早期的通用计算尺是通过加入多种刻度来实现计算目标的。

1859年，法国炮兵军官、数学家阿尔贝·曼海姆（Amédée Mannheim）设计了带滑行装置的算尺，现在更知名的名字为

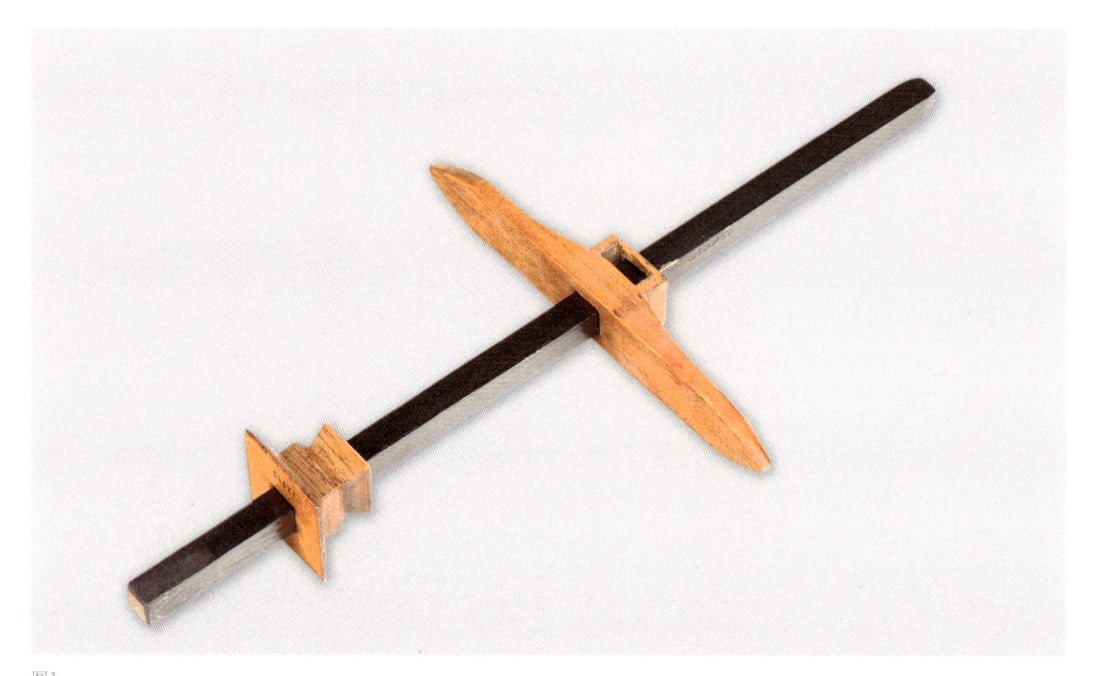

图1
十字测天仪（复制件）
中国航海博物馆藏

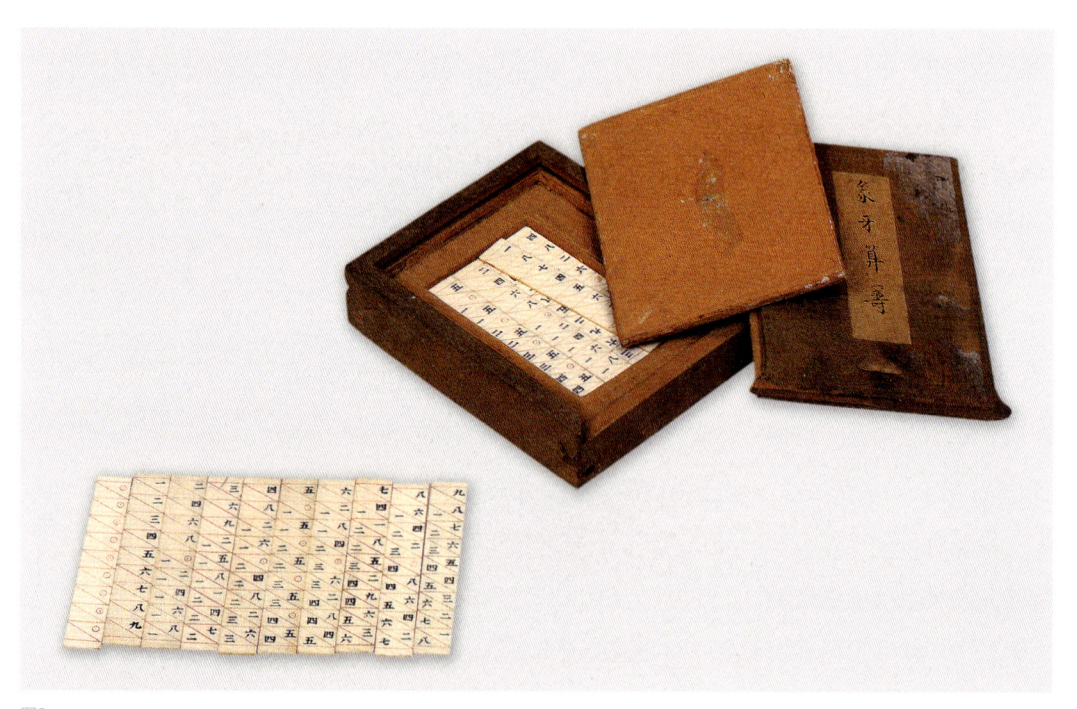

图2
象牙纳白尔算筹[15]
故宫博物院藏

Mannheim rule。这样的算尺是目前最广为人知的形态。虽然有学者认为,这种设计可能在更早之前,就被牛顿发明了出来。[17]但这个事实体现了算尺在军事运用上更广为人知。也是从这时起,算尺在欧洲开始广泛使用。(图3)

弹道学加入新时代自然科学发展成果,例如在18世纪,在磁学上的探索发现,引起众多科学家对于磁偏角现象的注意。到了近代,弹药变得越来越大,并且不局限于在陆地上使用。这就需要更多学科的参与才能进行准确的弹道计算。

鱼雷最早在19世纪60年代左右,由罗伯特·怀特亥特(Robert Whitehead)完成能用于实战的鱼雷雏形。早期鱼雷可以自行推进,但还没有自导功能,需要人员操作。[19]鱼雷在使用时,近距离攻击可以直瞄。但远距离攻击时,需要考虑两舰的方位、航向、速度等因素,并需要军官人工或者靠计算工具计算和控制。鱼雷弹道算尺广泛

图3
包银带滑标假数尺[18]
故宫博物院藏

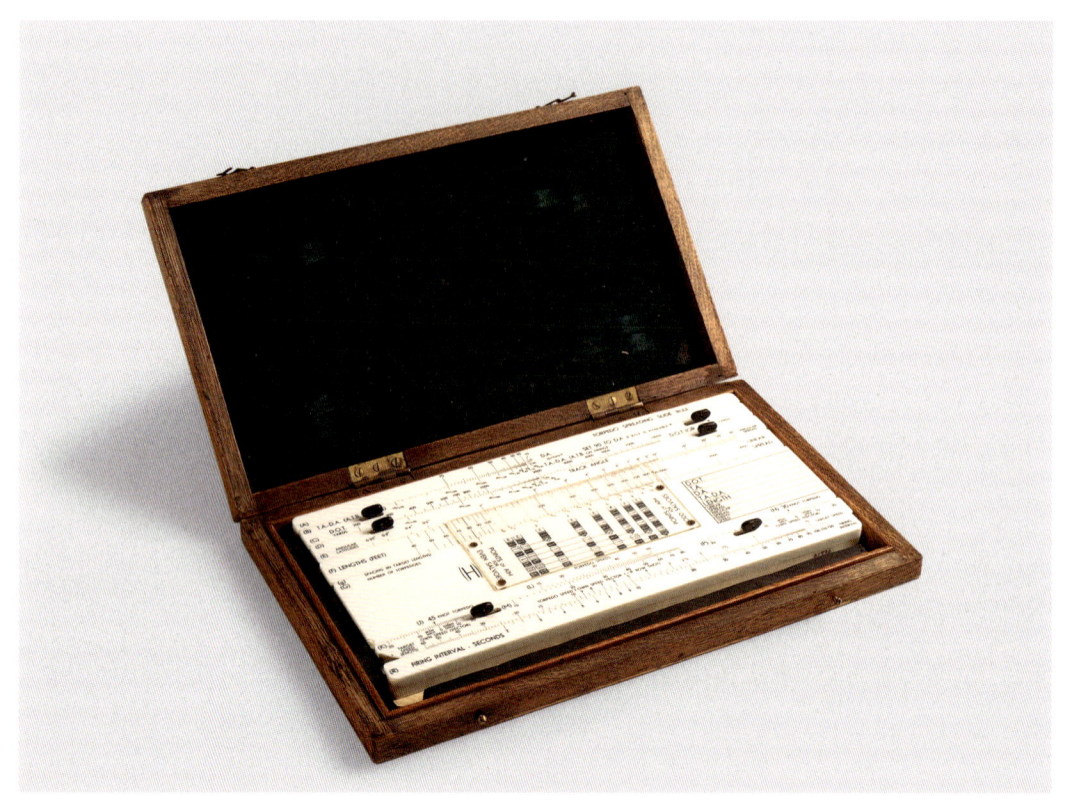

图4
20世纪60年代鱼雷散射弹道算尺
中国航海博物馆藏

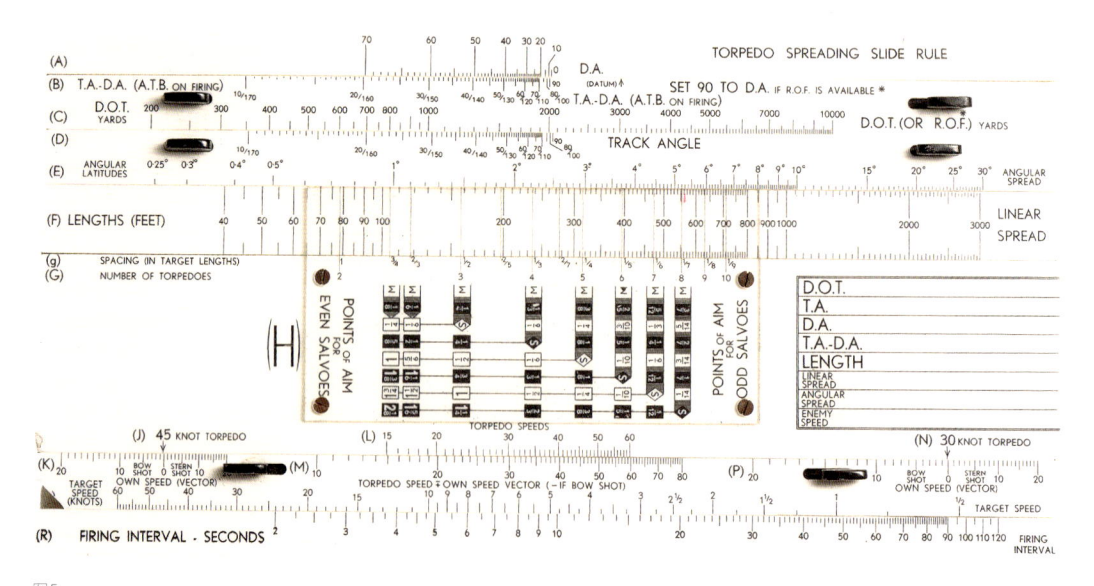

图5
鱼雷散射弹道算尺正面图

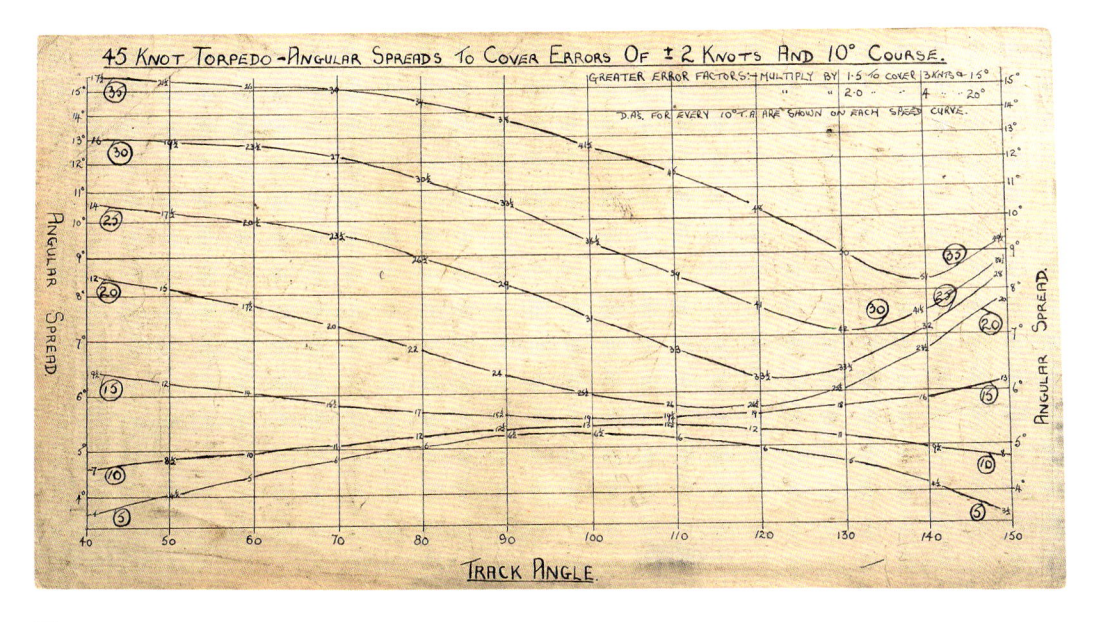

图6
45节速度时不同鱼雷角扩散修正错误在正负2节和10度的示意图

运用在潜艇学校教育、潜艇军事行动等方面。

中海博藏有20世纪60年代左右生产的鱼雷散射弹道算尺，英文名称为torpedo spreading slide rule，赛璐珞（celluloid）材质，由BETTA Manufacturing Co. Eaton Bray生产。尺寸为长31.5厘米，宽15.7厘米。背面为使用说明，配有鱼雷散射测算表。整个算尺由A、B、C、D、E、F、G、H、K、R十把分尺组成。算尺在20世纪60年代左右就基本被计算机取代。所以该形态的算尺是广泛运用在实际上的最后的样子。（图4、5）

该尺涉及鱼雷发射时需要参考的各种变量，按照潜水艇鱼雷发射法[20]可将尺内各参考量整理为表1。

表1 鱼雷散射弹道算尺常用参数

分尺参考量（英文）	参考量（中文）	备注
D.A (A) deflection angle	偏转角	潜望镜角和鱼雷陀螺角之间的角为偏转角，只由轨道角、鱼雷速度和目标速度决定。范围：10—70。单位：度。
T.A-D.A (B) track angle - deflection angle	轨道角—偏转角	范围：10—90，100—170。单位：度。
DOT (C) Values of track	轨道值	范围：200—10000。单位：码。
TA (D) track angle	轨道角	目标舰艇航向与潜艇航向在拦截点处的夹角。从目标舰首向潜艇左舷或右舷测量的航向。范围：10—90，100—170。单位：度。
Angular latitude, angular spread (E)	角纬度、散射角度	范围：0.25—30。单位：度角。
Linear spread (F)	直线散射	范围：40—3000。单位：英尺。
spacing (in target lengths) (g)	间隔（按照目标长度）	范围：1—1/9。单位：目标长度倍数。
the number of torpedoes (G)	鱼雷数量	范围：2—10。单位：个。
Target speed, own speed (K)	敌我速度	节：国际通用的航海速度的单位。也可用于测量水流速度和水中兵器（如鱼雷）度。1节=1浬/时（约每小时1852米）
Firing Interval (R)	发射间隔	单位：秒。

从表1可以看到，鱼雷的弹道计算与火炮的弹道计算相比，需要考虑的变量更多。例如，目标的移动速度和己方的移动，偏转角，是地球公转的力和发射的力所形成的偏角；更复杂的是多个鱼雷瞄准目标，因为发射间隔影响敌我相对运动的轨迹。[22]（图6）

在该算尺所附的使用说明上一共有十条守则。第1至第3条分别是关于获取角纬度、鱼雷数量、瞄准点等基本信息。炮弹一般不会提供持续的动力，所以要考虑的是射击角度，到后来也考虑到了重力加速度的影响。比起早期弹道学，鱼雷考虑的物理因素更复杂，例如角纬度等。另外，更为复杂的代数也引入到弹道计算中，例如对数、三角函数等。第4至第5条是针对复数鱼雷发射时，如何修正的操作。第6至第8条是关于复数鱼雷发射的操作，这时候需要考虑到发射间隔的数值。第9条是关于紧急更改炮击类型时的操作办法。第10条是关于算尺的误差计算。这十条守则详细介绍了鱼雷散射弹道算尺的用法，并考虑到了修正错误的情况。（图7）

五、总结

弹道学在最初引进中国时，更为注重的就是它的实用功能。西方火器的发展既有来自外部需求的推力，也有科学家对于自然探索的内部动力。这体现在实验人员和实际操作人员共同对火器进行改良的历史。虽然中国晚清时期许多西方来到中国的学者对传统西方弹道学著作进行修正和运用，但未产生实验科学的条件。

算尺作为弹道学计算的科学仪器之一。算尺的发展过程体现了科学实验和科学实用之间的互动。从二战后鱼雷发射技术看，鱼雷散射弹道算尺体现了力学原理的不断进步，是新时代弹道学的实物体现。

D.N.O. 8800
TORPEDO SPREADING SLIDE RULE
For Use With Salvoes Angled (FAN) or Fired by Firing Interval or Equivalent Points of Aim (HOSEPIPE)
INSTRUCTIONS (Letters in brackets refer to the scales to be used)

1. To Obtain the Angular Latitude of Any Length - and so to Set Up the Rule for FAN Firing:-
   Against DOT (C) set TA (D);   Against DA (A) set TA - DA (B);
   Against LENGTHS (F), ANGULAR LATITUDES (E) may be read off.
   Against 90 TA (D), HITTING RUN may be read off (F).

2. To Obtain the Number of Torpedoes to Fire:-
   Against LENGTH of Target (F) set SPACING Required (g),
   Against Total SPREAD (extracted from the appropriate curve),
     LINEAR (F) or, IF SET UP AS IN 1, ANGULAR (E) -
   READ OFF the Number of Torpedoes (G).

3. To Obtain Points of Aim (HOSEPIPE or FANNED HOSEPIPE Salvo)
   Follow Horizontal Line from the ◊ of the column of (H) under the No. of Torpedoes to Fire to where it meets the column of (H) under the SPACING required
   READ OFF the alternate Points of Aim (Turn to Right for Odd and to Left for Even Numbers of Torpedoes in the Salvo) thro' ◊ (Stem) to M - or thro' W - (Midship) and through ◊ (Stern) back to the Starting Point.

4. When FAN Firing, by up-to-date Line of Bearing, the Point of Aim is ALWAYS AMIDSHIPS.

5. To Obtain the True Firing Interval (Torpedo Speeds 45 or 30 Knots)
   Set Up as in 2;   Against 4↓5 (J) or 3↓0 (N) set Own Speed Along Torpedo Track -   (K)   or   (P) ;
   Against (Corrected ∗) Target Speed (Q) READ OFF True F.I. (R)
   ∗NOTE:- If Torpedoes are Angled the Corrected ∗ Target Speed to use must be Estimated Target Speed ± Own Speed Across Torpedo Track.
   (+ if Green Gyro Angle to Green ATB or Red GA to Red ATB)

6. To Obtain the True Firing Interval for Any Torpedo Speed:-
   Set up as in 2; Against Torpedo Speed (L) set (M):-
        Torpedo Speed ± Own Speed Along Torp. Track (-Bowshot)
   Against (Corrected ∗) Target Speed (Q) READ OFF True F.I. (R)

7. FANNED HOSEPIPE SALVO - To Find the FAN required to Obtain a Given Firing Interval:-
   Set up (A) to (G) as in 1 and 2:- MEMORISE No. of Torp. to fire.
   Set up Firing Interval Correction Slide as in 5 or 6.
   Against No. of Torp. to fire (G) READ OFF THE ANGULAR LATITUDE (E†)COVERED BY THE FIRING INTERVALS, then EXTENT of FAN REQUIRED = (Angular Spread - Above Angle†).
   If the DA is taken from the centre of the Fan the Modified POINTS of AIM may be read off as described in 3.

8. PRESET FANNED HOSEPIPE SALVO - To Find the Firing Interval:-
   Set up (A) to (G) as in 1 and 2:- MEMORISE No. of Torp. to Fire
   Against (Angular Spread Required - Total Angle of Preset Fan.)
   Re-Set Number of Torpedoes to Fire.
   Leave Set and Proceed as in 5 or 6 to obtain the True Firing Interval necessary to complete OR (by firing from Aft to Forward to reduce to) the Spread AND/OR (as in 3) to obtain the Modified Points of Aim.

9. LINEAR SPREAD to ANGULAR SPREAD
   When Set Up as in 1. Total Linear Spread may be read off opposite Angular Spread and vice versa. This relation may therefore be used at any time, e.g. for an emergency change in the type of salvo.

10. To obtain Total Linear Spread for ANY D.O.T. &/or LARGER ERRORS:-
    Under 1,000× DOT (C) set (on scale E) the Greater Error Factor - (e.g. 1·5º, for 30º Course and 3 Knots Speed Errors.)
    Against Linear Spread for Track and Speed (straight from Curves)
    Set the 1º calibration on Scale E.
    Under Estimated DOT (C) READ OFF Total Linear Spread (F)
    Note:- This process osets a rule set up for Fan Firing as in 1.

图7
鱼雷散射弹道算尺
所附使用说明

1. 《克虏伯炮准心法》，布国军政局原书，金楷理、李凤苞合译，复旦大学图书馆藏本。转引自邹振环：《克虏伯火炮和克虏伯炮书的翻译》，《中国科技史料》第11卷，1990年第3期。
2. 尹晓冬：《16—17世纪西方火器技术向中国的转移》，山东教育出版社，2014年，第201—212页。
3. 邓玉函、王征：《远西奇器图说录最》，《中国科学技术典籍通汇·技术卷1》，河南教育出版社，1994年，第610页。
4. 刘钝：《别具一格的图解法弹道学——介绍李善兰的〈火器真诀〉》，《力学与实践》1984年第3期，第60—63页。
5. [德]阿梅龙（Iwo Amelung）著，孙青等译：《真实与构建：中国近代史及科技史新探》，社会科学文献出版社，2019年，第72页。
6. 刘钝：《别具一格的图解法弹道学——介绍李善兰的〈火器真诀〉》，《力学与实践》，1984年第三期，第60—63页。
7. 殷之格：《枪炮取准算法考》，陈忠倚编《皇朝经世文三编》卷九，文海出版社，1972年影印本，第144页。
8. [德]阿梅龙（Iwo Amelung）著，孙青等译：《真实与构建：中国近代史及科技史新探》，第84页。
9. 科恩道："为什么除了16世纪末的欧洲，'伽利略'没有出现在其他文明中。要出现这样一个人，显然需要科学达到某种成熟程度……换句话说，在某个社会中，科学的思想地位和社会接受状况能否使'伽利略'不是一个孤立的怪人。"可以说考量一个提出某种科学理论的科学家在当时社会的科学环境更容易理解一个科学理论的提出。参考[荷]H·弗洛里斯·科恩著，张卜天译：《科学革命的编年史研究》，湖南科学技术出版社，2012年，第533—534页。
10. 冯震宇：《16—17世纪中国火器知识谱系及进路》，《自然辩证法研究》2022年第11期。
11. 参见[比利时]南怀仁著，宋兴武、龚云维等校点：《穷理学存》，浙江大学出版社，2016年，第163—185页。
12. 尹晓冬：《16—17世纪西方火器技术向中国的转移》，2014年，第200页。
13. 刘钝：《别具一格的图解法弹道学——介绍李善兰的〈火器真诀〉》，《力学与实践》，1984年第三期，第60—63页。
14. Florian Cajori, *A history of the Logarithmic Slide Rule*, Whipple Museum of the History of Science, copied by L. H. Cooke, pdf, pp5—6.
15. 刘璐编：《清宫西洋仪器》，上海科学技术出版社，1999年，第93页。纳白尔和纳皮尔为同一人，中文翻译不同。
16. 因为当时詹姆斯·瓦特在其位于英格兰伯明翰的工作叫Soho工厂，故其发明的算尺叫Soho算尺。
17. Florian Cajori, Notes on the history of the slide rule, *The American Mathematical Monthly*, Vol.15. No.1(Jan, 1908), pp537.
18. 刘璐编：《清宫西洋仪器》，第91页。
19. 王兆春：《世界火器史》，军事科学出版社，2007年，第420页。
20. *Submarine torpedo fire control manual*, San Francisco maritime national park Association, https://maritime.org.pdf.
21. 《简明物理辞典》编写组：《简明物理辞典》，湖北人民出版社，1983年，第4页。
22. *Submarine torpedo fire control manual*, San Francisco maritime national park Association, https://maritime.org.pdf.

第三章

御敌海上

水军，中国古已有之。然及至明清，往昔的传统水军面对日益变化的海防局面，早已不敷使用。从明初开始，根据"御海洋"的海防建设方针，一支具有巡洋海上能力，并可以实施近海作战的水军被建设起来。及至清代，清初时水军承明清鼎革时之余烈，人员、战船、武备、训练等都颇具实力，才有施琅收复台湾。可惜之后二百年再无外部压力，清代水军发展陷于停滞，甚至发生退化，至1840年被"坚船利炮"轰开国门。尔后"师夷长技"建设出的一支近代海军，又在甲午一役灰飞烟灭。这一时期是从古代海防到近代海防的转型期，也是从古代传统水军向近代海军转变的时期，《清佚名水军阵图册》《伦敦新闻画报》的鸦片战争报道、1844年漳州军饷银饼、大清御赐金牌等藏品承载着这一时期的历史记忆。

《清佚名水军阵图册》释读

作者：叶冲
中国航海物馆
学术研究部（藏品保管部）
副主任　副研究馆员

纸质类藏品是中海博的馆藏大宗，其中涉及海防与军事相关内容，如明清时期的水军阵图。本文介绍的是中海博馆藏的《清佚名水军阵图册》（图1），并对其相关内容进行释读。

图1
《清佚名水军阵图册》
中国航海博物馆藏

一、藏品基本信息

此图册自嘉德拍卖会所购，2010年入库，纸本设色，73厘米×105厘米，微残，有脱页，被定为珍贵藏品（三级），原题名为《明人绘水军阵图册》。该图册记载了清代水军"万派朝宗""双凤穿花""一统清宁"三种阵法的名称、示意图及号令。此三阵的名称及号令记载如下：

第一　万派朝宗号令

各船听掌三号毕，中军船放炮三声，掌长号，点鼓开行。左右先锋船各带所领之船，分两翼，挨次雁行，名曰万派朝宗。约驶至宽阔之处，中军船放号炮一声，掌天鹅号，吹海螺，左先锋船带所领各船向右，右先锋船带所领各船向左。一船平对一船，作彼此攻击之势。中军船放号炮一声，挥红旗，各船齐擂鼓，即连放大炮毕。然后，排枪连环对打。中军船放号炮一声，枪止。挥黄旗，各船皆用藤牌遮掩，作掷打先锋石及喷筒火箭之势毕。中军船再放号炮一声，挥白旗，掌天鹅号，各船齐呐喊三声，刀枪义钩短械兼技一齐皆出，以作飞跳过船之形。中军船再放号炮一声，挥黑旗，鸣金，各船鼓止。此万派朝宗初合阵也。

第二　双凤穿花阵号令

中军船掌长号，挥蓝旗，点鼓。左右先锋船各带所领船只，照前挨次而行。此际，各船虽已相对，然彼此相隔尚远。中军船即放号炮一声，挥红旗，各船齐放大炮攻击毕，船渐相近，即由万派朝宗之势而变成双凤穿花之阵。听中军船再放号炮一声，掌天鹅号，吹海螺，各船头取齐，左船仰面插入右船位次，右船仰面插入左船位次。中军船连挥红旗擂鼓，各船皆彼此挨次穿插，用排枪连环攻打，作近击之形。此双凤穿花二合阵也。

第三　一统清宁阵号令

中军船掌长号，挥蓝旗，点鼓。左先锋船在前，右先锋船殿后，各船皆鱼贯而行，由双凤穿花而变成一统清宁之阵。听中军船放号炮一声，掌天鹅号，吹海螺，挥红旗，各船齐擂鼓，放大炮，随即放连环排枪毕。中军船再放号一声，掌长号，挥黄旗，各船皆出藤牌遮盖，呐喊三声，作抛掷先锋石之形毕。中军船放号炮一声，掌天鹅号，挥白旗，鼓声紧擂。各船枪刀短械兼技一齐皆出，呐喊三声，以作跳船之势。然后，中军船再放号炮一声，挥皂旗，鸣金鼓，声齐止。一统清宁三合阵也。

三阵操毕，各船听中军船放号炮三，掌长号三声，鼓吹，竖五色得胜旗。左右先锋船带各船皆随中军船凯歌依次收回。

《清佚名水军阵图册》中的编队，由九艘船组成，即中军船一艘在前指挥，左右各有四艘船（队首一艘为先锋船）参加阵形操演。（图2—4）

二、清代记载的水军阵法与阵图

《清佚名水军阵图册》图文记录了万派朝宗、双凤穿花、一统清宁等三种阵法。这些阵法在清代文献中皆有记载。

1834年，关天培（1781—1841）任广东水师提督后，亲驻虎门督军，加紧训练水师。从1836年秋季开始，广东水师每年春季（2月底）、秋季（8月初）都要在虎门进行规定的实弹操练，每次十天，参加的水军战船有十艘，每次操练操船列阵三次，其要求是：

首重舵兵，缭手推舵灵便则曲折自由，篷脚紧松则迟速任意。秤风力之重轻，定篷头之高下，看潮流之顺逆，别舵杆之正偏。司令者立于艄楼高处，照顾后船。司炮火者，分别排炮

第三章　御敌海上

图2
万派朝宗阵

图3
双凤穿花阵

图4
一统清宁阵

连环,疾徐自合。[1]

关天培在其所著《筹海初集·师船水操号令说》中记录了虎门水师操演的"第一阵万派朝宗""第二阵双凤穿花""第三阵一统升平""第四阵海洋静肃"并附简图。其文字如下:

七营师船十只,以八只分左右两股,逐对抛泊,总领一船,在八船之前,督阵一船,在八船之后……

第一阵　万派朝宗
总领船挥五色旗,掌平号放炮一声,各船齐起大篷。掌平号放炮三声,各船起碇。掌潮水号,总领船开行。左右股逐对鱼贯前进,督阵船押尾随行。总领船挥红旗,掌天鹅号,号炮一声,各船炮火齐放,众兵助威呐喊一叠。再挥红旗,掌号升炮一声,各船再齐放枪炮助威呐喊一叠。总领船号炮一声,掌平号挥蓝旗,各船转舵,变成双凤穿花阵。

第二阵　双凤穿花
总领船挥红旗,号炮一声,掌催尖号,左右股各船对面冲攻,众兵助威呐喊。各船齐放斗头腰边尾送,枪炮联环攻打,候总领船押红旗,枪炮、呐喊齐止。总领船挥黄旗,号炮一声,变成一统升平阵。

第三阵　一统升平
总领船挥红旗,掌号升炮一声,各船齐放枪炮,助威呐喊一叠。又挥红旗,掌号升炮一声,各船再齐放枪炮,助威呐喊一叠。又挥红旗,掌号升炮一声,各船又齐放枪炮,助威呐喊一叠。总领船押红旗,枪炮、呐喊齐止。

第四阵　海洋静肃

总领船升炮三声，吹得胜令，挥五方旗。总领船中央抛定，各船昭安营式，分股下碇，依序安泊，鼓吹缴令。[2]

关天培《筹海初集》所记的广东水师操演阵法，实际上只有"万派朝宗""双凤穿花""一统升平"三阵，最后一阵"海洋静肃"为收式。这套阵法由十艘船组成编队，其中，总领船一艘在前指挥，八艘船分左右两股操演阵法，督阵船一艘在尾。

清陈龙昌说："自道光英吉利内犯，闻忠节天培提军虎门，大治水师，是为内地筹海之始。维时操演各阵，有万派朝宗、双凤穿花、一统升平、四夷拱服诸式。"[3]

清道光十五年（1835），梁廷楠（1796—1861）入广东海防书局纂修的《广东海防汇览》共四十二卷，其中的《水操号令》记有当时广东各营海船所用的操演阵法图，也图文收录了关天培《筹海初集》关于"万派朝宗阵""双凤穿花阵""一统升平阵""海洋静肃阵"的记载，抄录文字与《筹海初集》几乎一致。[4]

《广东海防汇览》又按：

广东营制，虽水、陆区分，而操演图阵，无论外海、内河，皆与陆路同归画一。综其阵形法，大约有二：一为合操阵，一为杂花阵。合操不可变，惟杂花可变。

曰两仪站队，曰站定迎敌，曰九进十连环，曰进步连环，曰四象合度，皆不可变者也。

曰弓箭冲敌：一变为刀牌冲杀，再变为四叠梅花，三变为一字长蛇，四变为牌城巩固，五变为双凤朝阳止。

曰一统清宁：一变为猛虎出林，再变为方营制服（此阵亦可变四敌梅花并梅花叠战），三变为五敌梅花，四变为三才对械止。

曰梅花叠战：一变为混元一气，再变为打破连环（此阵亦可变偃月牌山并九宫八卦），三变为得胜方营，四变为凯旋收队止。

曰四龙出海：一变为四垒藏蜂，再变为天圆地方，三变为八卦灿陈，四变为三才并峙，五变为混元一气止。

曰九宫八卦：一变为偃月牌山，再变为天圆地方止。

以上阵法，诸营大段相同，其中有少异者，则因营兵之多寡为增减者也。水师营分操演皆在陆地，故部颁阵式，统归一律。其颁发年分，遍阅营册，皆未能溯指，则奉行已久矣。此书为防海而作，陆地操演之法，为图多不胜载，兹举其名目正变之故于篇末，俾阅者知所考而已。至师舟操演，营册无稽，惟近日提督关天培《筹海初集》略举大凡，采备观览，中如万派朝宗、双凤穿花、一统升平诸图，见于南巡盛典，知所列阵图，当有所本，非杜撰也。

清代以前，暂未查到"万派朝宗""双凤穿花""一统清宁"这三种阵法的名称。《广东海防汇览》称清代水师营操演为"部颁阵式，统归一律"，虽"未能溯指"，但"奉行已久"。由此推断，关天培在虎门治水师的这些阵法，在清代早已有之，并非自创。

另，相关机构也有清代水军的操演阵图，如清宫舆图中就有《湖北水操阵势图》《火器营、健锐营步枪炮水军合操阵势图》等演操图。[5]中国嘉德2002年4月23日下午的拍卖会上也出现一幅清中期的内府手绘图（图5），描绘了北京颐和园昆明湖校阅威远健字枪炮队、健锐营马队、威远利字枪炮队外火器营马队水军炮船合操阵图，其中也记载了相关阵式，如"第六阵风云际会式"。中国国家图书馆也有同名阵图，不知是否为同一件。清光绪十年（1884），天津水师学堂也编有《船阵图说》。[6]晚清时期，上海制造局也翻译了《水师操练兵船阵法》。[7]

图5
清代中期内府手绘昆明湖
水军炮船合操图（局部）
图片来源：雅昌艺术网

三、清代以前关于水军训练及阵法

阵法是传统兵书的重要内容。《阵纪》说："军而无阵，犹人之无四维，虎之无山谷，不可以一日存也。"[8]古代的阵法，一类是面向训练或校阅，此类阵法变化较繁杂，阵名称谓极多；一类是面向实战的阵法。[9]

古代水军作为技术密集程度较高的军种，讲究兵种和舰只的组合搭配，会进行战术训练，包括训练、操演阵法。水军的阵法，是古代水上战术战法发展到一定程度的产物。

春秋时期的伍子胥，是中国水军建设的杰出代表人物，他在吴国整顿水军，开始仿效陆上车战的布阵。《春秋大事记》云"吴、楚、越则用舟师……其阵法则为鹳、为鹅、为鱼丽之阵"，即当时水军已学陆战，形成鹳阵、鹅阵、鱼丽阵等。[10]宋隆兴元年（1163），宋孝宗登基，志图恢复失地，要宗室弟子在延和殿前练兵，秦康惠王赵德芳后裔赵子潇"习为鹅、鹳、鱼丽阵，上观于便殿"，受到孝宗嘉奖。清乾隆年间的德保《广州将军邀阅水操》诗曰："初为鱼丽阵，鹅鹳分成行。"[11]

据三国时期曹魏的《船战令》，当时魏国的战船在作战时已有一定的战术战法："雷鼓一通，吏士皆严；再通，什伍皆就船整持橹棹，战士各持兵器就船，各当其所，幢幡旗鼓，各随将所载船；鼓三通鸣，大小战船以次发，左不得至右，右不得至左，前后不得易，违令者斩。"[12]

北宋时，东京开封城内每年都有水军的阵法表演："小龙船列于水殿前，东西相向；虎头、飞鱼等船，布在其后，如两阵之势。须臾，水殿前水棚上一军校以红旗召之，龙船各鸣锣鼓出阵，划棹旋转，共为圆阵，谓之旋罗。水殿前，又以旗招之，其船分而为二，各圆阵，谓之海眼。又以旗招之，两队船相交互，谓之交头。"[13]可见开封城水军表演的阵法有"旋罗""海眼""交头"。

南宋水军在钱塘江就有阵法训练，"每岁，京尹出浙江亭教阅水军,艨艟数百,分列两岸,既而尽奔腾分合五阵之势,并有乘骑弄旗标枪舞刀于水面者"[14],只是史料缺乏,难知此五阵详情。南宋水军在实战中也有排阵的例子。如韩世忠在黄天荡大战中,"连舻相衔为圜阵"[15];1279年,宋元两军在崖山水上决战,"张世杰不守山门,集舟千余作一字阵御之,而大兵入山门,作长蛇阵对之"[16]。可见,这些实战中运用了"圜阵""一字阵""长蛇阵"等。

明代水军训练,以嘉靖中期为界,分前、后两个阶段:嘉靖中期以前,史料记载只可窥探专官阅视和出海哨练制度;嘉靖中期以后,江、洋形势严峻,在倭寇、海贼等催化下,水军将官开始意识到水战训练的重要性,并对水军训练进行探索,"将各路兵船编号定甲,凡长兵、短兵、弓射、弩射,不时海上操练",并以论著将练兵之法记录,如"金鼓旗帜如何而照会,前后左右如何而列哨"[17]。戚继光水师的战船训练编队,根据战船多寡,分三种:安摆船图、分关二营摆船图和一营摆船图。[18](图6)

图6
戚继光水师战船的三种
编队示意图

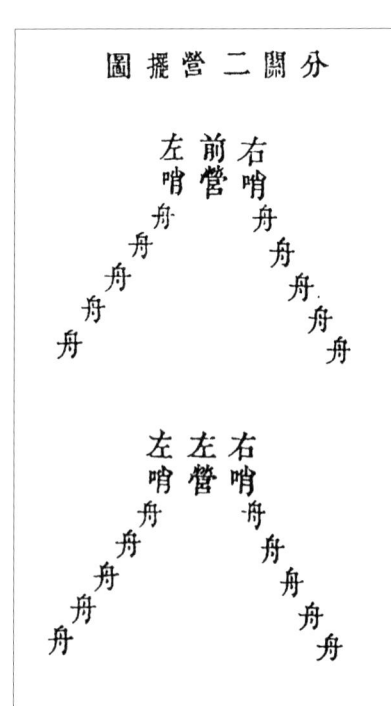

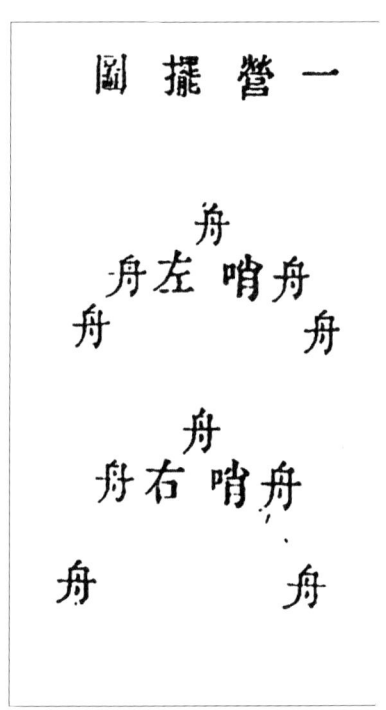

四、古代水军的通讯工具与方式

《清佚名水军阵图册》记操演阵法时，以号、炮、鼓、海螺、旗、金等发号施令。古代，因没有发达的通讯工具与通讯方式，发号施令大致通过挥旗、擂鼓、鸣金（即敲锣）、放号炮、吹喇叭、吹唢呐、点灯举火等方式来实现。夜间，无法看清旗语，往往以声音、灯光等为号。

商末周初姜子牙《六韬》记姜太公答周武王"欲令士卒练士教战之道奈何"之问时，答道"凡领三军，有金鼓之节，所以整齐士众者也"[19]，即以金、鼓指挥。战国时期的魏国人尉缭子说："金、鼓、铃、旗，四者各有法：鼓之则进，重鼓则击；金之则止，重金则退；铃传令也。旗麾之左则左，麾之右则右。"[20]从战国时期的水陆攻战纹铜器出土物看，当时水战以挥旗、击鼓来指挥。西汉武帝在上林苑昆明湖训练水军时，"治楼船，高十余丈，旗帜加其上"。

水军的阵法训练，主要凭旗鼓等指挥，如宋代《武经总要》、明代《武备志》均记载："凡水战……以金鼓旗幡为进退之节……诸军视大将军之旗，旗前亚，闻鼓（则）进；旗立，闻金则止；旗偃即还。"[21]水军操练阵法，"必使旗帜不误，众视金鼓不误。众听旗东则东，旗西则西，随其所指，千队如一。鼓动则行，金动则止，行止合节，万舟无错，是一阵之主也"[22]。

明代，凡号炮"必用三眼铳，一则一可兼三，二则轻于行李，三则装放速"，"但闻擂鼓，是交锋，要兵向前与贼厮杀"。吹喇叭"长声一声，谓之天鹅声""凡吹唢呐，谓之号笛"。金与其他号响配合，"凡军种一切鼓乐有音，如号笛、哼啰、喇叭、鼓、钹等项，每欲止，必鸣金一声"[23]。

五、古代水军的冷热兵器

《清佚名水军阵图册》记录水军阵法操演时以大炮、排枪、藤牌、先锋石、喷筒、火箭、刀枪、义钩、短械等为攻防武器，包括冷兵器与热兵器。

宋代以前，战船上使用的冷兵器主要包括弓箭、弩、抛石机、拍竿、戈、戟、矛、刀、剑、钩拒、犁头镖等。[24]唐代发明火药，至迟在唐末，火药武器已用于陆战。[25]

宋代处于冷热兵器共用的初期，水军作战虽有部分火器，但仍以冷兵器为主，远战依靠弓弩（如手弩、神臂弓）、石头火具（如用炮车、手炮发射石头和火具，即炮攻）等远距离攻击武器，近战主要是刀、枪、矛等短兵器。[26]水军火器方面，北宋真宗咸平三年（1000），神卫水军队长唐福向宋真宗献所制的火药箭、火球（以火绳掷出的火药炸弹）、火蒺藜（以绳掷出的含铁制倒尖的火药炸弹）。[27]

南宋建炎三年（1129），林之平提出水战的器用准备"船合用望斗、箭隔、铁撞、硬弹、石炮、火炮、火箭及兵器等"，基本概括了宋代水战中远战和近战的各种武器与方式。到南宋，管形火器，尤其是火枪和突火枪相继出现，标志着火器技术进入新阶段。[28]南宋中晚期，水军已装备突火枪。[29]

明代是冷热兵器混合使用的时代，但火器有较大发展，种类更多，如枪支类，有单管枪、多管枪；火炮类，有轻型、重型火炮；火箭类，有单发、多发火箭；爆炸类火器也有不少品种。[30]这些火器大量应用于军事，郑和下西洋的战船就已经大量配置火器，戚继光水兵营中使用火器的士兵占总人数的一半。[31]"长枪、大刀、藤牌、双刀、弓弩、狼筅、镋钯、鸟铳、火铳、连珠铳、鸡脚铳、火箭、伏即（佛狼）机等类，皆战阵所必需者。"[32]总兵戚继光镇浙御倭之器，"造刀、枪、镋钯、筅义、藤牌，候造完，给军操演，而火器更为水军长技，惟鸟铳寻常制备给操，此外如佛狼机、百子铳、三眼铳、九龙枪、标枪及火砖、火药、喷筒等项，皆先年试有成效者，亦应照式，随数制造分给操军"。

明代的冷兵器，水陆通用者有长枪、腰刀、藤牌、弓矢、蒺藜、镋钯、狼筅；只用于水战者为钩镰、撩钩、小镖、犁头镖。[33]明代水军使用的火器，重型的舰载火炮包括发熕、无敌神飞炮、六合铳、佛郎机、百子铳等，轻量级的水战火器有鸟铳、飞枪、飞刀、飞剑与火箭，近战燃烧性武器有喷筒、火桶、火砖、大蜂窠与火妖。

无敌神飞炮是明代水军战船上装备的主力火器。百子铳即陆兵所用之虎蹲炮。[34]飞枪、飞刀、飞剑为"三飞"，均为大火箭，因箭头不同而得名各异，火箭即"三飞中之小者"，"长有三四五六七尺不等，以药头轻重为准。杆用箭竹，短则以二枝接之"，箭镞用铁，"长五寸，入杆三寸，共六寸为准，脊要厚，刃要利，锋头要刚，要粗，径三分"。火箭射程远，威力强，"不在铳下，寸厚之木径穿，铁甲可洞"[35]，用来射船有奇效。战船所用喷筒为飞天喷筒，用来烧帆，"粗径二寸，深长一尺五寸，以竹用麻绳密缠，下用竹柄，长五尺"[36]，筒内的喷饼，用硝黄、樟脑、松脂、雄黄和砒霜制成，发射"可高数丈，远三四十步，径粘帆上如胶，立见帆燃莫救"[37]。

六、小结

根据馆藏的《清佚名水军阵图册》所记载的阵法名称、冷热兵器等，基本可将此图册定在清代。通过此图册，我们可以了解古代水军训练或检阅时的操演阵法、号令等内容。

我国古代水军操演阵法，多为名称或文字的记载，明代文献才有相对简略的示意图，此册绘有各式阵图，生动形象。国内博物馆公开展出的中国古代海军史资料，尤其是这种图文并茂的历史文献，并不多见。另外，该图册也为我们研究中国古代水军的通讯工具、通讯方式、武器装备等提供了相应的信息。

1. 黄利平：《第一次鸦片战争前广东水师虎门军演述略》，虎门镇人民政府编：《虎门文史》第2辑，广东人民出版社，2015年。
2. 于逢春，冯建勇主编．《中国边疆研究文库初编·海疆卷二 筹海初集 靖海纪事》，黑龙江教育出版社，2016年，第237—247页。
3. （清）陈龙昌辑：《中西兵略指掌》卷二二《军防四·海战阵图说》。
4. （清）卢坤、邓廷桢主编，梁廷楠等纂：《广东海防汇览》卷二二《方略十一·水操号令》。
5. 邹爱莲：《清宫档案说清史》，华中科技大学出版社，2020年，第291页。
6. （清）天津水师学堂：《船阵图说》，天津机器局，1884年，收藏于中国国家图书馆。
7. 郑观应著，夏东元编：《郑观应集上册》，上海：上海人民出版社，1982年，第215页。
8. （明）何良臣：《阵纪》，中华书局，1985年，第7页。
9. 李元鹏著，黄朴民主编：《中国兵学通史 近代卷》，岳麓书社，2022年，第99—100页。
10. 王冠倬：《中国古船图谱》，生活·读书·新知三联书店，2000年，第45页。
11. 张菊玲、关纪新、李红雨辑注：《清代满族作家诗词选》，长春：时代文艺出版社，1987年，第134—135页。
12. 杨晨：《三国会要》卷一七《兵·魏军制》，中华书局，1956年。
13. （宋）孟元老撰，邓之诚注：《东京梦华录注》卷七《驾幸临水殿观争标锡宴》，中华书局1982年，第184—185页。
14. （宋）周密撰，傅林祥点注：《武林旧事》卷三《观潮》，山东友谊出版社，2001年，第54页。
15. 曾枣庄、刘琳主编：《全宋文》卷三四九一，孙觌《韩世忠墓志铭》。
16. （宋）佚名：《宋季三朝政要》附录，卫王本末。
17. 许帅：《明代水军选练制度研究》，河南大学硕士学位论文，2021年。
18. （明）王鸣鹤：《登坛必究》卷二五《辑水战说》。
19. 《六韬》卷六《六韬·教战第五十四》，原昊译注：《六韬》，吉林大学出版社，2021年，第194页。
20. 《尉缭子》卷四《勒卒令第十八》，（清）纪昀撰：《四库全书精华 3》，吉林大学出版社，2009年，第87页。
21. （北宋）《武经总要》前集卷一一；（明）茅元仪《武备志》卷一一六《军资乘水一》。
22. （明）陈仁锡：《皇明世法录》卷四五《江防》，《四库禁毁书丛刊》史部第15册，第201页。
23. （明）戚继光撰，范中义校：《纪效新书》（十四卷本）卷二《耳目篇》。北京：中华书局，2001年。
24. 可详参《中国兵学通史 先秦卷》《中国兵学通史 秦汉卷》《中国兵学通史 三国两晋南北朝卷》《中国兵学通史 隋代五代卷》。
25. 邱剑敏著、黄朴民主编：《中国兵学通史 隋唐五代卷》，岳麓书社，2022年，第24—25页；潘吉星：《中国火药史上 (插图珍藏版)》，上海远东出版社，2016年，第140—141页。
26. 刘缙：《两宋水军训练刍议》，《宋史研究论丛》2009年第1期；黄纯艳：《宋代的战船种类与水战方式》，《国际社会科学杂志》2016年第3期。
27. 《宋史》卷一九七《兵志十一·器甲之制》；潘吉星著：《中国火药史上（插图珍藏版）》，上海远东出版社，2016年，第146—147页。
28. 熊剑平著、黄朴民主编：《中国兵学通史 明清卷》，岳麓书社，2022年，第311页。
29. 魏声：《南宋水军训练述考》，《兰台世界》2012年7月。
30. 熊剑平著、黄朴民主编：《中国兵学通史 明清卷》，2022年，第312页。
31. 王兆春：《中国火器史》，军事科学出版社，1991年，第180—181页。
32. （明）陈仁锡：《皇明世法录》卷四五《江防》，第200页
33. 许帅：《明代水军选练制度研究》，2021年。
34. 许帅：《明代水军选练制度研究》，2021年。
35. （明）戚继光撰，范中义校：《纪效新书》（十四卷本）卷三《手足篇第三》。
36. （明）戚继光撰，范中义校：《纪效新书》（十四卷本）卷一二《舟师篇》。
37. （明）戚继光撰，曹文明、吕颖慧校：《纪效新书》（十八卷本）卷一八《治水兵篇》。北京：中华书局，2001年。

从馆藏清福建漳州军饷银饼看近代中国早期银币发展

作者：蒋笑寒
中国航海博物馆
学术研究部（藏品保管部）
助理馆员

白银在中国作为货币使用已有两千多年的历史，最早可追溯到春秋战国时期。唐宋时期，已普遍流通一定规格和形制的银铤和银锭。发展至明清时期，海外贸易持续兴盛，大量外国银圆流入中国。在近代中国机器铸币诞生之前，福建地方自铸了一些银饼，大多作为军饷发放，虽然数量不多，流通不广，但却具有重要意义。中海博就收藏有一枚清福建漳州军饷银饼，这枚军饷银饼是传统银两制向近代机器铸币时期过渡的重要实物见证。

图1
清福建漳州军饷银饼（正面）
中国航海博物馆藏

一、馆藏清福建漳州军饷银饼概况

中海博收藏的这枚清福建漳州军饷银饼，直径40毫米，厚2毫米，重30克。银饼通体薄，银白光，正反面均有汉字，没有图案纹饰，正面上方从右向左錾刻"漳州军饷"四字，下方刻有一手书花押，对于释文的解读众说不一，通常释为"成功"等，背面镌"足纹通行"四字，从右向左横书"足纹"二字，"通行"为垂直排列，"通"字为"方头通"。银饼表面可见多枚戳记，侧面边齿为锁

壳纹边。（图1—3）

关于福建漳州军饷银饼，铸造的具体时间不详，大多断定为清代，有多种说法。铸造缘由是因战争需要，战事平息即停铸，因此留存数量稀少。

二、漳州军饷银饼的种类

按照花押和图案版别分类，漳州军饷银饼大致有以下三种类型。

图2
清福建漳州军饷银饼（背面）
中国航海博物馆藏

图3
清福建漳州军饷银饼（侧面）
中国航海博物馆藏

1. I型

I型漳州军饷银饼（图4），花押通常释作"成功""朱成功""左宗棠""左签字"等。

2. II型

II型漳州军饷银饼（图5），花押通常释作"为无为""国姓大木""曾国荃""曾签字"等。

图4
清福建漳州军饷银饼[1]
上海博物馆藏

图5
清福建漳州军饷银饼[2]

Ⅰ型与Ⅱ型漳州军饷银饼的版式基本相似，正反面均为纯文字，无任何图案花纹修饰。除"通"字的差异外，两者主要区别在于花押的不同。漳州军饷银饼为军需所铸，发行数量相对较少，银饼边纹主要有两种，分别是斜纹边和锁壳纹边。从制作差异来看，斜纹边的漳州军饷银饼显得小而厚，而锁壳纹边的漳州军饷银饼更为大且薄。彭信威认为，漳州军饷银饼可能是铸造于同一地方的两个不同炉局，其中一个铸造小而厚的"三角点通"的军饷银饼，另一个铸造大而薄的"方头通"的军饷银饼。[3]从斜纹和锁壳纹的风格来源来看，有斜纹边的漳州军饷银饼并非直接仿照荷兰马剑银币的斜齿边，可能是仿道光十三年至十五年间（1833—1835）铸造的明命通宝。此种明命通宝重库平七钱二分，具有显著的斜纹边特征，为新式银圆。另一种是锁壳纹。锁壳纹的花饰多用于中国古铜器，但在漳州军饷银饼铸造之前，并未发现锁壳纹在中国钱币上使用过。彭信威认为漳州军饷银饼的锁壳纹边，可能是受乾嘉年间大量流通于福建沿海地区的安南钱币的影响，与有着锁壳纹的景兴通宝和景盛通宝相似。[4]总之，漳州军饷银饼上的边纹铸造并不是中国传统的铸币习惯和做法，而是受外来银币的影响而仿制出的边纹风格。

3.Ⅲ型

Ⅲ型"谨慎"军饷银饼（图6），与Ⅰ型和Ⅱ型漳州军饷银饼相比，正面仅有"军饷"二字，没有"漳州"二字，花押也有所不同，Ⅲ型比Ⅰ型和Ⅱ型多了一定数量的花星和花饰符号，正反面均分布数量不等的花星。"谨慎"军饷银饼虽有多种版别，但共同点在于正面均横书"军饷"二字，下面有一"谨慎"画押，也有释作"谨性"。背面镌"足纹通行"四字，横书"足纹"，竖列"通行"。"通"字有"方头通"和"三角头通"之分。"通"字为"方头通"的银饼在尺寸上稍大一些，厚度更为薄且平，"通行"二字显得横向宽平。而另一种"通"字为"三角点通"的银饼在尺寸上稍小一些，整体偏厚，"通行"二字纵向更高更窄。此种军饷银饼正面基本上都有

"协""昌"两个戳印,分别分布在花押两侧。

图6
清"谨慎"军饷银饼[5]
上海博物馆藏

三、漳州军饷银饼的花押判读和铸造时间

关于漳州军饷银饼的花押判读、铸造时间和铸造缘由,众说纷纭。前人一般持有三种说法。

第一种说法,以郭沫若[6]为代表,主张漳州军饷的铸造时间为南明永历三年至六年(1649—1652),铸于郑成功时期,是郑成功在进行抗清活动时铸造,[7]花押分别释为"国姓大木"和"朱成功"。

第二种说法,以蒋仲川为代表,认为该银饼是曾国荃、左宗棠在漳州平定太平天国起义时铸造,花押是曾国荃、左宗棠的签字,分别为"曾签"和"左签",铸造时间是同治三年至四年(1864—1865)。[8]

第三种说法,以彭信威和戴志强为代表,认为漳州军饷银饼的花押分别释为"为无为"和"成功",铸造时间为清道光二十四年(1844)。

以上三种推测中,笔者赞同第三种说法,下文将进一步分析这种推测成立的合理性。

首先，根据漳州军饷银饼的铭文，可直接否定银饼与郑成功相关的推测。从铭文来看，判断出漳州军饷银饼的铸造不会早于"纹银"出现的康熙时期。根据银饼背面的"足纹通行"四字可知，银饼的铸造时间不能早于清朝。这是因为"足纹"表示"十足纹银"，在银两制中代表银两的成色。"所谓纹银，实际上是清朝法定的一种银两的标准成色，起源于康熙时。"[9]漳州军饷银饼都刻有"足纹通行"，说明银饼铸造时间不会早于"纹银"出现的康熙时期，这就直接否定了"漳州军饷银饼铸于郑成功时期"的说法，表明郭沫若的说法不成立。

其次，从银饼重量和边纹来看，漳州军饷银饼的重量和边纹很明显受到外国银圆的影响。从重量来看，漳州军饷银饼重库平七钱二分，可排除漳州军饷银饼早于乾隆时期的可能性。这是由于库平七钱二分是本洋的重量，在乾隆之前没有库平七钱二分的银币，中国本土可以接触到并且能够仿制本洋的时间一定是本洋在中国取得个数流通的资格之后。而实际上直至乾隆初年，外国银圆仍以重量流通。[10]由此可推断出，漳州军饷银饼的铸造时间是晚于乾隆时期。所以，这也更加否定了郭沫若认为"漳州军饷银饼是郑成功进行抗清活动时铸造"的说法。

再者，关于漳州军饷银饼铸造的最晚时间，戴志强认为不会晚于清咸丰五年（1855）。[11]戴的理由是，根据首次出版于1855年的《中国通商手册》中对漳州军饷银饼的描述，"漳州在1844年也曾试铸过银圆，最初的重量是七钱四分，但很快就减轻了百分之五，而且完全从流通中消失了"[12]。《中国通商手册》所提到的"1844年也曾试铸过银圆"，极有可能就是本文所指的漳州军饷银饼，虽无法准确判断出最早的铸造时间，但可据此得知漳州军饷银饼的铸造时间是早于《中国通商手册》首次出版的时间，即1855年。因此，漳州军饷银饼并非铸于同治三年至四年（1864—1865），那么蒋仲川等学者认为"漳州军饷是由曾国荃、左宗棠在漳州平定太平天国起义时铸造"的推测也不成立。

最后，如前文所述，漳州军饷银饼与郑成功无关，也并非曾国荃、左宗棠在平定太平天国起义时铸造。那么进一步分析可知，漳州军饷银饼的铸造时间可限定在乾隆至咸丰年间，且最晚不会晚于清咸丰五年。可以肯定的是，漳州军饷银饼的批量铸造与军队活动或者军事行动相关。再结合史料分析，得出漳州军饷银饼的铸造与某个农民起义事件或某次军事行动相关联的推论。

有清一代，在郑成功抗清失败以后，台湾地区爆发过多次农民起义事件，福建漳州地区常有重兵驻守，一定程度上具备可随时铸造军饷银饼的条件和可能性。戴志强认为漳州军饷银饼的铸造应与清道光二十四年的台湾洪协、郭崇高起义有关。[13]当时福建地方政府曾动用大量武装部队镇压台湾洪协、郭崇高的反清斗争。漳州军饷银饼的铸造发行可能与这次军事行动有关。

综合上述推测，漳州军饷银饼最早应是铸于清道光二十四年，花押分别释为"成功"和"为无为"，即上文所示Ⅰ型漳州军饷银饼的花押释为"成功"，Ⅱ型漳州军饷银饼的花押释为"为无为"。

四、中国近代早期银圆发展概述

明清时期，对外贸易持续发展，外国货币纷纷流入中国，且在国内不断扩大流通范围。西班牙银圆是第一批流入中国的外国银圆，俗称"番银"。外商来华，葡萄牙、西班牙和荷兰商人往来频繁，外商采购生丝、茶叶、瓷器等中国商品远销欧美地区，为中国输入了大量外国银圆。本土地区除了云南的少数银矿可提供产银来源外，清朝的白银主要来自于对外贸易中的外国银圆的输入。[14]光绪年间，外国银圆因在中国流通范围广，使用时间久，而深深影响了旧中国的社会经济，同时带来了一系列问题。帝国主义列强利用各自发行的银圆，抢占中国的商品市场，巩固势力范围。外国银圆已然成为帝国主义列强在中国扩大影响力的工具。[15]在这样的社会经济背景下，白银危机加剧，旧中国的封建币制逐步崩溃，一定程度上促进了中国近代早期自铸银圆的诞生。

中国近代早期银圆,始于民间仿铸和地方政府自铸。乾隆年间,广东已有银匠被允许仿铸洋钱。嘉庆、道光年间,民间已经开始仿照"本洋"铸造新式银圆,称为"广板""福板""杭板"等,后因成色花纹不统一、品质较差或伪造较多等因素被禁止。在正式使用机器铸币之前,早期留存下来的较为重要的银饼主要有台湾寿星银饼和福建漳州军饷银饼。此外,还有咸丰如意银饼、同治笔宝银饼和同治寿星银饼等。

1.台湾寿星银饼

台湾寿星银饼,俗称"老公饼",铸造时间上有道光和同治两类。银饼正面铸有一手执拐杖的寿星像,正面左上书"道光年铸"四字,右上有"足纹银饼"四字。银饼正面的寿星像下方,接近边缘处整齐排列篆书"库平柒弍"四字,表示重量七钱二分。银饼背面正中央有一宝鼎,外围上下左右有"台湾府铸"四个满文。(图7)这种银饼现存的实物常常被重重打过戳记,几乎没有完整的。银饼背面下方的戳记推测可能是制造商的商号。[16]台湾寿星银饼的铸造年份和历史背景基本都没有官方文献记录。不同寿星银饼的主要区别在于寿星像的线条、衣褶、文字笔画和花饰的差异。[17]

图7
台湾寿星银饼[18]
中国国家博物馆藏

2. 同治寿星银饼

同治寿星银饼正面有寿星像,左上侧为"同治元年"四字,右上侧为"嘉义县诰(造)",背面没有纹饰,有"足纹军饷通行"六个字,接近币面外缘有一些符号,推测为佛教符号或者民间"万事如意"符号,银饼侧边轧制希腊风格的回纹边道。[19]

3. 台湾笔宝军饷银饼

台湾笔宝军饷银饼,正面有一对交叉的笔和莲花图案,中间有如意,左右各有三个用线相连的小圆圈。背面为一聚宝盆。由于"笔"跟"宝"组合的谐音是"必保",此币又称"必保富足",在笔宝图案上面有官戳"粮""库"等。(图8)

4. 咸丰如意军饷银饼

咸丰如意军饷银饼,正面有一聚宝盆,盆内有万年青、灵芝等,左右各有"府库""军饷"四字。背面为一对交叉的如意,左右有"足纹""通行"四字,在如意交叉处的上方也有戳记,下方有"六"的戳记。(图9)该币铸造于咸丰三年,是李旦、林恭在台湾起义时铸造。现存的如意军饷银饼都被重重打过戳记,未砸印过戳记的实物非常稀有。

图8
台湾笔宝军饷银饼[20]

图9
咸丰如意军饷银饼[21]
上海博物馆藏

图10
"乾隆宝藏"银币[22]
中国国家博物馆藏

  上述类型的近代早期银饼具有明显的外国银圆特征。除此以外，早在乾隆五十六年（1791），清廷就已同意西藏手工打制"乾隆宝藏"银币，但是该币的流通仅限于西藏。铸造该币是为了抵制长期在西藏地区流通使用的尼泊尔劣质银币。"乾隆宝藏"银币起初是手工打制，后改为机器铸造。"乾隆宝藏"银币正面镌刻"乾隆宝藏"汉文，字与字之间相隔四朵祥云，银币中间有一方框，银币外圈有"五十八年"纪年文字，并排列浮星星点，背面是藏文。（图10）该币有乾隆五十八年、五十九年、六十年三种纪年，有大中小三等。"乾隆宝藏"银币实际上承袭了中国传统钱币的特点，与"番银"的风格样式完全不同。

咸丰六年（1856），为抵制市面上的"鹰洋"，上海的王永盛、郁森盛、经正记三家银号用小型机器试铸壹两银圆，是上海最早的自铸银圆，又称"上海银饼"。（图11—13）这套银饼已基本具备近代银圆"按枚计值"的特点[23]，采用土法压制。王永盛铸造的银匠都是万全，经正记铸造的银匠是丰年和万全，郁森盛铸造的银匠分别是丰年、平正和王寿。

光绪七年（1881），吴大澂在吉林设立机器局，用小型机器试铸少量一两制银圆，还有贵州、新疆各省用手工试铸过少量银圆。

光绪十三年，两广总督张之洞为抵制外国银币的扩张，多次奏请试铸"光绪元宝"。光绪十四年，广东从英国进口造币机器。光绪十五年（1889），广东开始正式试铸国产"龙洋"，起初试铸的银圆重量为库平七钱三分，后改为七钱二分。直到1911年，陆续铸造了一元银币跟各种辅币。第三次改制币称为"广东龙洋"。"广东龙洋"投入流通后，随后各省设立各自的造币厂。近代中国自铸银圆的流通使用，有效抵制了外国银币在中国的扩张。

作为近代中国早期银币之一，漳州军饷银饼以实物证据的形式，向我们揭示了近代中国早期银币更迭的诸多细节，它承载着传统中国银两制向近代机器铸币时期转变的重要历史信息。通过对银饼的花押、铸造工艺、材质和重量等方面的研究，可以更全面地了解近代中国早期铸币技术水平、政策导向和社会经济背景。因此，银币类历史实物的研究不仅有助于深入了解中国货币制度的发展历程，也能使我们更好地把握近代中国经济领域的演变脉络。

图11
清咸丰六年上海县
王永盛银饼[24]
上海博物馆藏

图12
清咸丰六年上海县
郁森盛银饼[25]
上海博物馆藏

图13
清咸丰六年上海县
经正记银饼[26]
上海博物馆藏

1. 图片来源：上海博物馆：《熠熠千年：中国货币史中的白银》，上海书画出版社，2019年，第71页。
2. 图片来源：孙浩：《百年银圆：中国近代机制币珍赏》，上海科学技术出版社，2016年，第182页。
3. 彭信威：《中国货币史》，上海人民出版社，2015年，第583页。
4. 彭信威：《中国货币史》，第595页。
5. 图片来源：上海博物馆：《熠熠千年：中国货币史中的白银》，第70页。
6. 郭沫若：《由郑成功银币的发现说到郑氏经济政策的转变》，《历史研究》1963年第1期，第1—12、180—181页。
7. 郭沫若：《再谈有关郑成功银币的一些问题》，《历史研究》1963年第2期，第1—8页。
8. 蒋仲川：《中国金银镍币图说》，上海国光印书局，1939年，第40—42页。
9. 魏建猷：《中国近代货币史》，上海群联出版社，1955年，第23页。
10. 彭信威：《中国货币史》，第583—594页。
11. 戴志强：《漳州军饷银饼年代考——兼论我国自铸银圆的开始》，《文物》1981年第10期，第60页。
12. S. Well Williams, *The Chinese Commercial Guide*, 1863年，香港第五版，第270页，转引自戴志强：《漳州军饷银饼年代考——兼论我国自铸银圆的开始》，《文物》1981年第10期。
13. 戴志强：《漳州军饷银饼年代考——兼论我国自铸银圆的开始》，《文物》1981年第10期。
14. 刘朝辉：《嘉庆道光年间制钱问题研究》，文物出版社，2012年，第146—150页。
15. 千家驹、郭彦岗：《中国货币演变史》，上海人民出版社，2005年，第184页。
16. 耿爱德著，钱屿、钱卫译：《中国币图说汇考：金银镍铝》，金城出版社，2014年，第3—5页。
17. 彭信威：《中国货币史》，第582页。
18. 图片来源：中国国家博物馆编：《中国国家博物馆馆藏文物研究丛书·钱币卷（宋—清）》，上海古籍出版社，2018年，第286页。
19. 耿爱德著，钱屿、钱卫译：《中国币图说汇考：金银镍铝》，第8页。
20. 图片来源：孙浩：《百年银圆：中国近代机制币珍赏》，上海科学技术出版社，2016年，第180页。
21. 图片来源：上海博物馆：《熠熠千年：中国货币史中的白银》，上海书画出版社，2019年，第71页。
22. 图片来源：中国国家博物馆编：《中国国家博物馆馆藏文物研究丛书·钱币卷（宋—清）》，第285页。
23. 林南中：《漳州外来货币概述》，福建人民出版社，2014年，第161页。
24. 图片来源：上海博物馆：《熠熠千年：中国货币史中的白银》，第72页。
25. 图片来源：上海博物馆：《熠熠千年：中国货币史中的白银》，第73页。
26. 图片来源：上海博物馆：《熠熠千年：中国货币史中的白银》，第73页。

馆藏文献《伦敦新闻画报》及第二次鸦片战争图像报道

作者：赵莉
中国航海博物馆
学术研究部（藏品保管部）
研究馆员

一、中国航海博物馆藏《伦敦新闻画报》概况

纸质航海文献是中海博馆藏的重要构成，其主题丰富、来源多元，其中出版于19世纪英国的《伦敦新闻画报》是一份比较珍贵的海外文献。

中海博收藏的《伦敦新闻画报》（图1）系2015年春在北京海王村拍卖有限公司拍卖而得，共六十六期。与中国相关的图像报道共五十八期，主要以《中国素描》（Sketches in China）与《在华战争》（the War in China）两个栏目刊出，刊有与中国相关的图像计一百三十余幅；其中，涉及第二次鸦片战争图像报道共三十七期，刊有与第二次鸦片战争相关的图像计八十余幅。虽然报刊时间并不连贯，但在跨度上涵盖了第二次鸦片战争的关键时期1857年至1860年；在内容上以第二次鸦片战争为主，具体涉及英法联军攻占虎门、攻占广州、珠江口西流湾之役（Attack on the Banterer's boat in Sai-lan Creek）、大沽口之战（Attack on the Peiho forts）、签订《天津条约》等重要事件，以及中外军队在战争期间的演习操练以及舰船炮台等军事设施等内容。馆藏《伦敦新闻画报》每册为八开纸面，黑白单色，线装，每期页数基本是二十四页。似是沿袭了18世纪至19世纪欧洲书籍的装帧风格。《伦敦新闻画报》亦采用了书口刷金（Edge gilt）工艺，即报纸的底部边页贴有金箔，既美观又能抵御灰尘，防潮防虫蛀。虽然历经一百多年辗转，但画报整体保存状况良好，纸张平整，图像清晰，实为一份难得的图像史料。该画报于1857年开辟了《在华战争》专栏，以图像为主体报道了第二次鸦片

图1
《伦敦新闻画报》
1858年8月14日
中国航海博物馆藏

战争以及与中国相关的内容,为研究第二次鸦片战争、19世纪中后期中英关系、中西海上交流以及异域视野下的中国形象提供了直观的历史资料,这也正是中海博收藏该文献的初衷所在。

二、关于《伦敦新闻画报》及其图像特色

《伦敦新闻画报》诞生于英国,是世界上最早以图像为主体报道新闻的周刊。该画报创刊于1842年,创刊人为赫伯特·英格拉姆

(Herbert Ingram,图2)。早在19世纪30年代,在诺丁汉从事印刷和书刊销售的英格拉姆就敏锐地察觉到:附有插图的报刊远比纯文字报刊销量要好,于是顺应形势创办了《伦敦新闻画报》。问世之初,画报就获得读者青睐,首期卖出了二万六千份。[1]此后至1863年,发行数量持续攀升,在英国乃至欧洲取得了巨大成功,引领了新闻史、报刊史的画报潮流,促进了法国、比利时、德国等国画报业发展,在19世纪中后期西方报业界极富影响力。

图2
《伦敦新闻画报》创刊人
赫伯特·英格拉姆

用图像报道新闻是《伦敦新闻画报》的主要特色,也是该画报取得巨大成功的重要原因。在创刊后的近半个世纪时间内,《伦敦新闻画报》以细腻生动的密线木刻版画(Wood engraving)呈现英国以及世界各地的重大事件和社会生活。密线木刻版画是基于画家所作的素描或水彩画,采用刀具在木纹材料上雕刻而成。19世纪初,密线木刻版画技术在欧洲已经发展成熟,至维多利亚时代,密线木刻版画发展至鼎盛时期。这一时期,密线木刻版画采用更为锋利的细纹利刃在硬木的木纹材料上雕刻,其构图清晰、线条分明,赋予图像精细突出的艺术表现力。特别是关于遥远异域的报道,"版画不仅能提供鲜活的视觉形象,而且以精密的线条和丰富的明暗色调使画面充满异域情调,令读者在画面背后产生无尽的想象"[2]。当时,英国大多数书籍和报刊插图均采用密线木刻版画。自创刊起至1894年,密线木刻版画始终是《伦敦新闻画报》的主流图像形式,为该画报在西方报业界的地位奠定了基础。1895年后,伴随照相术的发展成熟,《伦敦新闻画报》刊印的照片逐渐增多,同时,表现晕染明暗技法的石印画也出现在画报上。到20世纪20年代之后,照片逐渐取代木刻密线版画,成为《伦敦新闻画报》的主流图像形式。

中海博收藏的《伦敦新闻画报》刊期集中在1857年至1860年间，这一时期该画报图像以密线木刻版画为主，为读者了解当时欧洲的版画艺术提供了一手资料。

三、馆藏《伦敦新闻画报》中关于第二次鸦片战争的图像报道

《伦敦新闻画报》创刊及其发展高峰期，正值中英关系的历史转折点。画报创刊不久，中英第一次鸦片战争结束。当时欧洲的一些书籍报刊中开始出现与中国相关的图像。《伦敦新闻画报》也是如此，但这一时期该画报刊登的中国图像并非来自画家实地报道，更多可能是来自此前出版的书籍或其他文献。1856年第二次鸦片战争爆发后，《伦敦新闻画报》于1857年1月派出了特派画家和通讯员沃格曼（Charles Wirgman）赶赴中国，这应当是第一位可知其名的派往中国的实地报道人员。也正是从1857年1月起，直至第二次鸦片战争结束，《伦敦新闻画报》通过《在华战争》专栏，持续推出特派画家来自现场目击的战争图像报道，其中关于天津大沽口之战的图像报道是该画报的关注重点。

大沽口位于今天津市东南，因位于大沽河（今海河）入海口而得名。由于大沽河上游发源于河北省张家口市沽源县白河[3]，所以大沽口又有"白河口"之称。在《伦敦新闻画报》中，特派画家沃格曼同样以"白河口"（Peiho Fort）指称大沽口。大沽口是明清时期中国北方重要的军事要塞。第一次鸦片战争期间，英军在攻陷浙江舟山定海后继续北上，大沽口为英军当时在中国所到达的最北地区。第二次鸦片战争期间，大沽口成为清朝军队与英法联军的主要战场，先后于1858年5月、1859年6月、1860年8月发生过三次战役。1857年英法联军攻下广州后于1858年4月北上天津，在胁迫清政府谈判不成后，向直隶总督谭廷襄下战书。这是第一次大沽口之战的背景。1859年6月，在《天津条约》签订后一年，英法特使携舰队欲与清政府换约，

途中因与清政府就换约地点发生争执,联军在大沽口与僧格林沁率领的清军交战,结果联军大败。这是第二次大沽口之战。此后,联军重组远征军,相继攻下舟山、大连湾、烟台作为远征军的补给和基地后继续北上,攻陷大沽炮台,占领北京城,烧毁圆明园。

中海博收藏的《伦敦新闻画报》中主要记录的是第一次和第三次大沽口海战,具体如下:

序号	报道时间	报道标题
1	1858年8月28日	英法联军进攻白河要塞(the Attack on the Peiho Forts by the English and French Fleets)
2	1860年11月17日	1860年8月21日白河之战(the attack on the Peiho Forts on the 21st August, 1860)
3		1860年8月21日占领大沽北炮台,白河(the Storming and Cpature of North Fort, Peiho on on the 21st August, 1860)
4	1860年12月8日	北方要塞内部,白河(Interior of the North Fort, Peiho)
5		中国野战炮(Chinese Filed Gun)

图3为1858年8月28日《伦敦新闻画报》的图像报道,描绘了第一次大沽口之战英法联军进攻大沽口炮台的场景。根据图片下方文字提示,当时大沽口左右炮台各有十五门大炮(Fort, 15 guns)。事

实上，第一次鸦片战争后，清政府意识到大沽口要塞的重要性，开始对炮台进行修复，并增强了驻军防守的力度。南北两岸共有炮台四座，南岸三座，北岸一座。驻军约八千人，仅南北炮台就三千人。[4]图像前景的河道中，有清军设置的木桩障碍物，这些木桩之间距离均匀，梢头被削成尖锐状，且绑有铁链，横在水面上用于拦截船只。图中白河上的英法炮舰共有九艘，从左至右分别为：法舰"龙骑兵"号（Dragonne）、英舰"斯莱尼"号（Slaney）、法舰"火箭"号（Fusee）、英舰"鸬鹚"号（Cormorant）、英舰"鸨鸟"号（Bustard）以及位于图像后方的四艘英舰"弗姆"号（Firm）、"负鼠"（Opossum）号、"瑟文"（Severn）号、"坚固"（Staunch）号。图像远景出现了阵势密集的海军陆战队，正向南北炮台进攻而来。

根据相关研究，在第一次大沽口之战中，英法联军采用水陆夹击的战术，派出两支登陆部队进攻炮台，"一支由英军二百八十九人、

图3
1858年8月28日《伦敦新闻画报》报道：英法联军攻击白河要塞

法军一百六十八人组成,共四百五十七人,夺取北岸炮台;另一支由英军三百七十一人、法军三百五十人组成,共七百二十一人,夺取南岸炮台"[5]。与此同时,白河上的英法炮舰炮击清军阵地,掩护登陆联军。经过两个小时抵抗,炮台守军终究不敌联军,大沽炮台失守沦陷。从图中可见,白河水上炮火冲天、浓烟滚滚,英法联军舰船排布密集。特派画家沃格曼通过素描手法,生动刻画了白河水上英法联军炮舰轰炸大沽口的激烈场面。该画作经过木刻版画后刊登见报,呈现出明暗对比的写实效果,具有强烈的叙事效应,为远在英国的读者带来极具现场感的报道。

图4、图5分别为1860年11月17日《伦敦新闻画报》的图像报道,描绘的是1860年8月21日第三次大沽口之战。图5重点呈现了联军集中兵力攻占大沽口北岸炮台的场景。在这次战役中,联军再次采用了海陆联合的战术,且有备而来。在进攻炮台前,他们于8月20日在白河水上搭建好浮桥,将工兵排、海军陆战队以及重型武器运送到炮台北岸。8月21日清晨6时,法军在距北岸炮台约1000米处率先进行射击。科利诺率特遣队从正面对炮台发起强攻,联军炮兵

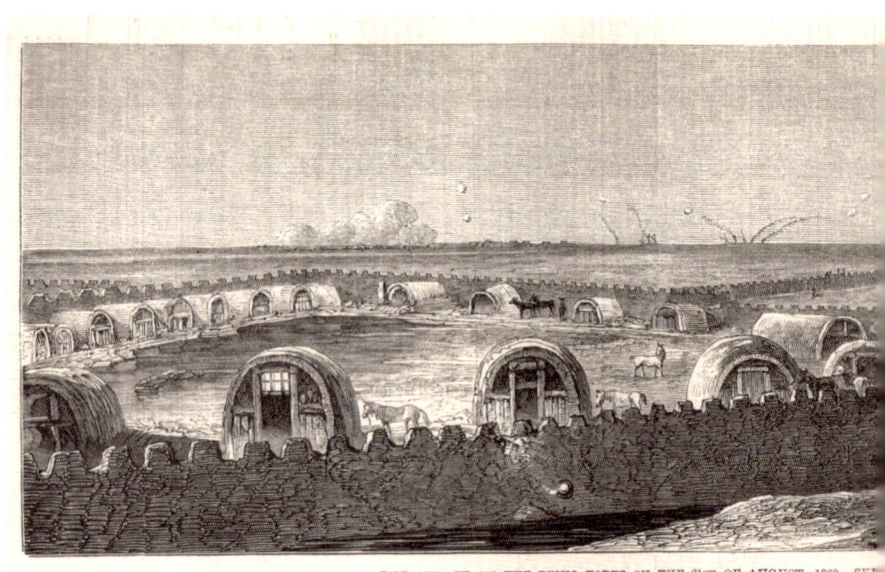

THE ATTACK ON THE PEIHO FORTS ON THE 21ST OF AUGUST, 1860.—SKE

则从侧面炮击北岸炮台。当联军炮弹击中炮台火药库、将炮台炸开一个裂口后，联军越过深沟与各类障碍物，通过搭设攀梯冲入堡垒，双方展开了肉搏之战。[6]从图5可见，远景处的炮台正前方矗立着三架高高的攀梯，炮台上方人头攒动、旗帜飞扬，攀上炮台的联军与清军展开了面对面的激烈搏斗。清军抵抗近三个小时，"他们利用了一切手头现有的东西：他们把云也似的密箭射向攻城者；企图用长矛刺穿那些站在云梯顶端的人，或者手扔圆弹想砸死那些攻城的人"[7]。如果说图5是以极具动态的手法记录了大沽口战斗的场面，那么图4则是以细致的素描手法绘制了当时大沽口炮台的情形。从图中可见，炮台四周筑有高耸的围墙，炮台附近有壕沟、防御工事以及障碍物等，每个炮台都架有大炮。事实上，在1859年第二次大沽口之战后，僧格林沁进一步增强了大沽口炮台防务。然而由于僧格林沁"低估了英法联军的陆战能力，自以为手中的马步精锐可与失去'船坚炮利'的英法陆军一拼"[8]，导致错误的战略战术，加上指挥层缺乏应急方案，第三次大沽口之战清军速败。图6、图7则描绘了战后的炮台与装备情形。图6为战役结束后大沽炮台内景，从图中可见

图4
1860年11月17日《伦敦新闻画报》报道：1860年8月21日白河之战

185

图5
1860年11月17日《伦敦新闻画报》报道：1860年8月21日占领大沽口北岸炮台，白河

图6
1860年12月8日《伦敦新闻画报》报道：北方要塞内部，白河

图7
1860年12月8日《伦敦新闻画报》
报道：中国野战炮

火炮被炸毁，炮弹散落一地，炮手已经阵亡。[9]炮台壁垒上双方肉搏留下的兵器纵横交错，而炮台顶峰已经插上了英国、法国国旗，清军战败残局一目了然。

一叶知秋，一斑窥豹。中海博收藏的《伦敦新闻画报》关于大沽口之战的图像报道，为后人深入了解第二次鸦片战争清军与英法联军的整体作战形势提供了直观资料。大沽口之战是第二次鸦片战争中的重要战役，不仅暴露了英法等列强国家的侵略本质，也暴露出清朝军队在战略战术、应急指挥等方面的漏洞以及武器装备与西方国家的巨大差距。第二次鸦片战争使清政府再次遭受来自海上的大规模外敌入侵，特别是英法联军对中国南北沿海重要港口的攻陷，引起了清政府对海疆防御的重视。第二次鸦片战争后，为"追求自强、以御国侮"，洋务派在沿海地区和内陆地区建厂造船、设馆译书，兴办军事工业。1888年北洋水师的成立，是近代海军建设的重要标志，促进了近代海防思想发展，推动了中国海军近代化历程。

整体上，中海博收藏的《伦敦新闻画报》中关于第二次鸦片战争大沽口之战的图像报道虽然数量不多，但内容丰富，既有大沽口之战中清军与联军炮火纷飞的宏大场面叙述，又有双方交战的细节特写，同时画家又以精细的素描手法记录了中、英、法三国参战时的炮舰船队、炮台要塞、防御工事等。在照相术还未兴起的19世纪中期，战地画家手中的画笔不亚于今天现场报道的镜头，为身在远方的英国乃至欧洲读者发送了来自远东地区的战争实况报道。作为战地记者，沃格曼（图8）的作品非常丰富，几乎完整报道了第二次鸦片战争的整个进程和各次战役的具体细节，尤其是那些来自现场的战地速写栩栩如生，使读者仿佛身临其境。可以说，密线木刻版画形式为增强沃格曼的战争图像写实效果亦发挥了重要作用。正如黄时鉴先生所言："无论是哪种题材，无论是何种事物，无论课题的大小或静动状态，密线木刻版画都能用其线束的技法表现出来。"[10]他的系列报道为第二次鸦片战争留下了一手珍贵史料，后被汇编成册，具有重要的历史文献价值。在战争题材之外，沃格曼还绘制了不少

反映中国社会生活的作品，在当时的英国国内掀起了一股持续好几年的"中国热"。

　　值得关注的细节信息是，1858年5月26日第一次大沽口之战的图像报道，其版画见刊时间已是1858年8月28日；而1860年8月21日爆发的第三次大沽口之战，见刊时间是11月17日。从见刊日期可知，从战役爆发画家在战地现场完成图像记录，到密线木刻版画见刊一般要经历三个月左右的时间。这主要是因为来自海外的画作原件需要经过漫长的海上运输抵达英国。原作到达英国后需要选取纹路适宜的板块拼接，再由雕版家进行精雕细刻，耗费工时，往往画报上的大幅作品需要几个星期的时间才能完成雕刻。[11]虽然图像见刊与事件发生之间有一段时间差，在时效性上略逊一筹，但在照相术尚未流行的19世纪中后期，来自遥远他国的图像报道以突出的写实特征和异域风情，仍然为读者津津乐道、翘首期盼。

图8
图中间穿黑衣写生者为沃格曼

四、其他画报关于第二次鸦片战争的图像报道与思考

有学者统计，《伦敦新闻画报》刊登了数以千计的第二次鸦片战争图像。在《伦敦新闻画报》之外，还有英国的《泰晤士画报》(Illustrated Times)、《哈泼周报》(Harper's Weekly)、《世界新闻画报》(The Illustrated News of the World)，法国的《世界画报》(Le Monde Illustre)、《环球画报》(L'illustration Journal Universel)等都推出了对第二次鸦片战争的持续报道。可以说，关于第二次鸦片战争的图像报道是19世纪中后期西方关于中国图像发展史上的一个高峰；而通过持续密集、且来自目击现场的图像报道，画家呈现给西方人完全不同于早年认知中的中国形象。这一现象，一方面与当时西方报刊业发展趋势密切相关，同时也折射出19世纪中后期中西方世界对彼此认知的发展与流变。

纵观大航海时代以来的中西海上交流史，17世纪至18世纪航海东来的传教教士、出访使团、贸易商人，通过奇趣瑰丽的游记文字、精美别致的器物、充满奇趣的图像，向西方人呈现了一个遥远神秘、富庶精致、具有独特品位风尚的中国形象。西人关于中国形象的建构不乏想象，但客观上促成东西方世界的交流互动从商品功能逐渐拓展到生活方式、审美趣味、生产技术的交流互鉴。1792年马戛尔尼使团访华对于19世纪西人对中国的认知具有转折意义。随团画师威廉·亚历山大绘制了大量关于中国政治军事、社会生产、民俗风情等图像，对改变欧洲人对中国的认知产生了不可估量的影响，比如该画师笔下的清朝士兵、武器和哨所等形象，向西方社会呈现了一个外强中干、不堪一击的中国军队形象。[12] 19世纪中后期，两次鸦片战争带来了贸易拓殖、军事远征、政治交涉，越来越多的西人来到中国。这一时期西人对中国的认知发生急剧转型。在冲突和侵略的文化心理下，在西人作为战胜方和自诩进入现代文明范式先行者的视野下，一个不堪一击、千疮百孔的战争中国形象，一个积贫积弱、蒙昧落后的日常中国形象，甚至以漫画夸张变形等手法塑造的中国

形象，通过西方各类画报在西方世界流传甚广，对于塑造西人视野下的中国具有不可逆转的影响。战争是西方列强海上势力不断向东拓张的手段，是中国与西方国家海上冲突的直接体现，也是打开中西方认知的另一扇大门。整体上，19世纪中后期西方对中国的认知是在一种非常态、非平等的条件下形成的，烙上了鲜明的历史印记，在中西海上交流史中具有特殊的意义。

---

1. 沈弘编译：《遗失在西方的中国史：〈伦敦新闻画报〉记录的晚清1842—1873（上）》，北京时代华文书局，2014年，译序第8页。
2. 陈绮：《图像的力量》，载沈弘编译：《遗失在西方的中国史：〈伦敦新闻画报〉记录的晚清1842—1873（上）》，序言第4页。
3. 该河流由于沙洁白，故被称为"白河"。
4. ［美］宋玉武：《第二次鸦片战争世界书报刊图叙》，广西师范大学出版社，2023年，第194页。
5. 夏笠：《第二次鸦片战争史》，上海书店出版社，2007年，第318页。
6. ［美］宋玉武：《第二次鸦片战争世界书报刊图叙》，第332、339页。
7. 齐思和等：《中国近代史资料丛刊：第二次鸦片战争（六）》，上海人民出版社，1979年，第281页。
8. 茅海建：《近代的尺度：两次鸦片战争军事与外交》，上海三联书店，1998年，第374页。
9. ［美］宋玉武：《第二次鸦片战争世界书报刊图叙》，第349页。
10. 黄时鉴编著：《维多利亚时代的中国图像》，上海辞书出版社，2008年，导言第3页。
11. 黄时鉴编著：《维多利亚时代的中国图像》，导言第2页。
12. 赵莉：《1798年〈英国马戛尔尼使团中国内地及沿海航行纪实〉及图册》，载中国航海博物馆编著：《云帆万里：中国航海博物馆馆藏选粹与释读》，上海书画出版社，2023年，第201页。

"船政成功"御赐金、银牌

作者：朱金龙
中国航海博物馆
学术研究部（藏品保管部）
馆员

为寻求海防自强，1866年闽浙总督左宗棠在福州马尾设立船政，聘用正监督日意格等一批洋员，1874年合同到期，船政完成了与洋人五年合同中约定要求的造船、教育、组建近代海军等一系列目标。

中海博收藏的几枚"船政成功"御赐金、银牌，就是船政这段历史的见证，见证了船政造船技术的飞跃、西式教育模式的引进、洋员洋匠发挥的作用。这组藏品具有重要的历史价值，弥足珍贵。本文通过对"船政成功"御赐金、银牌相关的人物、事件的解读，回顾了此历史事件，探讨了该金银牌的历史价值。

一、藏品赏析

"船政成功"御赐金牌直径4.5厘米，厚0.3厘米，重量31.5克，为金属材质。金牌正面横撰楷书"大清"字样，竖刻"御赐金牌"名称，两旁绘有象征皇家的神龙，构成双龙戏珠图。龙是清代银币使用频率很高的图案之一，银币上的龙纹图案变化多端，按照龙的外观形象可分为"长须龙""短须龙""反龙""大尾龙""曲须龙""游龙""双龙"等，此银币使用的就是"双龙"图案。金牌背面横向铸有

图1
"船政成功"御赐金牌（正面）
中国航海博物馆藏

图2
"船政成功"御赐金牌（背面）

图3
"船政成功"御赐金牌（侧面）

"福州"字样、纵向铸有"船政成功"铭文，两边绘有祥云。金牌侧面铸有"大清国银币样板·鲁尔智乔治造币厂铸"的中文，铸有一半"GIORGIL·GIORGI·GIORGIL"的防伪大写英文字母。

"船政成功"御赐银牌直径4.5厘米，厚0.3厘米，重量36克，其款式与金牌基本相同，唯反面文字为"御赐银牌"，侧面铸有锯齿形花纹。通过"船政成功"御赐金、银牌上的文字能明显判断出该藏品是为了纪念船政成功，表彰和褒奖做出贡献的洋员、洋匠。这就要涉及到船政的发展历程，让人回忆起那一段向海图强的船政往事。

二、船政创办

19世纪中叶，中国内忧外患，当时的有识之士开始寻找救亡图存、振兴国家之路。左宗棠深受林则徐、魏源为代表的经世致用思想

图4
"船政成功"御赐银牌（正面）

图5
"船政成功"御赐银牌（背面）

图6
"船政成功"御赐银牌（侧面）

影响，对海权的重要性有深刻认识，其曾在奏折中指出"东南大利，在水而不在陆"。左宗棠被任命为闽浙总督后，在1866年奏请清政府开办船政，提出"防海之害而收其利"，全面开展筹款和选址等筹备工作。

1866年底，船政工程正式动工兴建，船政学堂对外招生一百○五名，次年初，"求是堂艺局"正式开学。"求是堂艺局"是船政学堂的官方命名，船政共设八所学堂：前学堂，即制造学堂，学习法国的造船技术，修习法语；后学堂，即驾驶学堂，学习英国的驾驶技术，培养现代海军人才，修习英语；后续还开办了练船学堂、管轮学堂、绘画学堂、电报学堂、艺徒学堂、匠首学堂。为了进一步提高船政学堂学生的科学技术水平，船政学堂先后四次派遣留学生赴欧洲留学，学习造船、海军、机械制造等专业。

1866年10月，正当船政筹备建设如火如荼进行时，因新疆西捻军和回民起事，左宗棠将赴西北任陕甘总督。调任前，左宗棠力荐前江西巡抚沈葆桢接办船政事务。沈葆桢出生于1820年，福州人，为林则徐的女婿兼外甥，其接任船政大臣后，克服种种干扰，因地制宜，革旧布新，使船政取得可喜成效。后人评价"船政创于左宗棠，成于沈葆桢"。

左宗棠创办船政的初衷为整理水师、增强海防、抵御外侮。经历几年时间，福州船政发展成为近代远东地区规模最大、技术能力最强的造船产业基地，同时福州船政也成为中国近代海军的摇篮，取得了一系列开创性的成就：制造了中国第一艘千吨级蒸汽动力轮船"万年清"号，自行建造亚洲第一艘巡洋舰"扬武"号、中国第一艘全金属结构军舰"开济"号、亚洲第一艘大型装甲舰"平远"号。船政历史上建造的四十余艘轮船中，兵船就占三十二艘。

船政学堂是近代教育的先驱，为各地办学提供了榜样，输送了人才，被李鸿章誉为"开山鼻祖"。"铁路之父"詹天佑，"启蒙思想家"严复，外交家陈季同、罗丰禄，爱国将领邓世昌、刘步蟾、萨镇冰等都是从船政学堂走出，在科技、军事、思想、外交、文化等领域大显身手，深刻影响了中国近代史的走向。[1]

船政从1866年创办到1907年停造的四十年中，共造各类兵商轮船四十四艘。经过几十年的努力，左宗棠当初对船政设局造船的设想基本成为现实；船政缔造了远东第一造船基地，组建了近代中国第一支海军舰队，培养了众多造船专业人才。造船业成为近代工业的母体，带动、发展了机械制造、矿业冶炼等一系列工业。[2]

三、聘用洋员

在船政历史上，不得不提一批外籍技术人员。兴办船政时，曾考虑到不但造船必须延揽外籍师匠，而成船之后的管驾一时也要雇用洋人，不免有种种的困难。对于这些问题，左宗棠认为要"先立条约，定其薪水，到厂后由局抽选内地各项之少壮明白者，随同学习。其性慧夙有巧思者，无论官绅庶士，一体入局讲习，拙者、惰者随时更补。西洋师匠尽心教艺者，总办洋员薪水全给，如靳不传授者，罚扣薪水"。又以"定议之初，即先以订明教习造船，即兼教习驾驶，船成即令随同出洋周历各海口"。后来，船政聘用外籍员工，就是采用这个"包制包教"的方针。

船政引进西方的契约形式，同时纳入船政衙门管理体系。创办初期，左宗棠聘请日意格和德克碑为船政正、副监督，约定五年为期完成一批造船和育才任务，采用高薪聘用外国技术人员，包教包会，并通过合同方式明确中方和外方在建设期间的职、权、利。[3]

1866年12月30日，清政府正式批准日意格与德克碑为正、副监督，负责船政的一切教学与制造等事物。同时还明确规定两人在船政大臣领导下开展工作。日意格、德克碑是以私人与左宗棠的关系直接应聘的，并没有通过正式的外交途径，所雇的外籍技术员工，也是由他两人代为选择的。同治六年（1867），日意格与德克碑所聘请的外籍员工四十五人陆续报道。据不完全的资料记载：当时外籍人员中，有总监工达士博，铁山煤山监工都逢，英文教习嘉乐尔，医官尉达乐，及俄罗斯监工贝锦达等。

此外国技术团队的总监督为日意格，其人1835年生，法国人。英、法发动第二次鸦片战争时，随军来华，任海军上尉军官。咸丰十一年（1861），成为宁波海关首任税务司，曾参与组建中法合作的常捷军与太平军作战，表现突出，得到时任浙江巡抚的左宗棠的赏识。同治五年（1866），受聘为福建船政正监督，参与船政的筹建、教习匠师的聘请，负责制作舰船，训练员工和办学。

沈葆桢在向朝廷汇报中提到日意格"常住工所，每日巳、午、未三刻辄到局中与员绅会商，其勤恳已可概见"。由此可见，日意格工作勤勉负责，事必躬亲。同治十三年（1874），因工作卓有成效，受到清廷奖励。同年，率船政水师随沈葆桢防卫台湾，挫败日本侵略企图。光绪元年（1875），返回法国采办造船器械，并带五名学生赴法游历，担任船政学堂第一、第二届留学生监督，为培养船政留学生竭尽全力。光绪十二年（1886）在法国任上病故。[4]

船政学堂各专业中的所有教学管理活动均由主要负责的洋员指导完成。前学堂的造船专业由禄赛和迈达负责教授物理、化学、数学，舒斐教授轮机的构造、马尔识讲解船身的构造；绘事院由卢维主持，杰达翁协助；艺圃的四个班由不同的洋匠负责。后学堂的驾驶专业由嘉乐尔教授，轮机专业由阿澜负责，德勒塞为练船总教练。[5]

四、船政成功

1873年，洋员、洋匠的五年期合同即将到期，由沈葆桢监督，在日意格的具体主持下，船政各个生产车间里都开始安排进行考核活动。洋员、洋匠们逐一对由他们一手教导出的中国工匠、艺徒实施考核，评定技术优长，从里面选拔出接任车间工头、副工头的人选，"挑出中国工匠、艺徒之精熟技艺、通晓图说者为正匠头，次者为副匠头"。

各车间的监督一职，也开始由选拔出的船政前学堂学生、绘事院画童等担任。经过磨合检验，证明中方人员已经完全能够胜任对各车间实施自行管理、组织生产，一切工作平稳如常。[6]

船政的五年计划，从同治八年正月初一（1869年2月11日）到同治十二年十二月三十除夕（1874年2月16日），洋员、洋匠团队事实上在计划期满前已经和中方合作完成了各项考核目标。船政所造的军舰数量已经达到了十五艘，船政后学堂第一届毕业生已经开始登上船政水师的军舰任职，其中张成、吕翰等佼佼者已经胜任舰长职务，这一切显示着，船政五年计划的考核目标都已经实现。

1873年船政大臣沈葆桢考核、确认了五年计划的各项工作目标确实已经完成，于当年12月7日与闽浙总督李鹤年、福建巡抚王凯泰等一起连衔上奏，就五年计划的结尾工作向清廷汇报请示。

按照五年计划相关条款规定，如到期时洋员、洋匠团队完成了预定的目标，将获得总计十万两银的重奖，另外每人还将额外获得两个月的工资作为奖励，中方并将支付每人回国路费。沈葆桢经测算，为发放这些奖励共需准备十五万两银资金，遂请求清廷预作筹备。另鉴于大多数洋员、洋匠表现出色，除计划规定的金钱奖励外，沈葆桢还申请清廷赐予宝星等荣誉，以彰显这些西方人为中国船政事业所做的出色贡献。

洋员正监督日意格领导外国技术团队表现突出，沈葆桢建议赐予其一等男爵爵位，并颁发一等宝星勋章。[7]对于五年计划告成时在船政工作的其他五十一名洋员、洋匠，沈葆桢开列名单，分别按其职务、贡献的高低大小，建议清廷向这些为船政建设付出辛勤劳动的欧洲人颁发不同等级的官衔、军功、宝星勋章、功牌奖章。[8]

沈葆桢上奏后，清廷批复给出具体措施和意见，关于对洋员、洋匠的金钱奖励，总理衙门经与户部商议，建议清廷从闽海关的茶叶起运、运销两项税收中以及福建省为军饷而征收的茶叶捐中提取十五万两银，按期从速发放奖金，"无得稍有迁延，俾得约信而免坐食糜费"[9]。对于给洋员、洋匠的额外荣誉奖励，总理衙门大都赞同，唯独将对日意格的额外奖励改成授一品衔，准穿黄马褂以及颁发一等宝星。奖赏日意格的黄马褂为黄缎面貂皮褂，当时造价一百三十七两银，是给洋员、洋匠的荣誉奖励里最为昂贵的。[10]中海博所藏的"船政成功"御赐金、银牌即为此事件的见证，应为船政嘉奖所用。

由于船政聘用外籍员工的合同年限只有五年，对当时尚无近代化造船、海军基础的中国而言，这段短促的时间里主要目标是培训出具有基础的造船、航海、轮机知识的中方人员，还无法企及更高深的层面，诸如培育具有独立舰船设计能力的中国工程师，培育具有战役指挥能力的中国海军军官等。以五年计划的条文本身看，当时中方对船政教育的期望值也设定得较低，只是要求培育中方人员达到能够自行按照图纸安排舰船建造以及能够驾驭蒸汽舰船在近海航行即可。虽然雇佣的外方教育人员层次不高，单就中方设定的任务而言，他们所培养的人员已经能够基本胜任各自的工作。

对于五年计划的未竟之处，因受限于软硬件条件，尚无法教授学员们更精深的知识。日意格提出了解决办法，即建议中方向欧洲派遣留学生，以完成五年计划时代船政教育无法实现的内容，而这实际就是对五年计划中的缺憾之处进行的弥补。[11]

五、船政后期聘用洋员

五年计划之后，船政也聘用过洋员。光绪二十二年（1896），清政府通过外交途径，与法国兵船官卜玳商订延聘法国员工来华助理福建船政。订约后，法海军部选派该国海军制造学校帮教习二等监工杜业尔来华，充福建船政监督，随带矿师达韦、监工华尔第、绘图员李嘉乐、书记伯尔等，于光绪二十三年（1897）二月抵闽。后复由他续雇法籍匠首十人，到工助理。

这次所聘用的外籍人员，都是由法国官方派过来的。因为他们有所凭恃，中方船政管理人员不好驾驭，产生许多麻烦。而杜业尔所带来的技术人员，多滥竽充数，去留之权属于正监督，中方不得过问。他们对于工程不能起到指导作用，反使厂章纷乱。光绪二十九年

（1903），魏瀚会办船政，以杜业尔专权霸道，非撤去不可，几经交涉才将其解聘。到了光绪三十三年（1907）合同期满，法籍员工全体遣散。经时任船政大臣松寿奏请，洋员、洋匠获得不同等级的双龙宝星勋章。

杜业尔主持船政工程六年，只制造了"建安""建威"两艘快艇，轮机还是由法国购来的。柏奥铿继之主持船政工程四年，也只制造了一艘"宁绍"轮船。他们的成绩极为有限，而所开销我国的经费数字却相当可观。

1884年马江海战之后，船政水师留闽主力舰队被摧毁，加之大量经年累月培育出的近代化海军人才的殉难，船政水师从此事实上消亡，船政沦为一个只有生产和教育职能的辅助机构，其在海防战略中的重要性与地位变得更为低下，直到1907年，福州船政被迫停办。船政雇佣的外国技术团队在1907年也不复存在，这支技术团队人数规模和工作成就远不如日意格、德克碑领导的五年计划时代的外国技术团队。[12]

六、洋员的合同管理

"船政成功"御赐金、银牌具有重要的历史价值，其见证了船政的兴衰发展，同时也反映了清政府对洋员的管理政策，是船政"重金"聘请外部技术团队的有力物证，见证了晚清洋员奖励措施。

洋员的引进，为中国带来了近代科学技术知识和先进的管理经验，在逐步的摸索当中，清政府也面临着急需要解决的问题，即如何有效地管理这些引进的洋员，为我所用。左宗棠从与常捷军的交往中领悟到，与受聘洋员订立协议的重要性，当福州船政聘请洋员之时，他指出："与洋人共事，必立合同。船政延洋匠至三十余名之多，其赏罚、进退、辛工、路费，非明订规约，无以示信。"[13]

利用合同对洋员进行有效管理，既发挥洋员在推进船政事业中的作用，同时又做到了"权自我操"。合同约定的内容主要有几个方面。一是关于受聘洋员权限及辞退的规定。合同规定,"于五年限内,除局厂正工并本监督等奉派工作差使外,不准私自擅揽工作"并听从监督节制,如果"该正副监工及各工匠等不受节制,或不守规矩,或教习办事不力,或工作取巧草率,或打骂中国官匠,或滋事不法,本监督等随即撤令回国,所立合同作为废纸,不给两月辛工,不发路费"。[14]二是关于奖励、续聘的规定。如福州船政局与日意格等洋员的合同规定,"五年限内教导精娴,中国员匠果能自行按图监造轮船、学成船主,并能仿造铁厂家伙,中国大宪另有加奖银六万两。两监督等届时当照约请领,查明该正副监工同各工匠劳绩,分别转给。如五年限满,教导不精,不给奖赏"。[15]除此之外,清政府还允诺额外嘉奖日意格、德克碑两万余两白银。几乎所有合同都规定,如果双方愿意,合同都可以续聘。

对违反合同或工作不力的洋员是否按合同予以辞退,这是一个敏感的问题,常常引起外国驻华公使、领事的干预。对此关键问题,清政府基本上做到了按合同办理。如对于煽动洋人罢工的总监工达士博,船政给予开除处分,沈葆桢指出:"为此不能不请裁夺撤退达总监工回国,以肃厂规,敬候批示遵行。"[16]但不可否认,由于独立自主之权的日渐丧失和半殖民地的地位决定了清政府不能完全、彻底地按合同办事。[17]

七、洋员的"重金聘用"

洋员、洋匠的聘用都是"重金聘请",洋员所获得的薪水不但大大高于中国从事同类工作的人员,也远高于其国内同行。船政学堂洋教习一般每月工资二百两,是其国内工资的四倍。不但如此,外籍人才还享有除薪俸以外的优厚生活待遇,比如:可以享有伙食补助;享有清政府提供的川资,即来回船价和杂费;享有议定的酬金和加班费;享有提供的免费住房;享有齐全的生活用具;领有夫马纸张等一般办公费,每月日意格在福州船政局领取的公费银即一千两;外出考察费用也由清政府解决；享有伤残补助；享有免费医疗。

"重金聘请"是清政府引进洋员的一项重要手段。重金之下，确实吸引了一批真正的外国人才来到中国效力。由于待遇优厚，不但解除了引进洋员的后顾之忧，使其更安心地工作，更为其带来丰厚收益，同时也为当初的中国带来了先进的科学技术知识与管理经验。但是，外籍人才良莠不齐，对于洋员的管理与任用也提出了考验，"重金聘请"政策也使清政府付出了巨额白银作为代价。

八、洋员的奖赏措施

清朝对洋人的奖励主要有四种。一是宝星奖励。同治二年，清政府第一次向因镇压农民起义有功的外国人颁赏宝星。光绪七年（1881），总理衙门奏准颁布了《奖给洋员宝星章程》，规定名称为双龙宝星，共设五等十一级。宝星的授予，要综合考虑洋员所做贡献的大小及其在清政府中所担任的职务、在本国所担任过的职务等因素。船政监督日意格和德克碑均被授予过一等宝星，其他教习邓罗、赖格罗、迈达等荣获二等宝星。二是顶戴嘉奖。此奖励为清政府常用的嘉奖方式，用以区别官员等级的标志。同治元年，华尔因为洋枪队协助剿灭太平军而获得四品顶戴花翎的嘉奖。三是品衔奖励。洋人若要获得职衔奖励，必是办理差务而又成绩突出者。船政正监督日意格被授予一品衔。四是银两实物等奖励。奖励的多少视其功劳而定，实物奖励赏主要有黄马褂、章服、大小荷包、小刀、火镰、绸缎等。

清政府对洋员的奖赏坚持"有功必赏，防止冒滥"的原则，因此在外籍人才中拥有良好的声誉。无论获奖与否，在华洋员都期望得到更多、更高的奖励而加倍努力，实心任事，日意格就曾在给朋友的信中言道："我手下的人将收到允诺的四十四万法郎的奖金，而我自己可得到二十万法郎的奖金，且只要皇上高兴，我还能得到新的封赏……这是一份满不错的交易。"[18]他的这种对奖赏的追求，与船政教导功成不无关系。

  这些物质与精神方面的奖励，确保了聘用洋员工作的顺利开展，吸引了大批外籍人才，调动了这些外国人工作的积极性，进而推动了中国早期现代化建设事业。中海博所藏的"船政成功"御赐金、银牌是宝星产生、发展的一个缩影，并从侧面反映出晚清政府与国际接轨的缓慢历程，以及勋章奖赏制度的变迁。

  福州船政是晚清完善海防建设，铸造近代海军的重要举措和成果。船政学堂是我国海防近代化建设中诞生的第一所海军学校，被称为"中国海军的摇篮"，在中国近代海军教育中具有不可替代的地位。其为我国培养出众多海军人才，其培养出来的毕业生和留学生在海军造船技术、组建海军、指挥战斗以及海军教育等方面发挥了重要作用。福州船政引进西方教学体制、聘用洋员，开创了中国近代海军教育的先河，学习掌握世界先进技术。"船政成功"御赐金、银牌不仅是对洋员工作的肯定与嘉奖，同时也是对这段历史的实物见证，反映了晚清政府对于近代海军海防建设的重视。

---

1. 叶绿：《福州船政学堂的外籍雇员与中国近代军事人才培养》，《贵州教育学院学报（社会科学版）》2006年10月第22卷第5期，第33—38页。
2. 金秋蓉：《船政与近代中国科技》，福建人民出版社，2016年，第28页。
3. 沈岩：《船政志》，商务印书馆，2016年，第153页。
4. 沈岩：《船政志》，第467页。
5. 汪莹：《福建船政学堂洋教习的聘用与管理研究》，福建师范大学硕士论文，2014年。
6. 《船政教导成功，请奖洋员匠并筹犒银、回费折》，《船政文化研究——船政奏议汇编点校辑》，海潮摄影艺术出版社，2006年，第77—78页。
7. 《船政教导成功，请奖洋员匠并筹犒银、回费折》，《船政文化研究——船政奏议汇编点校辑》，海潮摄影艺术出版社，2006年，第77—78页。
8. "中研院"近代史研究所编：《海防档·乙》福州船厂（上），台湾艺文印书馆，1957年，第471—472页。
9. "中研院"近代史研究所编：《海防档（乙）》福州船厂（上），第479页。
10. "中研院"近代史研究所编：《海防档·乙》福州船厂（上），第482—483页。
11. 陈悦：《船政史》，福建人民出版社，2016年，第280页。
12. 陈悦：《船政史》，第556页。
13. 中国史学会编：《洋务运动》（五），上海书店出版社，2000年，第26页。
14. 高时良、黄仁贤：《中国近代教育史资料汇编·洋务教育时期教育》，上海教育出版社，2007年，第328页。
15. 高时良、黄仁贤：《中国近代教育史资料汇编·洋务教育时期教育》，第329页。
16. "中研院"近代史研究所编：《海防档（乙）》福州船厂（二），第208页。
17. 向中银、杜佳鸣：《清政府聘用洋员政策与中国早期现代化》，《求索》2002年第6期。
18. 林庆元：《福建船政局史稿》，福建人民出版社，1986年，第95页。

第四章

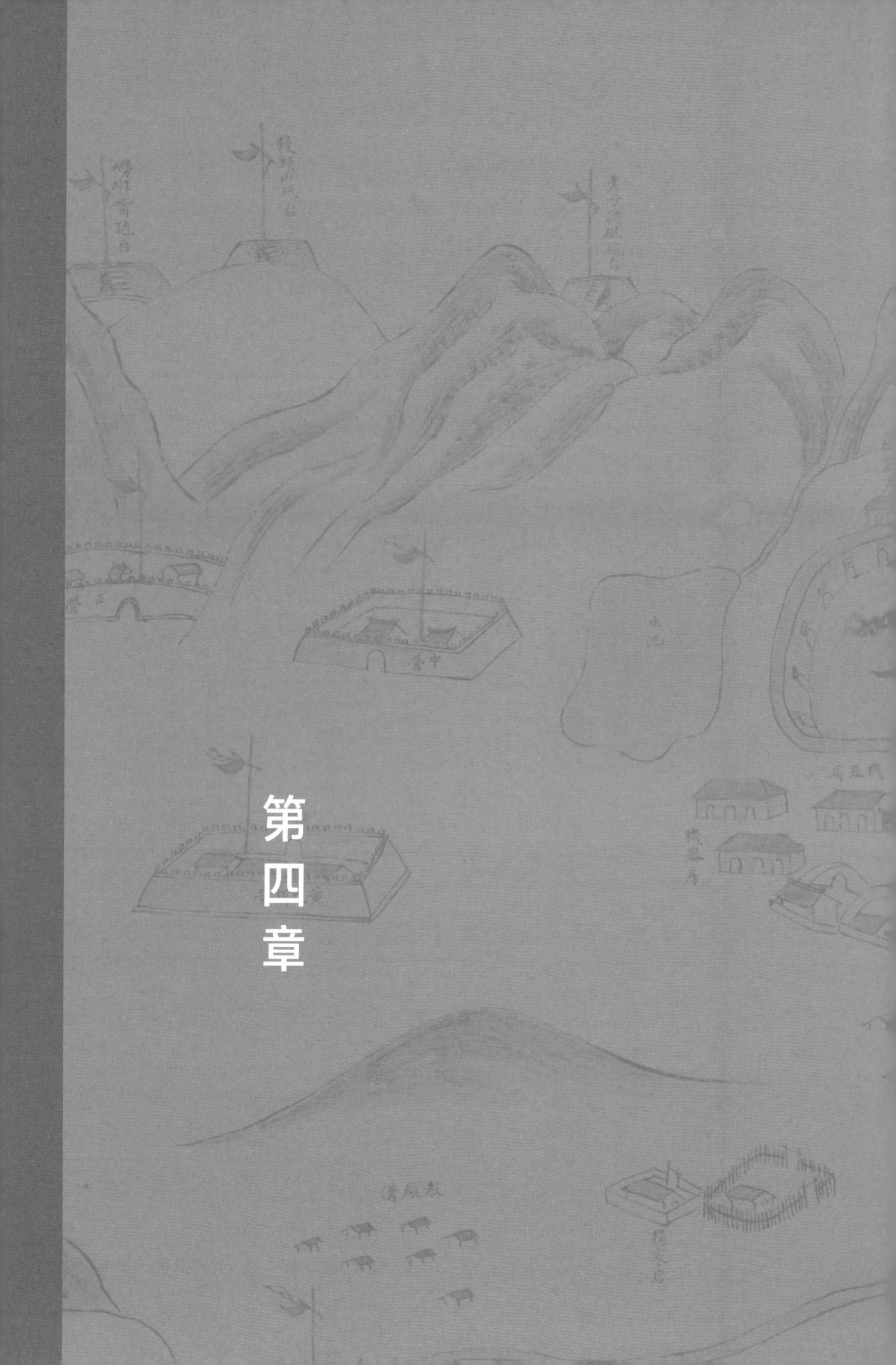

陆地屏藩

自明代有海防以来,以"固海岸"为代表的沿岸防御一直是中国海防体系的重要组成部分。尤其晚清时期,两次鸦片战争及之后的战斗已经证明,旧式海防炮台面对西方的"坚船利炮"已经不敷使用,在沿海地区建设装备新式海岸炮的炮台要塞,已经成为清政府海防建设的当务之急。至19世纪末,清政府在由北至南的漫长海岸线上修建起颇具规模的炮台防御体系。这期间有从国外引进的设备和制度,如瓦司后膛钢炮、《克鹿卜海岸炮管理办法》;也有记录建设过程的史料,如"清镇海沿岸海防图"、清彩绘《旅顺海口炮台营盘地势全图》。鉴往事,知来者,曾经的陆地屏藩,已成陈列藏品,唯有凝结的历史风烟依然悠远。

中国航海博物馆所藏福州船政水师 5.5 英寸 40 磅瓦瓦司后膛钢炮考证

作者：陈一川
伦敦大学学院（UCL）
巴特莱特建筑学院
博士研究生

一、文物概况与约西亚·瓦瓦司及伦敦火炮工场简介

中海博藏有一门1873年英国伦敦生产的瓦瓦司后膛钢炮。（图1）该炮全长256厘米，口径14.1厘米，炮口外径22厘米，线膛，横楔式炮闩，征集于福州马尾，据记载原装备于马尾中岐山炮台。火炮右侧炮耳铭文为"VAVASSEUR LONDON 1873"，左侧炮耳铭文为"No.783"。（图2）

图1
瓦瓦司后膛钢炮
中国航海博物馆藏

图2
瓦瓦司后膛钢炮炮耳铭文
中国航海博物馆藏

除该炮以外，目前国内至少还保存有三门同型号瓦瓦司后膛钢炮，均位于福州马尾。其中位于福州罗星塔下的一门，炮号798（图3）；位于马江海战纪念馆入口处的一门，炮号795（图4）；另有一门曾陈列于马尾船厂内，目前可能在船政博物馆展示，炮号未详。这四门瓦瓦司后膛钢炮都是舰炮，是晚清重要的近代化舰队——福州船政水师的遗物。从炮号来看，船政水师当时有可能装备了超过十门该型火炮。

1884年马江海战船政水师覆灭后，部分舰炮被打捞回收。1899年地理学家朱正元编纂的《福建沿海图说》记载，守护船政局的马限山三炮台原本均装有大口径炮台炮，此后这些大口径火炮均被拆往下游，代之以原为船政水师装备的瓦瓦司等型号的舰炮，"嗣以地势近内，遂将各炮移置下游各台。见存之炮，壮观瞻而已"[1]。中海博收藏的这门瓦瓦司炮大致也在这一时期被置于炮台上使用。另外值得注意的是，该炮炮身前端还有数道明显的凹痕。据船政研究专家陈悦先生此前告知，"文革"时期马尾船厂职工为使这些当年船政水师遗留的近代火炮免遭破坏，曾将这些火炮埋入土中充当系缆桩。[2]这些凹痕很可能就是该炮在充当系缆桩时缆绳摩擦的痕迹。

瓦瓦司后膛钢炮是英国伦敦火炮工场（London Ordnance Works）的产品，该厂由英国火炮专家约西亚·瓦瓦司（Josiah Vavasseur）创立于1867年，其产品全部用于出口。约西亚·瓦瓦司此前曾与同为火炮专家的亚历山大·布勒克里（Alexander Blakely，又译布雷克利）共事，布勒克里公司破产后自行开业。1881年瓦瓦司设计的液压反后坐装置被英国皇家海军采用，这一契机促使英国军火巨头阿姆斯特朗公司并购伦敦火炮工场，瓦瓦司此后成为阿姆斯特朗公司主要的火炮设计师之一，著名的4.7英寸（120毫米）和6英寸（152毫米）阿姆斯特朗速射炮都出自瓦瓦司的设计。晚清时期的中国是伦敦火炮工场制造的火炮的主要买主之一，笔者在此前的两篇论文中曾对中国购买的瓦瓦司炮及瓦瓦司公司通过其在中国的代理商向南洋水师推销火炮的情况进行探究。[3]本文结合此前的研究成果简要

图3
马尾罗星塔下的瓦瓦司后膛钢炮
陈一川 摄

图4
马江海战纪念馆入口处的瓦瓦司后膛钢炮
陈一川 摄

介绍瓦瓦司炮的结构特征和在华使用概况,并围绕中海博所藏的这门瓦瓦司后膛钢炮,进一步研究这门火炮的型号、性能及福州船政水师购买装备瓦瓦司炮的概况,并探讨由福州船政水师的火炮装备折射出的晚清时期国防建设方面的困局。

二、瓦瓦司炮的结构特征和在华使用概况

在晚清洋务运动时期所进口的外国近代线膛炮中,德国的克虏伯炮和英国的阿姆斯特朗炮最为著名,这两家公司也是19世纪后期在全世界最负盛名的火炮生产商。克虏伯炮和阿姆斯特朗炮的区别从外观上一目了然:克虏伯炮是采用全钢结构的后膛炮,使用横楔式炮闩;而早期的阿姆斯特朗炮则多为前膛炮,使用钢制内膛和熟铁外箍结合的结构,后期的阿姆斯特朗炮虽然也改为全钢结构的后膛炮,但均使用隔断螺纹式炮闩。然而相比克虏伯炮和阿姆斯特朗炮,瓦瓦司炮在西方并不出名,除了少数曾被法国采购外主要销往南美洲和晚清时期的中国,因而保存在西方的史料和所受的关注都较少。不过,通过国内保存的这些瓦瓦司炮实物和其他相关史料,不难发现瓦瓦司炮与同时代其他火炮造型和结构上的异同。

与阿姆斯特朗公司直到19世纪80年代初才开始生产全钢后膛炮不同,瓦瓦司的伦敦火炮工场从创立之初便继承了全钢火炮先驱亚历山大·布勒克里开创的技术,开始生产多层结构的全钢火炮,与德国的克虏伯公司开始生产多层钢炮几乎同时(克虏伯在1867年之前只生产单层结构的钢炮)。但不同于只生产后膛炮的克虏伯公司,瓦瓦司公司既生产前膛炮也生产后膛炮,航海博物馆收藏的这门瓦瓦司炮就是一门后膛炮。

观察这门瓦瓦司后膛钢炮,不难发现它的整体结构与同时代的克虏伯炮比较接近,都使用比较长的钢套(steel jacket)加固炮身,形成比较坚固的套管结构以承受火炮发射时的膛压。此外,这门炮也使用与克虏伯炮类似的横楔式炮闩。然而仔细观察不难发现一个明显

的差异：克虏伯炮的炮尾（安装炮闩的位置）与内层炮身是一体的，而瓦瓦司炮的炮闩则是加固内层炮身的钢套的延伸。因而瓦瓦司炮的内层炮身比克虏伯炮更加纤细，整体造型前细后粗。晚清时期瓦瓦司在华代理商载生洋行的职员斯米德曾在《格致汇编》杂志发表文章，认为克虏伯炮"于炮耳前后束以钢箍，内仍整钢；其所以无把握者，实因炼成整钢一块，终难免于疵类也"[4]。虽然斯米德批评克虏伯炮"终难免于疵类"未必客观，但却很好地指出了克虏伯炮与瓦瓦司炮的差异。

晚清各地督抚曾在19世纪70年代大量购买瓦瓦司炮，仅目前存世的实物就达十门之多（笔者此前在《瓦瓦司钢炮考》一文中的统计为七门，当时尚未获知中海博、马尾船厂/船政博物馆收藏的两门瓦瓦司后膛炮和可能收藏在天津博物馆的一门瓦瓦司前膛炮）。从炮台来看，天津地区各炮台装备的80磅（6英寸，约152厘米）瓦瓦司前膛炮有三门实物存世，宁波镇海炮台曾装备的80磅瓦瓦司后膛炮则留下了一门实物和一幅绘画，长江沿岸的江阴炮台发现过7英寸（约17.78厘米）瓦瓦司前膛炮炮弹，而广东虎门炮台装备的10英寸（约254厘米）瓦瓦司炮也留下了照片。从军舰来看，除了本文将要介绍的福州船政水师以外，南洋水师也曾大量装备瓦瓦司炮，并有"登瀛州""操江"等一度装备克虏伯炮的军舰换装瓦瓦司炮的案例。[5]

三、对中国航海博物馆所藏瓦瓦司后膛钢炮型号和性能的考证

目前保存在英国伦敦萨维克地方历史档案馆（Southwark Local History Library & Archives）的伦敦火炮工场产品相册是瓦瓦司的伦敦火炮工场保留至今几乎唯一的原始档案资料。幸运的是，这本产品相册中保存了一张与中海博所藏瓦瓦司炮造型几乎完全相同的火炮的照片。（图5）该炮左侧炮耳上刻有炮号"No.754"，另在炮架上钉有铭牌，铭文为"J. VAVASSEUR & Co. LONDON

图5
伦敦火炮工场产品相册中的火炮照片
其造型与中国航海博物馆及福州马尾保存的火炮基本相同
图片来源：Southwark Local History Library & Archives

ORDNANCE WORKS, SOUTHWARK, LONDON, 1871"（J·瓦瓦司公司，伦敦火炮工场，伦敦萨维克，1871年）。这张照片说明中海博及福州马尾保存的这些制造于1873年的瓦瓦司炮并非最新设计，而是早在1871年就已开始制造。

但蹊跷的是，这本产品相册的目录中将这种火炮的型号标注为"40 Pdr B.L Gun on Rear Check Carriage"（40磅后膛炮，装后部驻退炮架）。19世纪后期发射圆柱体炮弹的线膛炮出现后，火炮型号中的磅数逐渐失去了表征炮弹重量的实际意义，演化为表示火炮口径的另一种说法。在这一转型阶段里，火炮"磅数"和口径的对应关系比较混乱，但仍有大致的一一对应法则，至少在同一家公司生产的火炮里不致出现混乱。按照惯例，40磅（18.14千克）对应的是4.7英寸/约120厘米的火炮口径，然而根据中海博和福州马江海战纪念馆提供的官方实测数据，该炮口径并非4.7英寸，而是5.5英寸左右（约140厘米）。更加蹊跷的是，相册中另一款明确记载了口径的5.5英寸后膛炮，在目录中则被标注为"60磅后膛炮"。为何同一家公司生产的同口径火炮，会有40磅和60磅两种不同的磅数？

笔者在此前的研究中对这一问题没有合理的解释，只得认为伦敦火炮工场产品相册的编排出现了失误，误将曾售予中国的这款5.5英寸炮标注为40磅炮。[6]但2021年美国火炮历史专家肯特·克劳福德（Kent Crawford）先生向笔者提供了一张瓦瓦司炮表，其中明确记载有一种5.5英寸40磅后膛炮。该炮口径5.5英寸（140毫米），炮膛长75.5英寸（1912毫米）（13.7倍口径），炮身全重32英担（英担即hundredweight，简写为cwt，32英担是1.63吨），发射药重5磅，弹重40磅。（图6）

进一步查找资料发现，肯特·克劳福德先生提供的炮表并非提及瓦瓦司5.5英寸40磅后膛炮的唯一史料。1879年美国出版的《陆海军百科全书》(A Military and Naval Encyclopaedia)第820页上刊登的瓦瓦司炮列表中，也将“重32英担的40磅（5.5英寸）炮”与“重48英担的60磅（5.5英寸）炮”“重30英担的40磅（4.75英寸）炮”并

TABLE IV.—ORDNANCE CONSTRUCTED BY MESSRS. J. VAVASSEUR AND CO., LONDON.

Reference Number.	NATURES OF GUNS.	Material.	Breech or Muzzle-Loading.	Calibre.	Length of Bore.	Total Weight.	Charge.	Nature of Projectile.	Weight of Projectile.	Muzzle Velocity.	Total Energy in Foot Tons.	Energy per Inch of Circumference of Projectile in Foot Tons.	Energy per lb. of Powder in Charge, Foot Tons.	REMARKS.
				in.	in.				lb.	ft.				
1	12-inch ...	Steel	Muzzle	12	187	27 tons	120 lb.	Armour piercing	600	...	...	...	...	All these natures are rifled with 3 ribs projecting inwards; each rib being bounded by two faces radiating to the centre of the bore, and by one inner face concentric with the bore; the corners are rounded off with curves of very small radius. The width of rib is in direct proportion with the calibre; in the 12 in. gun it is 1.5 in., while the depth varies from 0.3 in. in the 12-in. gun to 0.15 in. in the 2.5 in. gun. The projectiles for these guns are grooved, thus giving them a fair bearing on the ribs for the cylindrical part of the projectile.
2	9-inch ...	,,	,,	9	144	10 ,,	50 ,,	,,	250	...	...	...	...	
3	7-inch ...	,,	,,	7	126	5 tons 1 cwt.	{30 ,, 22 ,, 14 ,,}	,,	115	{1561 1412 1218}	1943 1589 1183	80.5 73.1 54.4	64.8 72.2 84.5	
4	100-pounder ..	,,	,,	6.3	111	80 cwt.	{20 ,, 18 ,, 12 ,,}	,,	100	{1440 1400 1223}	1437 1359 1024	73.6 69.0 52.4	71.9 75.5 85.3	
5	80-pounder ..	,,	,,	6.0	108	64 ,,	16 ,,	,,	80	...	...	...	...	
6	60-pounder ..	,,	,,	5.5	101	48 ,,	12 ,,	,,	60	...	...	...	...	
7	40-pounder ..	,,	,,	4.75	96	30 ,,	8 ,,	Solid shot or common shell	40	...	...	...	...	
8	20-pounder ...	,,	,,	3.75	67	12 ,,	3 ,,	,,	20	...	...	...	...	
9	9-pounder ..	,,	,,	3.0	75	6 ,,	{2.0 ,, 2.5 ,, 2.3 ,,}	,,	... 8.9 8.9	... 1601 1565	...	...	...	
10	6-pounder ..	,,	,,	2.5	48.5	3 ,,	1 ,,	,,	6	...	...	...	...	
11	7-pounder mountain	,,	,,	3.0	24	150 lb.	8 oz.	Common shell	7	...	...	...	...	
12	130-pounder ...	,,	Breechloading	7	126	5 tons 5 cwt.	26 lb.	Armour piercing with copper bands	130	...	...	...	...	These guns are all rifled with shallow grooves about 0.5 in. wide, and spaced so that the land is half the width of the groove. The projectiles for these guns are provided with solid drawn copper rings fixed on them, by forcing them through dies which press the rings into grooves turned in the body of the projectile, the projection being sufficient to allow the ring to take the rifling when the gun is fired.
13	100-pounder ...	,,	,,	6.3	111	80 cwt	20 ,,	,,	100	...	...	...	...	
14	80-pounder ..	,,	,,	6.0	108	64 ,,	16 ,,	,,	80	...	...	...	...	
15	60-pounder ...	,,	,,	5.5	101	48 ,,	{15.5 ,, 12.0 ,,}	,,	60	{1538 1447}	984 830	57 48	63.5 69.3	
16	40-pounder ...	,,	,,	4.75	96	30 ,,	8 ,,	Solid shot or common shell with copper bands	40	...	...	...	...	
17	40-pounder ..	,,	,,	5.5	75.5	32 ,,	5 ,,	,,	40	...	...	...	...	
18	20-pounder ...	,,	,,	3.75	93	16 ,,	5 ,,	,,	20	...	...	...	...	
19	20-pounder ...	,,	,,	3.75	67	12 ,,	3 ,,	,,	20	...	...	...	...	
20	12-pounder ...	,,	,,	3.0	75	9 ,,	2.0 ,,	,,	11	1700	...	...	...	
21	9-pounder ...	,,	,,	2.75	52.5	5.5 ,,	1.5 ,,	,,	9	...	...	...	...	
22	6-pounder ...	,,	,,	2.5	48	3.5 ,,	1.0 ,,	,,	6	...	...	...	...	
23	4-pounder mountain	,,	,,	2.2	24	150 lb.	8 oz.	,,	4	...	...	...	...	

图6
瓦瓦司炮表
红线标出的17号即为5.5英寸40磅后膛炮
图片来源：Kent Crawford提供

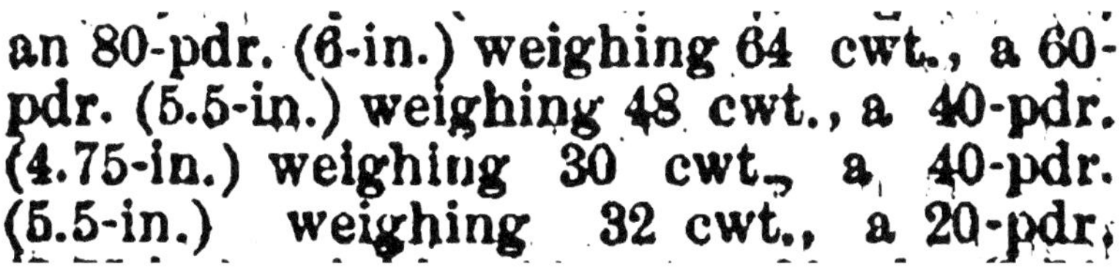

> an 80-pdr. (6-in.) weighing 64 cwt., a 60-pdr. (5.5-in.) weighing 48 cwt., a 40-pdr. (4.75-in.) weighing 30 cwt., a 40-pdr. (5.5-in.) weighing 32 cwt., a 20-pdr.

图7
1879年美国出版的《陆海军百科全书》中记载的瓦瓦司公司生产的"重32英担的40磅（5.5英寸）炮"
图片来源：*A Military and Naval Encyclopaedia*（详见注7）

列，与炮表所列数字相符。[7]（图7）这些史料证实瓦瓦司公司的确有弹重40磅的5.5英寸炮，结合伦敦火炮工场产品相册中的照片和记录，这种火炮基本可以确定就是中海博和福州马尾保存的5.5英寸瓦瓦司后膛炮。这一情况说明在19世纪后半叶依然存在火炮型号中的磅数与弹重严格对应而与火炮口径不对应的情况，因而在研究近代火炮时必须对火炮型号与其口径和弹重的关系加以谨慎地判断。

这款5.5英寸（140毫米）40磅瓦瓦司炮，与同口径的5.5英寸60磅瓦瓦司炮的尺寸和性能究竟有何区别？笔者此前在《克虏伯与瓦瓦司：晚清南洋水师早期舰船武器装备初探》一文中已对瓦瓦司公司试图向南洋水师推销的5.5英寸60磅后膛炮的尺寸和性能数据进行了详细介绍。[8]经过比对，该炮数据与肯特·克劳福德先生提供的炮表中记载的5.5英寸60磅后膛炮完全相符。相比之下，两种口径相同的瓦瓦司炮的性能差异的确十分明显：5.5英寸40磅炮炮身重量仅为同口径60磅炮的三分之二，炮膛（此处应指炮管有膛线部分，不包含药膛）长度也远短于60磅炮的101英寸（2565毫米亦有资料记载为101又1/4英寸即2572毫米）。实际上，5.5英寸40磅炮炮身全长恰好是101英寸左右。5.5英寸40磅炮发射药仅重5磅，只是同口径60磅炮最大装药重量15磅（6.8千克亦有资料记载为15.5磅即7.03千克）的三分之一左右，甚至还不如4.75英寸40磅炮的8磅。炮身长度和发射药重量直接影响火炮的初速和炮弹的动能，而炮弹的动能又在很大程度上决定了炮弹的穿甲能力。很显然，瓦瓦司公司向南洋水师推销的5.5英寸60磅后膛炮是具有一定穿甲能力的火炮，而福州船政水师使用的5.5英寸40磅后膛炮却难以对付敌方的主力军舰或铁甲舰，其主要功能应当是使用能爆炸的榴弹和榴霰弹攻击无防护船只，有利于捕盗而不利于与敌方军舰交战。

然而下文将要指出，福州船政水师装备瓦瓦司炮并非是为了捕盗，而是为了应对1874年日本侵台。此时的日本海军已经有了"甲铁"（又名"东"）、"龙骧"两艘铁甲舰，而5.5英寸40磅瓦瓦司后膛炮面对铁甲舰几乎毫无用处，因而船政水师仍然购买这样的火炮可以说是极不明智的。这一不明智的选择，也折射出了洋务运动初期清朝官员武器知识的匮乏。

四、福州船政水师购买装备瓦瓦司炮的来龙去脉

福州马尾罗星塔和马江海战纪念馆展示多门瓦瓦司后膛炮，时常给参观者留下福州船政水师大量使用瓦瓦司炮的印象。这一印象不能说不准确，上海的英文报纸《北华捷报》1875年12月16日刊登的评论员文章《中国海军》（The Chinese Navy）就称："我们相信，福州军舰几乎无一例外都装备了瓦瓦司炮。"[9]然而《海防档》《船政奏议汇编》等关于船政的档案史料却极少提及瓦瓦司炮的相关情况。此外，包括中海博收藏的这门炮在内，来自福州地区的现有瓦瓦司炮实物均制造于1873年或更晚，而1873年时福州船政局已经有十余艘船建成服役，它们从一开始装备的就是瓦瓦司炮吗？瓦瓦司炮究竟是从何时开始在福州大量出现的？

《北华捷报》1874年8月29日的一篇短讯为此提供了重要信息，其内容不长，全文翻译如下：

福州制造的炮舰"靖远"（Ching-yun）于周二抵沪。该船吨位300吨，100马力，装七门线膛炮，有一百名训练有素的乘员。次日该船停靠轮船招商局（China Navigation Company）码头，装运七门瓦瓦司线膛炮和两千发实心弹与爆炸弹前往福州。[10]

1874年8月福州船政"靖远"轮船赴沪运炮一事在上海中文报纸

《申报》中也有报道，虽然未提及火炮型号，但补充了更多相关信息。如《申报》8月28日的报道就详细描述了火炮的特征："新购后开门大刚（钢）炮，俱内有螺纹之好炮也，置之船中殊为利器，故华人之环观者甚众。"[11]而8月31日的报道则称"靖远"未能成功将七门炮全部载回福州，"此船本意欲载大炮七门，而吃水已深，不克全纳"，只装下了四门炮。[12]

"靖远"是福州船政建造的九号轮船，80匹马力，于同治十二年（1873）农历二月二十八日竣工完成海试。[13]1874年，闽台地区因为日本侵台而防务吃紧，福建当局四处搜购兵器、建造炮台。1874年至1875年间福建当局订购的大型近代兵器有据可查的就有后来安装在厦门白石头、屿仔尾的两门布勒克里或瓦瓦司11英寸（279毫米）15吨前膛炮，以及两艘安装10英寸（254毫米）18吨瓦瓦司前膛炮的蚊子船"福胜"与"建胜"。

当时清朝向外商订购的军火大多在上海交货，福建当局需要自备船只将这些军火运回福州。为了运输军火，除了船政自身留用的一艘"永保"货船外，船政大臣沈葆桢还征用了原本应当拨给招商局的"琛航"货船。[14]而此次在上海装运瓦瓦司炮的竟然并非"琛航""永保"这样的货船，而是作为"兵船"建造的"靖远"，足见当时闽台地区防务压力之大。"靖远"货舱狭小，但仍装下了四门瓦瓦司钢炮，说明火炮体积和重量不大；且《申报》称这些火炮是"船中"使用的后膛炮，说明它们都是中口径的后膛瓦瓦司舰炮而非大口径炮台炮。由此可见，船政舰队的瓦瓦司炮至少有一部分是1874年日本侵台事件后购买，这也与航海博物馆及福州地区保存的瓦瓦司炮的制造年代相符。

而购买瓦瓦司炮之前，福州船政舰队的武备情况究竟如何？同治十二年（1873）农历二月十五日，船政大臣沈葆桢的一篇奏折可以提供一些线索。该奏折记录了当时福州船政三种主要型号的轮船的乘员及每月经费数目。不难发现，每种轮船上与火炮相关的人员都异常之少，150马力轮船只有正管炮、副管炮各一人，炮勇十人；而"靖远"这样的80马力轮船的炮勇更是只有六人。当时的舰炮均是人力操作，这么少的炮勇至多能勉强操作一门火炮。而炮勇这么少的原因，奏折称是船政"经费孔艰"，需要"极力撙节"。[15]

然而1874年日本侵台事件发生后，福建当局的态度发生了一百八十度转弯。同治十三年（1874）农历六月初八日，福州将军文煜的奏折称船政各船炮勇过少，"当时为图节经费起见，防务吃紧，实属不敷调遣"，直接将150马力军舰炮勇增加四十人，80马力军舰炮勇增加三十人。[16]这背后也暗示着各船火炮的增加，《北华捷报》对"靖远"船的报道称该船装七门炮，显然就是加装火炮后的配置。另一个证据是，根据同治十二年沈葆桢奏折，船政舰队80马力轮船额定乘员六十七人，增加三十名炮勇后为九十七人，恰与报道中"靖远"有一百名船员基本符合。这些增加的火炮，几乎可以肯定大多都是当时刚刚运抵的瓦瓦司炮。但这些瓦瓦司炮究竟是福州船政局自己订购的，还是像两艘蚊子船和厦门的两门11英寸（279毫米）大炮一样是由福州善后局订购的？其具体数量如何，有几种型号？这些问题的研究都有待于对档案史料的进一步挖掘。

五、结语

中海博的这门5.5英寸40磅瓦瓦司后膛炮，是晚清一支重要的近代化舰队——福州船政舰队的遗物。福州船政局在沈葆桢等人的不懈努力下成为一座能长期运转的近代化造船厂，但船政局制造的船只，除了"扬武"以外，都很难称得上是真正的军舰，甚至长期每船只装有一门火炮。直到1874年日本侵台事件之后，福建当局才大量购买瓦瓦司舰炮武装船政水师，但购买的部分火炮却只适用于攻击无防护船只，而难以与敌方主力军舰交锋。这门保留至今的火炮，折射出了晚清洋务运动起步阶段的尴尬状况：既不具备兵器方面的专业知识，也缺乏对近代军事工业长期投入的财政能力和制度基础。

清政府建立福州船政本为"师夷长技以制夷"，但最后打造出的却是一支用于捕盗尚可,却难以与列强相提并论的舰队。从船只和火炮的性能上看,船政舰队十年后在1884年马江海战中全军覆没,几乎是必然的结局。

---

1. 朱正元:《福建沿海图说》,成文出版社有限公司,1974年,第13页。
2. 陈悦:私人通信,2018年。笔者在《瓦瓦司钢炮考》,《国家航海 第二十二辑》,上海古籍出版社,2019年,第50页亦曾提及此事。
3. 陈一川:《瓦瓦司钢炮考》,《国家航海 第二十二辑》,上海古籍出版社,2019年,第35—56页;陈一川:《克虏伯与瓦瓦司:晚清南洋水师早期舰船武器装备初探》,《广域万象:人类航海的维度与面向》,上海古籍出版社,2020年,第6—19页。
4. 斯米德:《炮纪略》,《格致汇编》,1877年第2卷(夏),第12页。
5. 陈一川:《克虏伯与瓦瓦司:晚清南洋水师早期舰船武器装备初探》,《广域万象:人类航海的维度与面向》,第14—16页。
6. 陈一川:《瓦瓦司钢炮考》,《国家航海 第二十二辑》,第52页。
7. Thomas Wilhelm, *A Military and Naval Encyclopaedia*. Headquarters, Eighth Infantry, U.S. Army, 1879, p.820.
8. 陈一川:《克虏伯与瓦瓦司:晚清南洋水师早期舰船武器装备初探》,《广域万象:人类航海的维度与面向》,第14页。
9. 'The Chinese navy', *The North-China Herald and Supreme Court & Consular Gazetteer*, Dec.16, 1875, p.601.
10. 'Summary of news', *The North-China Herald and Supreme Court & Consular Gazetteer,* Aug.28, 1874, p.210.
11. 《师船购置螺纹炮》,《申报》1874年8月28日第2版。
12. 《水师精良》,《申报》1874年8月31日第2版。
13. "中研院"近代史研究所编:《海防档·乙》福州船厂(上),台湾艺文印书馆,1957年,第460—461页。
14. "中研院"近代史研究所编:《海防档·乙》福州船厂(上),第522页。
15. "中研院"近代史研究所编:《海防档·乙》福州船厂(上),第423—428页。
16. 文煜:《各轮船添设炮勇片》,《近代中国史料丛刊续编172 船政奏疏汇编》,文海出版社,1979年,第433页。

馆藏清代镇海沿岸海防图说

作者：沈捷
中国航海博物馆
陈列展示部
副主任　副研究馆员

作为传统的大陆型国家，自秦汉大一统以来，中国的海防通常以"御海洋""固海岸""严城守"的方略进行沿岸防御。有元一代以后，特别是到了明清时期，为了抵御来自海上的强敌，"海禁"政策被作为一种海上防御策略被中央政府强制执行，其所带来的不仅是沿海人民的一片涂炭，还引发了更为严重的经济文化乃至科技水平的断层和脱钩。近代中国的海权沦丧，尤其是民间所谓"有海无防"的说法便肇始于斯。

清朝末年，特别是鸦片战争以后，面对列强的海上威胁，以李鸿章为首的洋务派为了改变沿海防务进行了史称"洋务运动"的革新运动。除设立北洋海军、兴建军工产业以外，大规模修建海岸炮台也是其中具有代表意义的改革措施。中海博所收藏的一组浙江省镇海沿岸海防炮台图为我们了解清末这一时期浙江宁波地区的沿海海防历史提供了珍贵的文献史料。

一、馆藏"清镇海沿岸海防图"概述

中海博所藏"清镇海沿岸海防图"一组由三件藏品组成，其分别是以全局视角概览镇海地区岸防力量的《清镇海各炮台图》以及从微观角度出发描绘具体炮台形制的《清定远炮台图》《清靖远炮台图》两件藏品。

1.《清镇海各炮台图》（图1）

镇海地区今为浙江省宁波市所辖，其北紧靠杭州湾，与上海隔

第四章　陆地屏藩

图1
《清镇海各炮台图》
中国航海博物馆藏

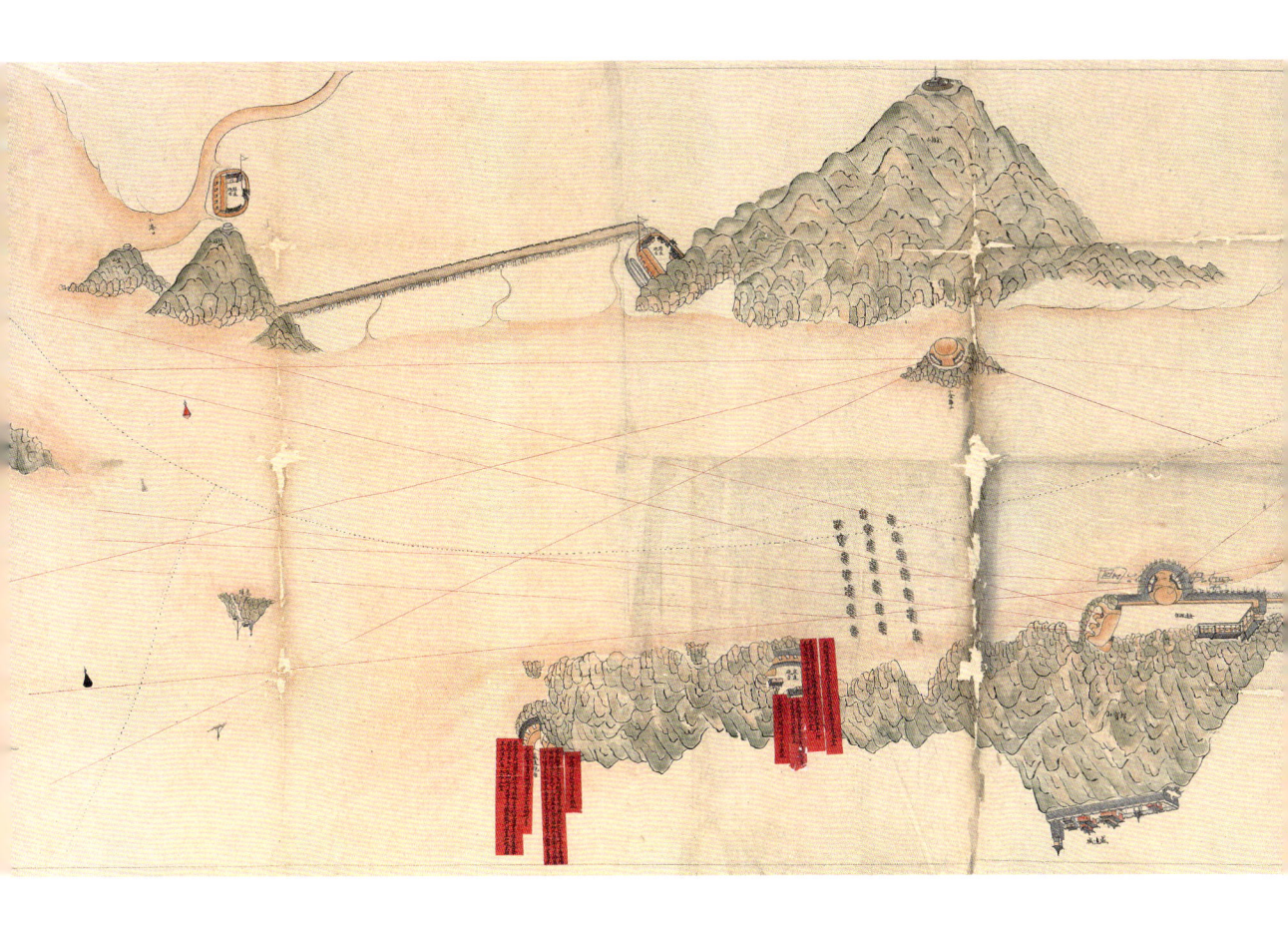

海相望；其南是宁波、绍兴等鱼米之乡；其东则连接大海、遥遥可见舟山。濒海连江的特殊地理条件，使得该地区自古以来便是商港要津和海防重镇，素有"海天雄镇"和"两浙咽喉"之称。

中海博藏《清镇海各炮台图》长121厘米、宽77厘米，从该图所绘内容来解读"镇海"这一甬江门户，可见招宝山、金鸡山两座镇海"门神"紧守入海通道，小金鸡山、虎蹲、游山等环伺其间，与两山形成互相呼应的攻守之势，时人谓之为"蛟门"，其险要可见一斑。

由画面的上半部分来看，其主体为金鸡山，其山顶立有一座营房类建筑，山脚靖远炮台处有一与城墙状通道与馒头山、笠山、镇远炮台等相互连接。除标识了具体名称的镇远炮台以外，馒头山、笠山山顶处均绘有一炮台形制的建筑据传为明朝抗倭所筑小炮台[1]，从而于甬江口南侧形成了一个立体的防御体系。画面下半部分的主体则

219

焚火臺

丁峴峰

白雲臺門樓

为招宝山，其防御体系由山顶的威远城以及由右至左排列的安远、定远、威远等数座炮台构成。画面左侧，则有与"东蛟门"并称天险的"西虎蹲"以及游山等与招宝山各炮台遥相呼应。

图中最为特殊的应是以招宝山安远炮台各炮口、未标识名称的小金鸡山炮台各炮口为原点所延展而出的多条直线以及数条横贯整个画面的虚线，其分别代表的应是炮台可能的火线覆盖范围以及在该区域正常航行的路线。显而易见的是，此类构图形式与中国的绘图传统有一定差异，其代表的应是清末时期的中西科技、文化的互相融合以及洋务运动"西学为体、中学为用"的理念对当代中国人海防思想的影响。

该幅图中最具有史料价值的应是定远、威远两炮台处各自贴附的四件小红纸片，定远炮台处的描述文字分别为"此炮拟用旋转铁路炮台，前后均开炮门，上筑一二丈厚三合土""此台周围八十二□内建城楼一座、营房十间、火药库一所，其滨海一面下砌条石，上筑五尺厚、六尺高三合土""此处拟安置二十一生的钢炮一尊，前后开门如安远台式""此处炮门门框均用八寸厚铁板"。

威远炮台处描述文字分别是"此处炮门门框均用四寸厚铁板""此处拟置二十一生的钢炮一尊，现已将尖锐之石凿平一丈，并筑坝淘脚挖深一丈五尺，下见海底。用条石培砌，外护乱石木桥，筑台作偃月式，长十四丈、高三丈、宽七丈，用双重洋木围墙，上盖洋木""此处拟置二十四生的钢炮两尊、二十一生的钢炮一尊""此处已置阿姆斯特丹前膛八十磅钢炮三尊，炮洞三间。前半系石岩凿开，后半用条石甃砌，炮门用四寸厚铁板，铁门框里加镶木框，上盖洋木，筑一丈厚三合土"等。

从文字信息描述来看，其所记录的无疑应当是两大炮台修建或重建时有关人员的筹谋过程。

2.《清定远炮台图》（图2）

《清定远炮台图》长93.6厘米、宽75厘米，其画心尺寸为长81.5厘米、宽63.5厘米，主要绘制了建成于光绪十年即公元1884年的定远炮台详景。根据历史资料记载，定远炮台为宁波府海防同知杜冠英督建，炮台坐西南、向东北，是一座由三合土夯筑而成的暗炮台。

以前文《清镇海各炮台图》为参照，定远炮台建造于招宝山南麓山腰，地处威远炮台、安远炮台之间，其两面环山、两面抱水，地势险峻，炮台外围临海处设置了城墙、护墙堤进行双重保护。城墙内部分别设有炮房两座，营房、水房、文印房各一座，两间炮房之间竖立有大清黄龙旗，昭示着炮台的归属。在上述建筑中，最为重要的无疑是主要防御设备"炮房"了。从图中可见两间炮房各有炮门三个，分别面向正东、东南方向，并筑有三合土对炮房顶部进行保护。炮台西南一角设有登陆岸台处，并建有城楼一座供人员出入用。

图2
《清定远炮台图》
中国航海博物馆藏

与《清镇海各炮台图》类似，该图图上亦有明显的近代西方绘图的痕迹，其画面右上角绘有一较为明显的罗盘状南北指向标识，在传统中国绘图中似少见该类体例。而其图底色上以红线绘制的方格则似与我国传统绘图中计里画方的方式较为类似，可见也是绘图方式上的另一种中西合璧了。

3.《清靖远炮台图》（图3）

该图长65.5厘米、宽47厘米，底呈暗黄色，与前文两纸本地图相比较，其显著特点在于画面中可见明显的横竖交错痕迹，加之其质地紧密轻薄、细密如纸，具有光滑润美、手感柔和的丝绸特性，可推断为绢本设色彩绘图。

绢本画是我国传统绘画领域中除纸本画以外的另一大绘画载体，由于其正式创作之前的准备工作繁多，需经裁剪、上浆、喷湿、绷平

图3
《清靖远炮台图》
中国航海博物馆藏

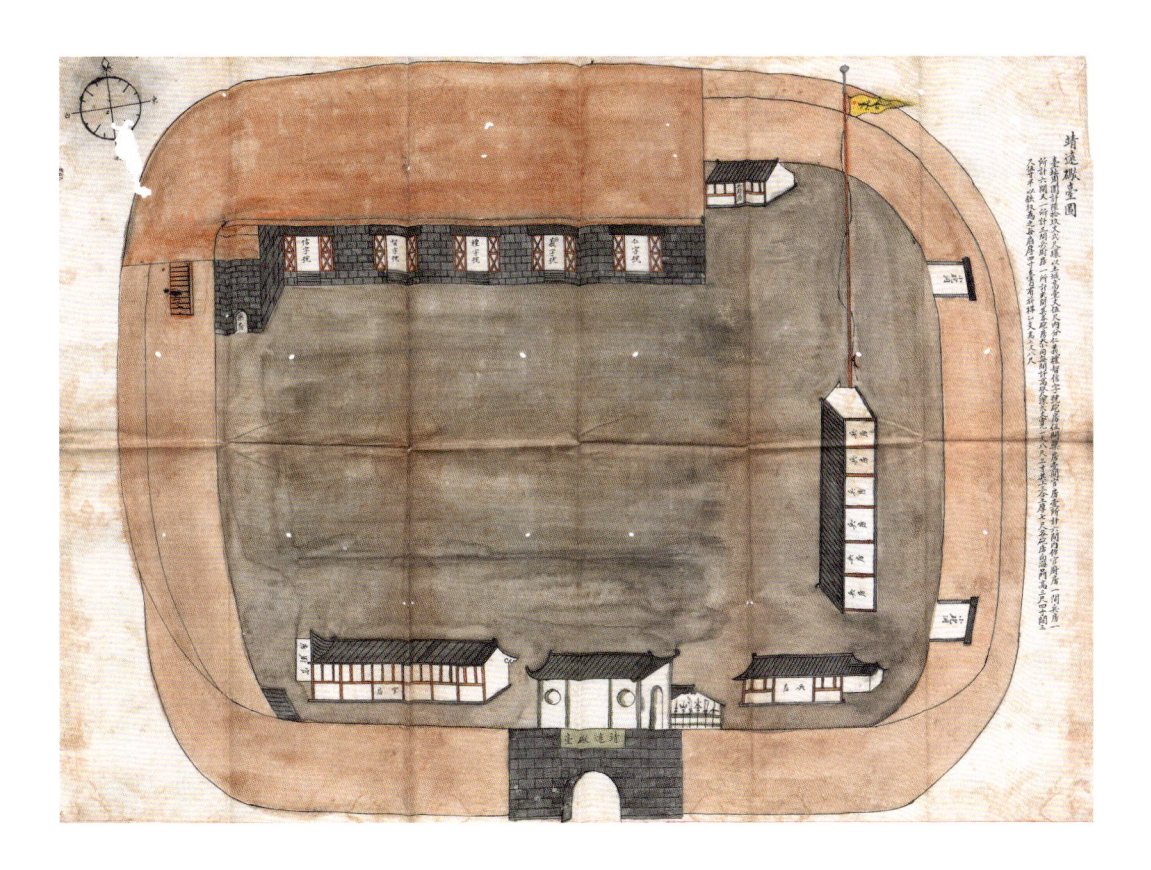

等多道工序后方能作画，故在隋唐以后不及纸本通行。然而，绢本画也因其易于上色、耐磨性佳、柔韧不皱等特点流传至今。据统计在我国十大传世名画中，绢本画共计七幅，可以说，绢本工笔造就了中国书画殿堂中的半壁江山。

明清以后，由于造纸工艺的进步，宣纸的成本大为降低，文人画匠多以纸为载体进行书画创作，而绢本则以其保存时间久、便于清洗成为书画作品中的精品材质。然而，其繁杂的准备工作和对绘画的要求也让许多画匠望而却步，往往只会在较为重要的画作中使用。作为晚清时代的绘图作品，《清靖远炮台图》选用绢本设色作为创作手段，可见其是绘图者较为重视的作品，甚至可能是为呈送清廷高级官员或重要记录而绘制。

从该图绘制的内容来看，靖远炮台的形制缺少定远炮台那环山抱水的自然馈赠，其四面全为人工环筑之城墙，墙体内北侧偏西处有炮房五所，分别以"仁、义、礼、智、信"为名，炮房左右各有药房一间、兵厨房一间，以为保障后勤所用；墙体内东侧有兵房一所计六间，另有旗杆一支挂大清黄龙旗以明归属；墙体内南侧从左至右排列，分别绘有官房并官厨房一所、演武房一所及兵房一所。环城墙体正南方向，则筑有城楼一座，城楼顶部挂有一匾，上书"靖远炮台"。城墙西侧，则有小炮洞两个，面向正东以为辅助防御用。

以画面右上角的文字信息推断，靖远炮台的城墙周长为六十九丈二尺，以清代营造尺计算大致为221米，由此可推断整个炮台的大小约为1.2万平方米左右，即大约两个现代标准足球场大小。而从其炮房的配置描述来看，"各炮房大小同，每间计高九尺、深二丈、宽一丈八尺三寸"，也就是说炮房的长、宽、高分别为6.4米、5.86米、2.88米左右，以此大小而言，该炮台所使用的火炮口径不可能太大，应为当时的中型火炮。而从"其上三合土厚七寸""各炮房向海口，门高三尺四寸，阔三尺五寸半，以铁板为之，每扇厚四寸"等来看炮台的防御能力，也不如前文《清镇海各炮台图》所记载的镇远、定远两炮台的配置。由此可见，靖远炮台并非整个防御体系中的重点，但却使用区别于纸本的绢本进行绘制，当真匪夷所思，仅能以靖远炮台的建成时期最早做推断，臆测其可能是镇海地区各炮台的"样板房"了。

二、镇海地区海防历史概述

镇海地区的海防史可以追溯至唐元和四年（809），唐朝政府在浃江口设望海镇，置镇将、镇遏使守御。两宋时期，镇海地区先后设立的沿海制置司以及驻扎在定海（治今镇海）、编制为两千人的明州水军。[2]元末明初，为防海寇袭扰，明廷置定海卫（即今镇海地区）指挥使司，以信国公汤和拓城建定海卫、展城七里有奇，是为镇海地区建立海防卫所的开端。至嘉靖三十九年（1560），都督同知卢镗在甬江口北岸、招宝山山巅修建威远城，两年之后置铁发贡炮四门、300斤铜发贡炮一百余座于威远城。由是起，镇海口开始设置火炮，而海防炮台的筑造，则起源于顺治十四年（1657）郑成功在镇海笠山区域的尝试。[3]

自明末清初以后，镇海炮台的新建和重修就不绝于史，清康熙四年（1665），于威远城东西北三面各筑炮台一座，每座置铁发贡炮两门；道光二十年（1840），筑北拦江炮台于县城税关东首、南拦江炮台于江南泥湾；光绪三年至十年（1877—1884），在甬江口重建威远炮台、南拦江炮台，新筑金鸡山东沙湾头靖远炮台、小浃江口镇远炮台、金鸡山东北天然炮台、金鸡山西北自然炮台和招宝山定远、安远两炮台及临时炮位、旧台十余处[4]，至此，镇海地区炮台的建造已然成为体系，俨然与《清镇海各炮台图》中所描绘的内容相类似了。

光绪十一年（1885）中法镇海之战爆发，在一场难得的近代海岸保卫战胜利后，清政府以镇海要塞的旧炮台位置偏内、火炮射程不足为由又对镇海地区的炮台做出增强与改进，其中有代表性的就是新建于笠山，配置克虏伯火炮三门（24生[5]两门、21生一门）的宏远炮台；新建于甬江口南岸金鸡山山腰，配置21生克虏伯火炮1门的平远炮台；新建于小金鸡山，配置21生克虏伯火炮1门的绥远炮台；新建于甬江南岸笠山之巅的宏远炮台以及在金鸡山东北山腰的平远炮台。除此以外，还对以安远炮台为代表的老旧炮台进行了扩建、改建等。到了19世纪末期，镇海口共计有炮台十余座，已成为真正意义上的海上雄关了。关于其间情势，可在清人绘制的《文庄公甲申浙东海防图》《浙东镇海得胜图》《浙江镇海口海防布置战守情形图》《招宝山炮台图册》等多幅舆图中窥见一斑。

到了抗日战争前夕，为应对新的形势，南京政府于1936年裁撤安远、平远、绥远三座炮台，另在青峙钳口门炮台山建镇远新炮台，并与威远、宏远等炮台形成新的防御体系。然而，其却在日军于1940年7月17日和1941年4月19日两次登陆进攻后这个防御体系遭到彻底破坏。

三、与《招宝山炮台图册》的对比与探讨

《招宝山炮台图册》是镇海口海防历史纪念馆所藏的国家二级文物，2009年出现于中国嘉德春季拍卖图录中，其拍卖成交价为39.2万元。作为中海博筹建时期意欲征集的重点藏品之一，该图册虽未征集到馆，却一直为中海博所关注和重视。

根据镇海口海防历史纪念馆的考证所得，《招宝山炮台图册》共计三十三页，其中含招宝山地区炮台图一页、手绘各式炮图六页以及炮台兵勇操练图二十六页。该图册整体用笔精细、绘图精准，虽无作者署名和相关解释说明，但从其大部表现炮台兵勇操练"洋操"的情况来看，该作品实质表现的是清朝末年洋务派所倡导的"师夷长技以自强"的历史以及中国封建王朝晚期"有海无防"的深深无奈。

从《招宝山炮台图册》的首页，也就是反映招宝山地区炮台布置情况的内容来看，作品成图时整个镇海口计有定远、威远、安远、

绥远、平远、靖远、宏远、南栏江等九座炮台。对比中海博所藏《清镇海各炮台图》中仅绘有威远、安远、定远、靖远、镇远五座炮台的情形来看，《招宝山炮台图册》的成图时间明显晚于中海博所藏《清镇海各炮台图》。

而从《清镇海各炮台图》中所记载的文字进行分析，其用词多为"拟用、拟置"等，然定远、威远两座炮台已明确在图上标注，由此可推断两座炮台应为重建或改建。虽定远炮台相关事迹未见著录，但从薛福成分别在光绪十一年（1885）四月十三日、十月二十八日写就的《禀抚院刘：陈明镇海撤防后宜添筑坚台并购巨炮由》《禀抚院刘：勘定镇海口门筑台添炮事宜由》[6]的禀牍中来看，威远炮台曾于1885年后进行改建。由此，笔者推断，该图极有可能创作于1885年前后。以中海博所藏"清镇海沿岸海防图"一组三件藏品而论，因该组藏品来自同一征集源，故有较大可能其成图年代大致相同，即均创作于前文所推断的《清镇海各炮台图》的成图时间（1885年前后）。而考虑《招宝山炮台图册》上宏远、绥远、平远等炮台均始建于1887年，建成于1888年，故该图册的问世时间应不早于1888年。

基于中法镇海战役爆发于光绪十一年（1885）的历史事实，两组藏品极有可能是战火平息后，以刘秉璋、薛福成、杜冠英为核心人物的海防建设团队呕心沥血的产物。非常有对照意义的是，中海博馆藏"清镇海沿岸海防图"一组所记录的应当是镇海口炮台群重修之前的情况，而《招宝山炮台图》所记录的则是修建完成后的镇海口沿海防御体系。两相对比，为后世人们研究晚清浙江镇海地区的海防历史提供了丰富的史料佐证和一手信息。

---

1. （清）薛福成：《浙东筹防录》，朝华出版社，2018年，第167—168页。
2. 《宋史》卷一八八《兵二》。
3. 刘慧宇：《中国海岸风景线——港口、灯塔、炮台纪实》，齐鲁书社，2024年，第265页。
4. 王朝彬：《中国海疆炮台图志》，山东画报出版社，2008年，第92页。
5. 清末的计量单位，1生通常相当于1厘米，24生相当于240毫米，下同。
6. （清）薛福成：《浙东筹防录》，第151—175页。

清彩绘《旅顺海口炮台营盘地势全图》

作者：严春岭
中国航海博物馆
学术研究部（藏品保管部）
助理馆员

图1
清彩绘《旅顺海口炮台
营盘地势全图》
中国航海博物馆藏

一、《旅顺海口炮台营盘地势全图》概况

中海博收藏有一幅清代彩绘《旅顺海口炮台营盘地势全图》。（图1）全图展开长77厘米，宽64.2厘米。纸本彩绘，全图保存完好，图上字迹清晰。全图未见落款，绘制者信息不详。

全图按折痕向内折叠后，在图背面贴有红纸书名签，墨书标题《旅顺海口炮台营盘地势全图》，标题右侧并排另题"辛丑三月初四日买于古寿价一千"墨书一行。（图2）依文字判断，此图于辛丑年间被某人购入，记录了此图一次流传经历，其中"古寿"具体为何处，尚无确凿证据。

全图图文并重，以形象画法绘制成图，用深色线条勾画出陆地轮廓，用深色阴影绘制出山脉轮廓，用山水画的图形符号，标识出炮台、营房、船坞等要地位置，描绘了清代旅顺口区域海防要地分布情况。根据图中提供的地理位置信息判断，此图上部为海洋，下部为陆地，方向标识应为上南下北，左东右西。具体而言，绘制的炮台包括崂崀嘴炮、馒头山炮台、老母猪礁炮台、黄金山炮台、田鸡炮台、老虎尾低炮台、天桥山炮台、蛮子营炮台、威远炮台。绘制营房包括胡营、宋统领营、程营、宋帅大营、管营、姜营、黄统领营、中营、正营。此外还绘出药库、水师子弹库、水师药库、陆军药库、护军药库、毅军药库、毅军操场、鱼雷营、水雷营、码头、船坞、机器局、电线局、木厂等重要地点，以及老铁山、白玉山、蟠龙山、杨家店等诸多村庄、山丘、庙宇，注明地名数十处。结合所绘制的海防重要设施分析，全图绘制范围为晚清时期清政府营建的旅顺海军基地。

图2
清彩绘《旅顺海口炮台营盘地势全图》背面

二、旅顺海军基地建设过程

自1840年以来，列强频频率坚船利炮从海上发动战争，突破清廷海疆防线，随后侵略内陆。1874年借"琉球事件"对中国台湾发动侵略战争，清政府虽然积极调兵应对，但最终迫于外部压力，与日本签订《北京专条》，以妥协赔款的方式解决了中日纷争。此次日本侵台事件给中国海疆造成严重危机，极大地刺激了清政府。之后清政府加快了海防建设的速度，先后从德国等海外船厂订购了包括"定远""镇远"等一批新式铁甲舰，筹建的北洋海军初具规模。然而当时中国仅有福州、上海、广州三处修船坞，三处船坞都位于南洋地区，北洋地区没有一处可供修复保养军舰的船坞，李鸿章意识到："北洋海防兵轮日增，每有损坏须赴闽沪各厂修理，途程窵远，往返需时，设遇有事之秋，尤难克期猝办，实恐贻误军需。"[1]于是上奏朝廷请求在北洋地区兴建修船坞，后获准在天津大沽口修建船坞，暂时解决舰队需求。但大沽船坞面积小，水深较浅，"仅容十二三尺之船"[2]，并且地理位置不佳，无险可守，难以御敌。清政府还需选择地势险要又距离京师重地不远的地点营建海军基地，彻底满足舰队修船驻泊问题，解决拱卫京师的海防需求。海军基地是为保证海军兵力驻泊和机动而建立的军事基地，应当具有指挥、通信、后勤、岸防等功能，为舰队提供战斗保障、技术保障和后勤保障。[3]在筹建海防事务过程中，清政府一直认为东三省的防务尤其重要，"东三省为根本重地，尤应加意整顿，着该将军、副都统、府尹切实筹画"[4]。因此建立北洋海军主要目的之一便是充实东三省的海防，三省交汇处的天然港湾渤海湾位置尤其重要，而辽东半岛又是渤海湾的门户，位于辽东半岛南端的旅顺成为建造海军基地的选择地。（图3）

旅顺位于辽东半岛南端，东面有黄金山，西面是老虎尾半岛，两岸群山环绕，山体陡峭，有一条狭长水道通向外部大洋。清朝初年，清政府为防守海岸，抵御海盗和倭寇侵扰，于康熙五十一年（1712）在旅顺设置旅顺水师营，至光绪六年（1880）才撤废，存

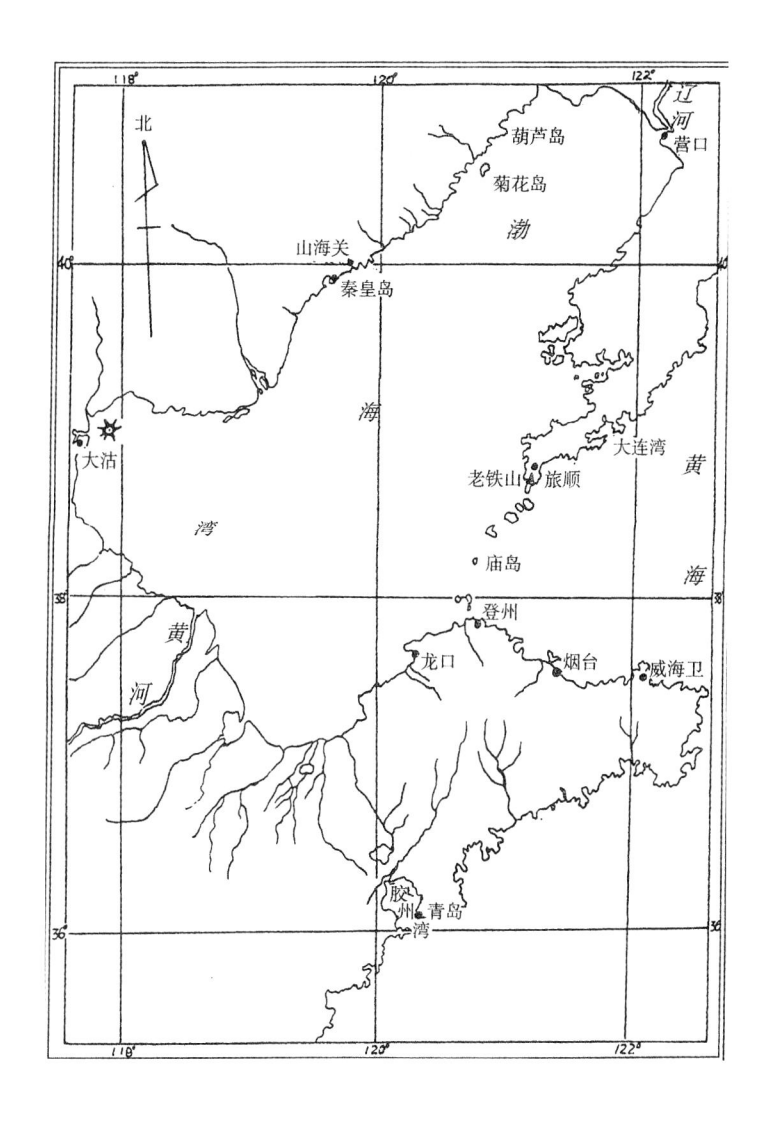

图3
北洋沿海港湾形势图
图片来源于陈寿彭译：
《中国沿海险要图志》

续一个多世纪，可见旅顺一直是清政府一处海防要地。《奉天通志》记载："非由口门，无由得入。口门窄小，不能容多数海舰同时并进。"[5]"旅顺港严冬不冻，故为本省又一良港。"[6]旅顺地势易守难攻，水深优良，又是一处天然不冻港。李鸿章在给醇亲王奕譞的信中写道："西国水师泊船建坞之地其要有六：水深不冻，往来无间，一也；山列屏障，以避飓风，二也；路连腹地，便运糇粮，三也；土无厚淤，可浚坞澳，四也；口接大洋，以勤操作，五也；地出海中，控制要害，六也。北洋海滨欲觅如此地势，甚不易得。胶州澳形势甚阔，但僻在山东之南，嫌其太远。大连湾口门过宽，难于布置。惟威海卫、旅顺口两处较易。"[7]由此可见李鸿章对旅顺的地理位置十分钟意，倾向于选择旅顺建造海军基地，后经清政府反复合议，最终选定旅顺建港，建造北洋舰队的海军基地。

旅顺海军基地建造过程大致分为两个时期，第一期工程从1880年至1887年，第二期工程从1887年至1890年，历时十年完工。第一期工程主要是基础工程，兴建拦水坝和防波堤，疏浚入海口航道，铺修道路，修建炮台、营房、弹药库房和物资库房、机器厂房，铺设排水管线等，是最艰难的开局阶段。由于技术所限，建设过程同时聘请了若干外籍专家。李鸿章最初派遣县令陆尔发及德籍专家汉纳根开建第一期工程，陆尔发对工程建设纯属外行，工程进展缓慢。1881年李鸿章提出在经费允许范围内，计划逐年扩大旅顺工程建设，加快进度，于是调回陆尔发，改派海防营务处道远黄瑞兰在旅顺设海防营务处工程局，主持建设工作。然而黄瑞兰贪污腐败，官僚作风，对工程建设懈怠，造成严重的工程隐患，为保证工程质量，李鸿章撤回黄瑞兰，调任同属海防营务处的袁保龄前往督办旅顺工程建设。袁保龄是同治元年举人，饱读经书，对洋务和海防都颇为精通，李鸿章颇为赏识，称赞他"谙习戎机，博通经济，才具勤敏"。1882年李鸿章命袁保龄实地调查北洋各个海口后，袁保龄也深感在旅顺营建海军基地有明显优势："通筹形势无以易旅顺者，跨金州半岛突出大洋，水深不冻，山列障屏。口门五十余丈，口内两澳，四山围拱，形胜天然，诚海军之澳区也。于此浚浅滩，展口门，创建船坞，分驻炮台，广造库厂，设外防于大连湾，屯坚垒于南关岭，与威海卫各岛遥为声援，远驭朝鲜，近蔽辽沈，实足握东亚海权，匪第北洋要塞也。"[8]袁保龄到任后，将前任所留不适用人员悉数裁撤，任用一批熟悉工程，廉洁奉公，扎实肯干的技术人员；对同僚以诚相待，极力维持紧张的人际关系；对雇佣的洋员约法三章，立定合同，随时听候调遣，有不听调遣者，予以辞退。在有限的经费支持下，袁保龄合理谋划，努力按计划施工，至此旅顺海军基地的建设工程逐渐步入正轨。第二期工程主要就是修建旅顺船坞，用于北洋舰队船只定期修缮，维护保养。船坞修建工程推进艰难，主要因技术难度大，涉及施工器械购买、施工人员招募、施工方案规划、船坞船池用料选择等，此外还有有限的修建经费。为了节约经费，船坞大小和选址方案数次更改。在施工中又接连遇到拦潮大坝不稳固，时常漏水。船坞开挖处底部土质松软，淤泥严重，已经砌好的泊岸，依然会随坍土下陷倾斜，周而复始，虽经过反复调整施工方法，却仍无法解决这个严重问题。施工遇到的种种问题表明，以当时中国的技术水平，无法独自承接此巨大工程，于是李鸿章综合考量后决定把工程给国外公司承包。在召集洋商投标后，选中法国辛迪加公司承接此工程项目，原因是这家法国公司不仅开价最低，而且由上海法兰西银行为工程质量担保，并承诺提供后期保养维护。工程主要包括机器厂房、物资库房、弹药库房、船坞、修理厂等，以及配套的铁路轨道、码头和供水等工程。工程费用计一百二十五万两，工期两年半。后期由于入海口门太宽，为了减小风浪影响，又增修大石坝和铁码头一座，因此工程费用和工期都有所延长。光绪十六年（1890）九月，历时十年，旅顺海军基地工程终于完工，成为北洋海军唯一能承担大规模维修保障功能的海军基地。

三、《旅顺海口炮台营盘地势全图》浅析

对照《旅顺海口炮台营盘地势全图》并结合相关资料，能更直观地了解旅顺海军基地的建设情况。

为保障旅顺海军基地内设施安全，实现扼守渤海湾的海防战略，海防炮台建设就尤其重要。旅顺四周群山环绕，城头山、馒头山、西鸡冠山等战略高地在海口西面的老虎尾半岛上；摸珠礁、黄金山等制高点则位于海口以东。李鸿章非常重视此处的防御，早在旅顺海军基地第一期建设工程伊始便令德籍顾问汉纳根、袁保龄等人负责动工修建岸防炮台。李鸿章增派办理洋务的幕僚马建忠随汉纳根勘察旅顺工

程，他对东岸黄金山形势有如下记载："跻巅四眺，则口内外之形势，口左右之群山毕呈目前，若掌上观也。"[9]作为东岸制高点的黄金山拥有极佳的防御位置，能控制海口内外一带的大部分海域。因此，第一期工程刚开始也就是1880年，李鸿章就命汉纳根在黄金山修建炮台，也是整个旅顺海军基地最早动工的炮台。

根据《旅顺口炮台工竣》记载，到1885年，旅顺已经建成海防炮台八座，崂㟂嘴炮台、摸珠礁炮台、黄金山炮台位于东岸，城头山炮台、馒头山炮台、蛮子营炮台、威远炮台、老虎尾炮台位于西岸。[10]萨承钰在巡访全国海防后所著《南北洋炮台图说》中对旅顺岸防炮台的分布情况也有记载："旅顺口北去金州一百二十里，东岸山高四十丈，为黄金山，建一大炮台。山之西南建田鸡炮台二，东北建小炮台一。黄金山以东又有捞摸珠礁炮台、崂㟂嘴前后炮台以为藩卫。西岸则老虎尾炮台，右接鸡冠山，左瞰黄金山，正向口门外即大海，又有威远、蛮子营、馒头山、城头山四炮台此地罗列。"[11]此时旅顺海军基地的海岸炮台防御体系已基本建成，具备一定规模。

王家俭在《李鸿章与北洋舰队》一书中，通过对袁保龄所著《阁学公集》中收录的各类公文整理统计后，对旅顺海防炮台有较详细的记述。黄金山炮台：黄金山位于旅顺口的东岸，襟山带海，形势天险。该台于光绪七（1881）年即动工兴建，至九年五月大体完成，十月间正式试炮。计该台共有德国克鹿卜厂制24生的大炮两尊；24生的25口径长炮一尊；12生的边炮五尊；护墙12磅前膛钢炮八尊，合计大小十六尊。该台工程，曾屡次修改加倍，实为旅顺港炮台之最大者。[12]崂㟂嘴炮台：原名老驴嘴，其处位于旅澳之东面外围。自白玉山后峰势起伏蜿蜒，奔赴海滨，其到海近处，两峰直峙，前高后底，前峰临海一面石壁峭立，下临洪涛，峰巅周围约五十余丈，距海面约三十七丈有奇。筑炮台于上，东顾峰左海湾，以防敌船由此登岸袭击后路，西顾黄金山脚兼及口门。该台于光绪十年（1884）兴建，十一年竣工，初置21生的短身炮三尊，其后改换24生的30口径长炮四尊；12生的25口径长炮二尊；8生的小炮四尊。[13]老虎尾（低土）炮台：老虎尾位于旅顺口的西岸，与黄金山相对，其极南炮路所及，恰扫黄金山脚，可破敌南猛攻夺台。该台于光绪十年三月十九日开工，至同年五月八日工竣，为时四十余日，计有35口径15生的长炮两尊。[14] 威远炮台：该台位于旅顺口西岸，老虎尾西南小山之上。光绪十年闰五月二十二日开工，至八月初八日全台告竣，初时借用威远练船小炮三尊，继易为操江轮上旧炮，最后始设置35口径15生的长炮两尊作为主炮。[15] 馒头山炮台：馒头山位于口西，其地高出海面五十丈，为西岸次高山。置炮其上，断敌窥视西澳之路，南可击敌船攻黄金山炮台。置有24生的25口径长大炮六尊，12生的25口径边炮四尊。[16] 蛮子营炮台：该台介于西岸威远炮台及馒头山炮台之间，原用镇海轮上之炮六尊，后以其炮过小不能及远，乃换为12生的35口径长炮四尊；12生的炮一尊。[17] 母猪礁炮台：或名膜珠礁，该台位于东岸黄金山炮台之下，介于黄金山与崂崞嘴之间，地势平旷，为控制口门要地，与蛮子营炮台均成于光绪十一年（1885），计有21生的大炮两尊，15生的35口径长炮二尊；8生的边炮四尊。[18] 田鸡炮台：该台位于黄金山炮台之旁，光绪十一年正月动工，至七月初十日竣工，计有大炮盘两座；小炮房六座，设15生的后膛田鸡炮六尊。[19]

通过以上资料，基本可以确认，旅顺基地海防炮台东岸主要由四座炮台构成，即田鸡炮台、黄金山炮台、摸珠礁炮台、崂崞嘴炮台。西岸由五座炮台组成，分别是城头山炮台、馒头山炮台、蛮子营炮台、威远炮台、老虎尾炮台。王家俭先生在书中未记载城头山炮台，可能由于他依据的资料《阁学公集》中并没有相关的专门记录。对比《旅顺海口炮台营盘地势全图》，发现全图在西岸绘制有蛮子营炮台、威远炮台、天桥山炮台和老虎尾低炮台。（图4）与资料记载有两处不同，一是未绘制城头山炮台，二是绘制的天桥山炮台以上相关记载资料都未有记载。全图在东岸绘制有黄金山炮台、老母猪礁炮台、馒头山炮台、崂崞嘴炮台。此处与资料不符之处在于把资料记载应该位于西岸的馒头山炮台绘制在了东岸。为了进一步验证上述不同之处是否为全图绘制瑕疵，笔者于是又查阅了日方资料，日

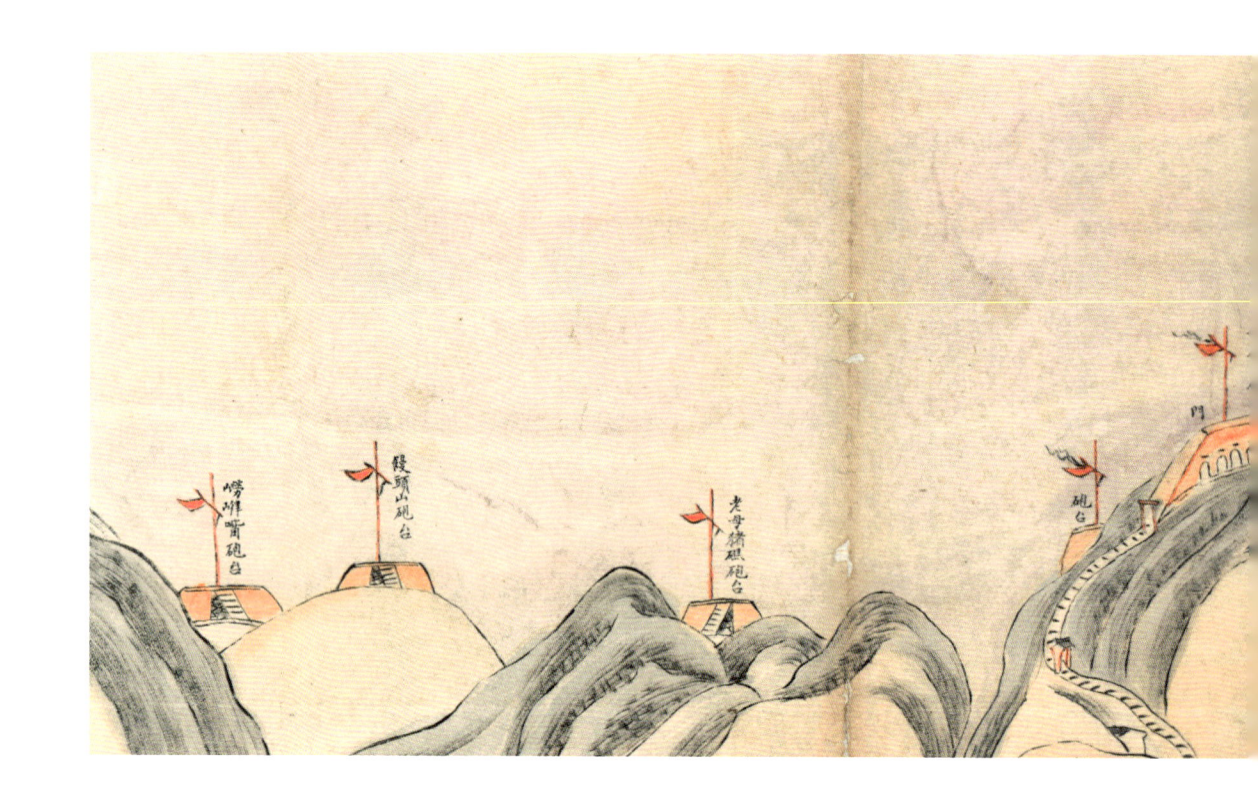

本参谋本部于甲午战争后编纂的《明治二十七八年日清战史》附录中记载旅顺东岸炮台分别为：黄金山炮台、黄金山东小炮台、黄金山臼炮炮台、摸珠礁炮台、崂㟭嘴炮台、崂㟭嘴北山炮台、人字墙炮台。西岸炮台为：老虎尾炮台、威远炮台、蛮子营炮台、馒头山炮台、城头山炮台。[20]综合分析中日两方的资料可知，城头山炮台应是西岸炮台群的组成部分，而全图在最西面绘制了一处炮台，但只标注了炮台两字，不过从位置判断此处应该就是城头山炮台。全图在西岸绘制的天桥山炮台，中日双方的资料都未发现有记载，后续可继续考证其出处。全图将馒头山炮台绘制于东岸，可以确认是一处绘制错误。旅顺海防炮台大部分为汉纳根设计，仿德式炮台建造，多为露天炮台，内部以条石砌成，外部覆盖三合土，三合土即灰、土、沙的混合物，材料获取方便，坚固耐用，炮位是圆形轨道式，能360度旋转发射。炮台大炮多选用德国克虏伯公司生产的火

第四章　陆地屏藩

炮，配置火炮类型有24生25口径长炮、15生35口径长炮以及12生25口径长炮为主。24生即火炮口径为24厘米，25口径指火炮炮管长度为火炮口径的25倍。炮台同时建有弹药库、营房等附属设施，通过道路和炮位相连。根据全图中绘制的炮台分布位置来看，旅顺建造的东西两条海防炮台防线，基本已经覆盖了整个旅顺海岸线。炮台依托海岸线山势建造，实现了炮台射界高低左右搭配，在口门外海形成严密交叉火力网，严守口门，保卫位于口门内的船坞以及整个旅顺海军基地内设施的安全。

除海防炮台外，旅顺海军基地还修建了包括海门疏浚工程、建造机器厂、库房工程、碎石码头、碎石马路与小铁路、拦水坝、旅顺电报局、水雷营、鱼雷营、水陆医院以及最重要的船坞工程。在全图中能看到绘制了部分修建的设施。（图5）建造机器厂：全图绘制有一处机器局和三处机器房，这四处机器厂房都绘制于船坞周围，此外

图4
清彩绘《旅顺海口炮台营盘地势全图》局部（炮台）

237

清彩绘《旅顺海口迎台营盘地势全图》局部（设馆）

威遠砲台 崖子營砲台 天橋山砲台 魚雷營 鷇軍 天橋 道門 低砲台 藥庫 老虎尾 畫鏡房 碼頭 皇山 水師子彈庫 水師藥庫 陸軍藥庫 藥庫 水 木廠

在离船坞不远处还绘制有木厂。建造机器厂的目的在于方便维修船上机器设备和船上设施，布局应该围绕船坞周围，所以这几处设施的绘制位置基本符合实际。旅顺电报局：全图中虽没有明确标注电报局位置，但绘有一处电线局。当时电报主要通过架设电线传输，推测此处绘制的电线局应该是旅顺电报局的组成部分。库房工程：全图绘制的库房主要是弹药库房，有七处，大致分为子弹库房、药库和水雷库房，分布位置在炮台和营房附近，水雷库房位置在口门附近。水雷营和鱼雷营：光绪九年（1883），袁保龄以海防吃紧，旅顺须布置水雷设防，禀请以在旅艇勇学习水雷，借拨大沽口水雷营头目、雷兵等赴旅教习，次年正式成立旅顺水雷营。鱼雷营由威海鱼雷营调拨旅顺一营而成。[21]全图在东岸白玉山脚下绘制水雷营，鱼雷营绘制在西岸。图中在口门处写有"口门内外布有八十余具水雷"，简要说明布雷情况。船坞工程：全坞石工用山东大块方石，垩以水泥，凝结无缝，平整坚实。还建有修船各厂九座，包括锅炉厂、机器厂、吸水锅炉厂、吸水机器厂、木作厂、铜匠厂、铸铁厂、打铁厂、电灯厂。[22]此处全图用深色线条勾画出船坞轮廓，内部填涂深灰色，以此来表现船坞结构平整坚实，严丝合缝。在船坞周围还绘制了用于排水的吸水机器，结合绘制的其余几处厂房，基本还原了船坞周围工厂群落的大致样貌。在船坞中绘制了一扇打开的水侧门以及两艘船舶停泊在船坞中，生动形象地表现了船坞的工作情况。

关于旅顺海军基地的驻防情况，周馥在《醇亲王巡阅北洋海防日记》中详细记载了旅顺防营驻防情况：记名提督黄仕林，统庆军三营，共官十五员，勇一千五百名；马队一哨，共官一员，勇八十九名。记名提督吴兆有，统庆军三营，共官十五员，勇一千五百名。补用都司张文宣，带护军二营，共官十员，勇一千名。候补道袁保龄，带水雷一营，共官三员，头目、水勇等一百八十七名。四川提督宋庆，统毅军五营，共官三十四员，勇二千五百名。[23]又据日方记载甲午战争爆发之前，旅顺由毅军和庆军驻守，合计有步队十四营，马队三哨，鱼雷营二营。[24]从上述两份资料来看，虽然在具体人员数量上略有差异，但仍然能确认当时在旅顺的驻防力量主要由毅军和庆军这两支淮系部队组成。全图绘制宋统领营、宋帅大营、姜营等毅军营房七处，另绘制毅军操场、毅军药库等。（图6）绘制黄统领营、正营等庆军营房三处。（图7）

此外还绘制了一处护军药库以及前文已述的水雷营和鱼雷营。对照来看，全图绘制内容与历史记录基本吻合。

关于全图的大致绘制时间，根据图中绘制的主要设施来看，旅顺岸防炮台完工时间大致都在1885年左右，全图已经绘制了有记载的全部岸防炮台；旅顺海军基地建成时间在1890年，此时包括船坞、机器厂房、弹药库房等设施都已经全部完工，这些设施在全图中都有绘制，并标注了大致分布地点。再从驻防部队情况来看，旅顺驻防部队主要由毅军和庆军组成，直到甲午战争爆发，因朝鲜战局紧张，为防御日军进攻，1894年9月清政府调宋庆所部毅军赴鸭绿江沿岸九连城驻防，部署鸭绿江防线。[25]图中绘制的驻防力量仍然为毅军和庆军。结合建造设施和驻防情况分析，此图的绘制时间大致应该在1890年至1894年之间。

总体来看，该图不是一幅测绘地图，而是以中国传统地图绘制方法绘制。全图以山水画的绘图技法，将地图反映的地形、地貌、地物等要素绘制成形象逼真的图形，形象直观，可读性较强，具有传统山水画的意蕴，有一定的艺术价值。全图对当时旅顺海军基地修建的海防炮台、船坞、机器厂房、驻军营房等有较为详细的绘制记录，标明了这些设施的大致布局位置，虽然图中存在有一些瑕疵以及待考证信息，但仍然能较全面地展示旅顺海军基地的全貌。

图6
清彩绘《旅顺海口炮台营盘地势全图》局部（毅军营房）

图7
清彩绘《旅顺海口炮台营盘地势全图》局部（庆军营房）

1. 顾廷龙、戴逸：《李鸿章全集》09，安徽教育出版社，2008年，第478页。
2. 中国史学会：《中国近代史资料丛刊·洋务运动》3，上海人民出版社，1961年，第21页。
3. 《近代中国海军》编辑部编：《近代中国海军》，海潮出版社，1982年，第398页。
4. 张侠、杨志本：《清末海军史料》上，海洋出版社，1982年，第10页。
5. 王树楠、吴廷燮等：《奉天通志》卷一六九，沈阳古旧书店，1983年，第3785页。
6. 王树楠、吴廷燮等：《奉天通志》卷一六九，沈阳古旧书店，1983年，第3785页。
7. 吴汝纶编：《李文忠公全集》，《海军函稿》卷一，文海出版社，1965年，第17页。
8. 丁振铎编：《项城袁氏家集》五，文海出版社，1966年，第3383页。
9. 马建忠：《适可斋纪言纪行·勘旅顺记》，文海出版社，1968年，第230页。
10. 沈桐生辑：《旅顺口炮台工竣》，《光绪政要》卷一二，文海出版社，1969年，第627—628页。
11. 萨承钰：《南北洋炮台图说》，一砚斋藏本，第13页。
12. 王家俭：《李鸿章与北洋舰队》，三联书店，2008年，第248页。
13. 王家俭：《李鸿章与北洋舰队》，三联书店，2008年，第248页。
14. 王家俭：《李鸿章与北洋舰队》，第249页。
15. 王家俭：《李鸿章与北洋舰队》，第249页。
16. 王家俭：《李鸿章与北洋舰队》，第249页。
17. 王家俭：《李鸿章与北洋舰队》，第249页。
18. 王家俭：《李鸿章与北洋舰队》，第249页。
19. 王家俭：《李鸿章与北洋舰队》，第250页。
20. 日本参谋本部编纂：《明治二十七八年日清战史·第三卷》，东京印刷株式会社，1905年，附录第55。
21. 王家俭：《李鸿章与北洋舰队》，第246—247页。
22. 姜鸣：《龙骑飘扬的舰队：中国近代海军兴衰史》，三联书店，2014年，第284页。
23. 周馥：《醇亲王巡阅北洋海防日记》，《近代史资料》47，中国社会科学院出版社，1982年，第7页。
24. 日本参谋本部编纂：《明治二十七八年日清战史·第一卷》，东京印刷株式会社，1905年，第74页。
25. 戚其章：《甲午战争史》，上海人民出版社，2014年，第154页。

固利海防——清光绪十八年刊《克鹿卜海岸炮管理法》小考

作者：任志宏
中国航海博物馆
学术研究部（藏品保管部）
副研究馆员

1840年鸦片战争及之后的数次对外战争，清政府面对英法等国一败涂地，中国的社会、经济、文化等方面受到巨大冲击。而西方诸国对于中国最直观最强势的冲击则来自于以"船坚炮利"为代表的强大武力。李鸿章在其奏折中说"军械机器之精，工力百倍，炮弹所到，无坚不摧"[1]，这也是当时清政府和众多官员、有识之士的主流观点，都认为外购洋船洋炮为"今日救时之第一要务"[2]，于是开始大量进口西方的新式武器装备。英国的"阿姆斯特朗""瓦瓦司"，德国的"克虏伯""格鲁森"等欧洲知名品牌火炮开始纷纷进入中国。而自1867年李鸿章第一次购买克虏伯火炮开始，克虏伯炮逐步成为北洋，特别是北洋海防的主要装备来源。

一、藏品概貌及主要内容

《克鹿卜海岸炮管理法》为光绪十八年（1892）石印本，内页白纸黑字，线装，一册。浅蓝色封面，封面左侧为书名，白纸竖排，上下残缺，仅余中部"海岸炮管理"五字，字旁两侧有黑色竖线。封皮左上角缺失，书脊脱线、破损。（图1）

书名中"克鹿卜"系原文中对Krupp的音译，清末时对此没有官方汉译，时人多称之"克虏伯"，李鸿章则在其奏折中多用"克鹿

第四章　陆地屏藩

1

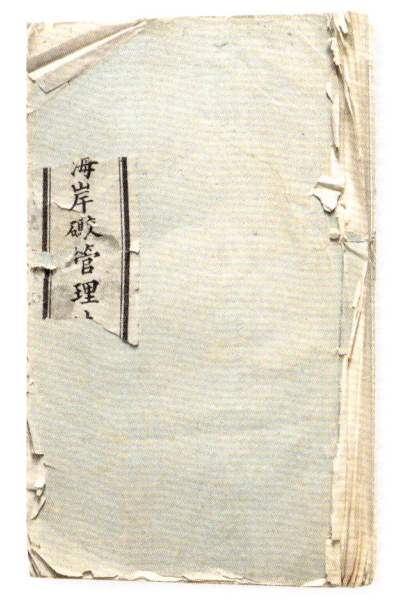

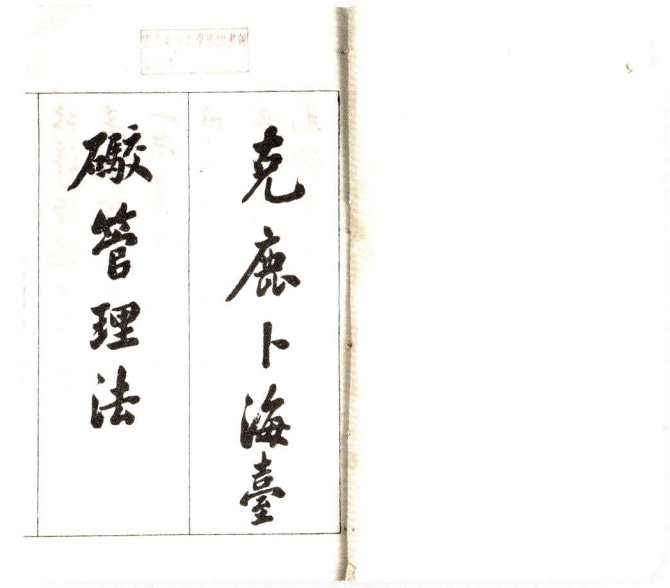

2

卜"。另有"克鲁伯""克鲁卜""克虏朴"等译名，使用较少。后续文中按照现行翻译习惯统称为"克虏伯"。

　　该书共钤章三处。封面下部中间盖有"国立北洋大学图书馆"印章，椭圆形，蓝色。第一页为书名，竖排双列，有框线，页眉处有"国立北洋工学院图书馆"印章，黑色，方框。（图2）在内页引言页眉处，有"国立北洋大学图书馆"印章，蓝色，有下划线。北洋大学为现在天津大学前身，始建于光绪二十一年（1895），初名北洋大学堂。1900年因八国联军侵华被迫停止办学，三年后复校。辛亥革命后，"北洋大学堂"更名为"北洋大学校"，两年后又更名为"国立北洋大学"，1929年再次更名为"国立北洋工学院"。由此三枚图章可见，该本书籍刊印后进入北洋大学图书馆收藏，传承有绪。

　　全书共分为目录（图3—6）、引言、四章管理法，以及书末附录的三则管理细法和八条管理总法。可以说基本上涵盖了克虏伯海岸炮在使用前、使用中、使用后以及存放的各个时期和阶段的保养、管理方法。

图1
清光绪十八年刊
《克鹿卜海岸炮管理法》
中国航海博物馆藏

图2
清光绪十八年刊
《克鹿卜海岸炮管理法》
内页

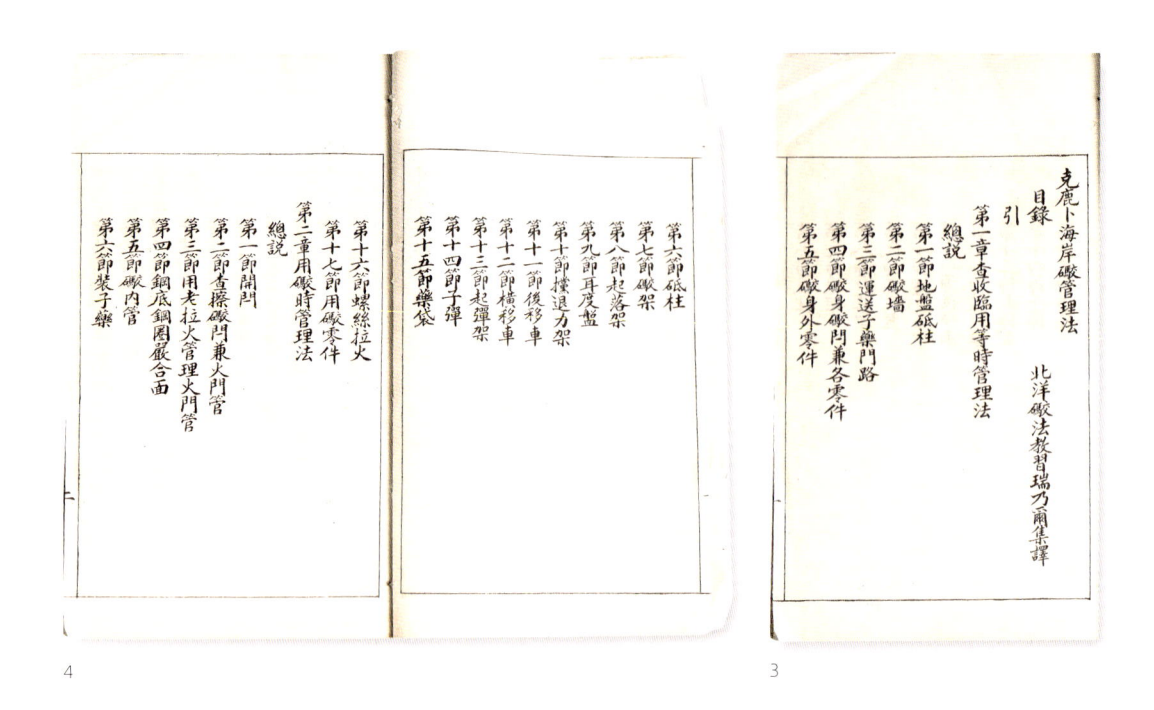

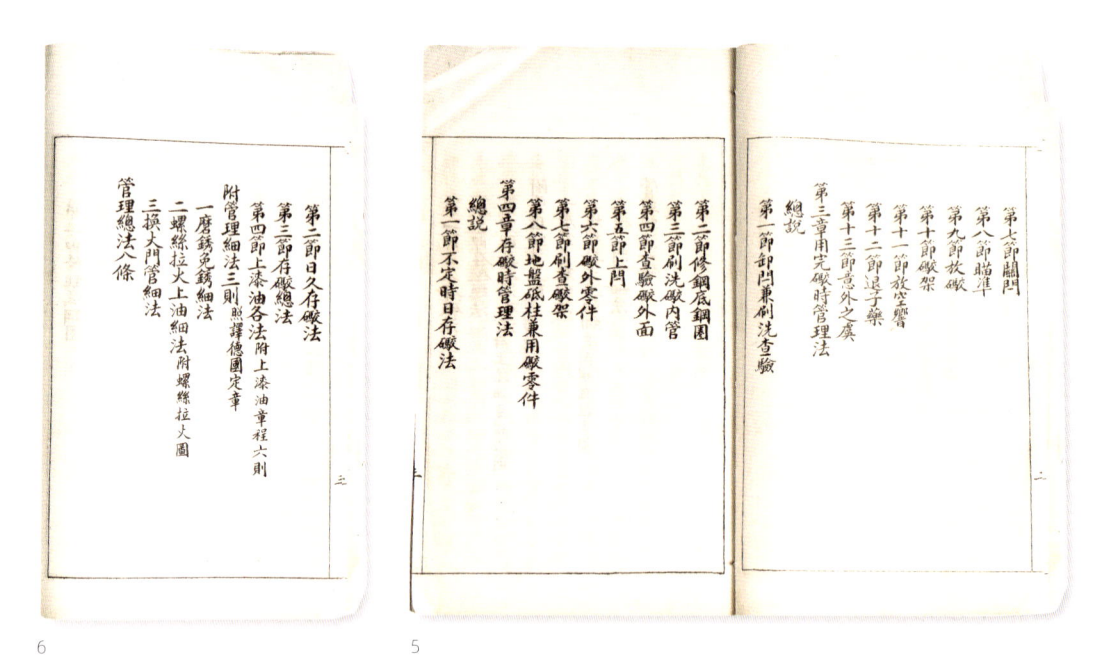

图3—6
清光绪十八年刊
《克鹿卜海岸炮管理法》目录

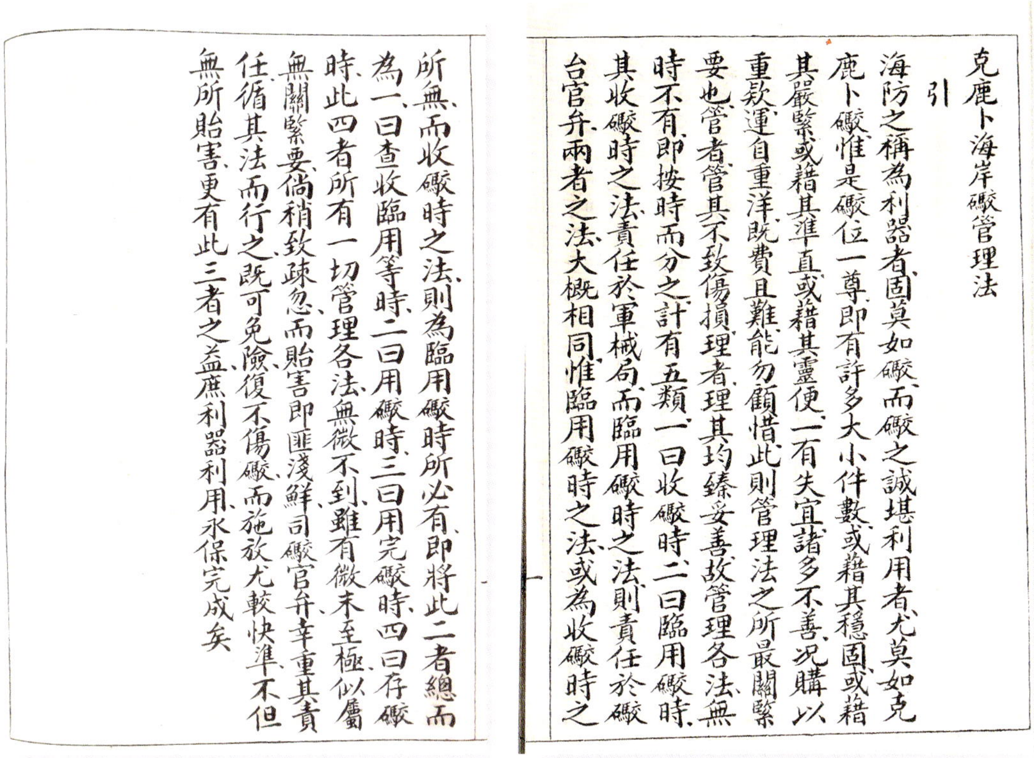

克鹿卜海岸礮管理法

引

海防之稱為利器者固莫如礮而礮之誠堪利用者尤莫如克鹿卜礮惟是礮位一尊即有許多大小件數或藉其穩固或藉其嚴緊或藉其準直或藉其靈便一有失宜諸多不善況購以重欵運自重洋既費且難能勿顧惜此則管理法之所最關繁要也管者管其不致傷損理者理其均臻妥善故管理法之所無時不有即按時而分之計有五類一曰收礮時二曰臨用礮時之法責任於軍械局而臨用礮時之法則責任於台官弁兩者之法大概相同惟臨用礮時之法或為收礮時之所無而收礮時之法則為臨用礮時所必有即將此二者總而為一曰查收臨用等時二曰用礮時三曰用完礮時四曰存礮時此四者所有一切管理各法無微不到雖有微末至極似屬無關繁要倘稍致疏忽而貽害即匪淺鮮司礮官弁幸重其責任循其法而行之既可免險復不傷礮而施欵尤較快準不但無所貽害更有此三者之益庶利器利用永保完成矣

引言为开篇总括，直接点明克虏伯炮是海防利器，每一门炮"即有许多大小件数"，这些零件、附件、设备都各有功效，"或借其稳固，或借其严紧，或借其准直，或借其灵便"，必须保养管理妥善，否则"一有失宜，诸多不善"，会直接影响到火炮的正常使用，所以"此则管理法之所最关紧要也"。对于四章主要内容的划分也在引言中予以说明，划分依据是火炮使用的阶段，"按时而分之"，"一曰查收临用等时，二曰用炮时，三曰用完炮时，四曰存炮时"。（图7）

书中各章体例大体相同，均为总说并若干节详细内容。第一章为《查收临用等时管理法》，有十七节内容。该章内容其实包含了接收火炮和使用之前两个阶段，但是由于"两者之法大概相同"，所以合并为一章。主要内容是对火炮各部分的检查和验收，因此各节以海岸炮的配件和部位为主，大至炮房建设，小至螺丝扳转，都详论其制度规范、建造法式、运行状况等，以便"逐件细看""详加考察"，从

图7
清光绪十八年刊《克鹿卜海岸炮管理法》引言

而保证"全炮十分能用"。

第二章为《用炮时管理法》。概因"放炮之时"更需"勤慎管理",操炮官兵更需要对火炮十分熟悉,知道火炮状态如何,各部件是否完好,"然后可以管理得法"。而操作使用火炮作战则更"须照操法办理",此章的十三节内容,即为火炮"操法中大小等事",基本上涵盖了火炮从开炮门到射击,甚至于发生意外的全部流程。

第三章为《用完炮时管理法》。不论是日常训练还是作战,火炮的每一次发射,都有可能对火炮本身产生影响,进而影响到下一次的使用。因此在每次火炮使用完毕之后,都应当对火炮整体"逐处查验,并其各件,有无损伤"。对于发现的问题,不论大小,都要记录于"放炮日记簿"内,哪怕"或缺一螺丝钉,亦必载明,勿许遗漏"。该章后附图若干。

第四章为《存炮时管理法》。海岸炮作为沿海防守的武器装备,固然需要经常操练,勤加保养。但就实际情况而言,并非长期处于作战状态,故而火炮实际上大部分时间是处于存放状态,"或数十日不用,或数个月不用"。该章即针对此种"存炮"状态,根据时间长短制定两种管理法,《不定时日存炮法》和超过三个月不使用火炮的《日久存炮法》,对火炮各紧要部件需如何保养,用何物保养,详加罗列。又有《存炮总法》《上漆油管理法》《上漆油章程六则》作为总括和补充。

在四章主要内容之后,书中另附管理细法三则(照译德国定章),主要讲述除锈、螺丝拉火上油、火门更换的方法和注意事项等。书末还有《管理总法八条》,从内容看既有对人的要求,也有对物的要求,还有管理方面的要求,要求杂而不细,应当不是译自国外,或为北洋自行添加之管理要求。

二、瑞乃尔其人其书

该书作者为晚清北洋炮法教习瑞乃尔,是其翻译德国相关管理办法条例而成，其目的在于加强北洋各海口炮台对于所装备克虏伯火炮的日常管理、养护等，保证火炮及相关设施的状态良好，以便在使用时能使火炮"利器利用，永保完成"。李鸿章在序言中称赞其"集译简要，易于循习"，足见书中所记内容不仅精要全面，而且详尽细致，小到"螺丝须紧，尤须屡次扳转"，都详加记述，十分便于官兵操作学习。所以李鸿章下令"检饬军械局印行各营台，俾将士时习之"。

晚清时期，克虏伯公司除了向北洋出售火炮装备之外，也会输出一些机械设备和技术，并同时派遣一些技术人员进入机械局等工厂进行技术指导。与之相对应的是，由于晚清时期技术人才的匮乏，李鸿章同样在大量采购克虏伯火炮的同时，也大量聘请德国人进入北洋海军及北洋一系的机械局等，或担任教官，帮助军队教习火炮；或指导工程，指挥修筑炮台；或进入工厂，作为生产技术指导；或者从事翻译工作等。这其中很多德国人都是德国退役军官。在克虏伯与北洋的军火贸易中，"德国退役军官发挥了很特殊的作用"[3]，瑞乃尔就是其中的代表人物之一。

瑞乃尔（Schnell, Theodore H. ?—1897），德国人，曾在德国军队炮兵部队服役，退役后成为克虏伯公司雇员。同治九年（1870），瑞乃尔被克虏伯派往中国推销军火，是来华时间最早的德国洋员。由于其在炮兵部队的服役经历，对于克虏伯后膛钢炮的性能、操作等无不精熟，在来华不久即被山东巡抚丁宝桢聘为教官，担任山东水师炮术教习。其间表现出色，受到丁宝桢和李鸿章的一致赞许。1880年，瑞乃尔赴天津北洋军中担任教习。而后甲午战争爆发，瑞乃尔在威海卫协助北洋水师作战，失利后曾劝丁汝昌投降，被拒。后调往武昌，殁于1897年。瑞乃尔在北洋各军中服务长达三十年之久，为晚清众多洋员之冠。

尽管瑞乃尔最初来华的目的和任务是为了推销克虏伯公司的军火产品，并收集相关情报信息，但不可否认的是，瑞乃尔在担任北洋海军炮术教习期间，是认真履行了自己的职责，并很好地完成了工作任务的，在客观上切实地推动了北洋海军的建设和实力的提升。瑞乃尔在中国期间，除宣传推销克虏伯火炮和在北洋海军中担任炮术教习等工作外，还利用其克虏伯雇员的身份充当中外交流的媒介，曾于1889年向李鸿章建议派遣北洋武备学堂学生赴德国克虏伯兵工厂学习军工技术，并亲自带队前往。

在瑞乃尔为北洋水师服务的这三十年间，正是向欧洲列强"师夷长技"的高潮时期。而自普法战争之后德国统一崛起为新的列强，其国陆军在战争中表现出的强大战力和精良火炮，也让晚清朝廷与众多洋务派官员为之叹服。德国超越英法成为洋务派"师夷"的新的主要对象。之后，以克虏伯火炮为代表的德国武器开始大量进入中国。同时，上海江南制造总局、天津机器局、天津水师学堂等开始大量引进和翻译德国军事类书籍，包括但不限于各种新式兵器的性能、功用、操法、演练等。这一时期翻译德国军事书籍最多的是江南制造总局翻译馆，主要是由金楷理和李凤苞二人合作译著了十一本。

瑞乃尔曾多次从德国采购火炮、军械等相关书籍来华，也曾翻译和撰写多本军事著作，其中与枪炮火药等内容相关的数量多达六本，为《克虏伯电光瞄准器具图说》《毛瑟枪图说》《克虏伯新式陆路炮（专用铜壳子药）图说》《七密里九毛瑟快枪图说》《量火药涨力器具图说》《克鹿卜快炮图说》，另外还有军制总说类一本《拟请中国严整武备说》，军事训练类一本《〈体操法〉德国武备原本》，军事管理类一本《克鹿卜海岸炮管理办法》，总计九本。

闫俊侠在《晚清西方兵学译著在中国的传播（1860—1895）》一文中将《克鹿卜海岸炮管理办法》归类于军事管理教育类。[5]概因本书中记述的主要对象虽然是克虏伯海岸炮，但主要内容却是对于海岸炮的日常保管及维护之法，与同时期大宗引进的讲述武器制造或者使用操作的书籍相比，显然并非与作战直接相关，故而将其归入军事管理类目。

目前所见多将该书名称为《管炮法程》，后加注释称"又名《克鹿卜海岸炮管理法》"。然《克鹿卜海岸炮管理法》应系其原名，如今

瑞乃尔在华期间翻译撰写著作表[4]

书名	译、著者	笔述/校对	出版信息
毛瑟枪图说	瑞乃尔代购		1885年石印本四册
克鹿卜新式陆路炮（专用铜壳子药）图说	瑞乃尔	萧诵芬	天津机器局1890年刊本一册
克鹿卜电光瞄准器具图说	瑞乃尔		天津水师学堂刊印
量火药涨力器具图说	瑞乃尔		天津水师学堂1891年刻本一册
七密里九毛瑟快枪图说	瑞乃尔	萧诵芬	湖北官书处1900年刻《湖北武学》本一册
克鹿卜快炮图说	瑞乃尔		清光绪间石印本一卷
拟请中国严整武备说	瑞乃尔	王楚乔 谢炳朴	1899年铅印《通学斋丛书》本
克鹿卜海岸炮管理法	瑞乃尔	沈敦和	金陵练军处1896年刻本一册
《体操法》德国武备原本	瑞乃尔 斯泰老 冯锡庚	萧诵芬	湖北官书处1900年刻《湖北武学》6本一册

使用颇多的《管炮法程》反而是后来改的,"原书名曰《克鹿卜海岸炮管理法》,仲礼观察详加校正,乃改今名"[6]。中海博藏版本中,并不见《管炮法程》之名,封皮上书名虽已残破,但从仅余"海岸炮管理"五字也可看出系其原名。(图8)

该本书籍版本现可查有两版,《近代译书目》中记载的"光绪丙申金陵刻本"[7],即1896年刻本;《中国兵书总目》记载的"清光绪二十三年(1897)金陵练兵处刻本"[8]。中海博藏版本与两者均不相同,系光

图8
清光绪十八年刊
《克鹿卜海岸炮管理法》
封皮

绪十八年（1892）石印本，版本更早。内容亦略有差异。两版金陵刻本前言包括两部分，一是1892年瑞乃尔撰写的《原序》，二是1896年沈敦和作的《重编乞刊行公牍》。中海博藏版并无沈敦和所作之《重编乞刊行公牍》，且开篇目录之前有李鸿章所提序言，落款为“光绪十八年中冬”。在李鸿章所题序言中，言道“检饬军械局印行各营台”，“军械局”即天津机器局，是当时翻译德国军事书籍的主要单位之一。中海博所藏版本或为天津机器局所刊行之版本。（图9）

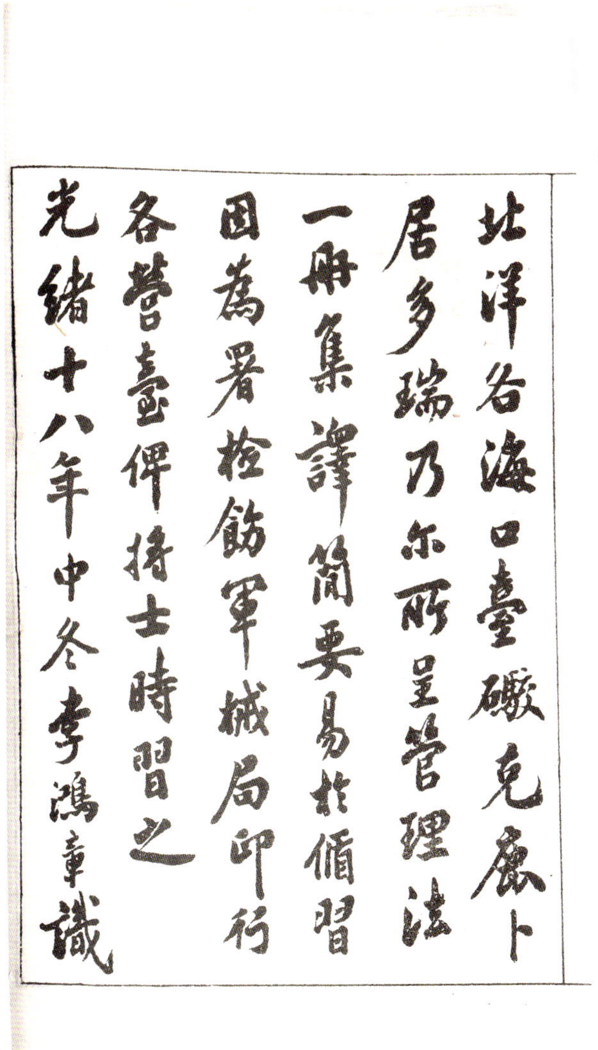
北洋各海口臺礮克鹿卜
居多瑞乃尔所呈管理法
一册集譯簡要易於循習
因為署檢飭軍械局印行
各營臺俾將士時習之
光緒十八年中冬李鴻章識

图9
清光绪十八年刊《克鹿卜海岸炮管理法》内页李鸿章所题序言

三、克虏伯与北洋

在该书引言中，开篇即说道："海防之称为利器者，固莫如炮，而炮之诚堪利用者，尤莫如克鹿卜炮。"可见时人对于克虏伯火炮的推崇和认可。虽然该书作者瑞乃尔是德国人，或许其中也不乏些许的个人感情色彩，但就事实而言也并无偏差。

克虏伯公司最初只是一家成立于1811年的小型钢铁家族企业，而后凭借优质的钢铁逐渐发展成为世界闻名的军火企业。在金楷理、李凤苞合译的《克虏伯炮弹造法》一书中，称克虏伯火炮为"布国第一利器"[9]。清政府与克虏伯的首次接触来自1866年派出的近代第一次赴欧外交使团，在出使大臣斌椿和随员张德彝的笔记中都有对克虏伯的记载，但仅此而已，并无实质性接触或业务联系。晚清最先购买克虏伯火炮的是李鸿章，他在1867年购买了一批克虏伯炮装备淮军，但这批火炮是从洋行手中购得，并不是通过克虏伯公司，而且并非新品，而是二手火炮。因为此时在中国并无克虏伯的正式代理商。同治九年（1870），克虏伯公司正式授权在华德国洋行代理火炮等产品在中国的销售事宜。随后，各式克虏伯火炮开始大量进入中国，并受到清政府和众多洋务派官员的青睐和信任，尤以李鸿章淮军一系和北洋海军为甚。

李鸿章在晚清众多洋务官员中，对新式武器最为重视。他在与太平天国作战中，亲眼见识过洋枪队火器的犀利。李鸿章在同治元年（1862）给曾国藩的信中道"深以中国军器远逊外洋为耻"[10]，希望能"学得西人一二秘法，期有增益而能战之"[11]。于是进驻上海之后，李鸿章立即着手购买洋枪洋炮给淮军换装，同时设立洋炮局自产军火。接任直隶总督和北洋大臣之后，他更是着力推动近代军事工业的发展，江南制造总局、金陵机器局、天津机械局等都是在其手中得以建立发展。在1867年第一次购买之后，克虏伯火炮的精良就给李鸿章留下了深刻印象。而随着1871年普法战争的胜利和德国的统一，克虏伯火炮威名更盛，足以与英法比肩，甚而已经超过了战败的法国。1874年李鸿章在回复总理衙门的详议海防折中说："至炮位一项，英、德两国新式最精，德国克鹿卜后门钢炮击败法兵尤为驰名。"[12]足见李鸿章对于克虏伯火炮的青睐。其麾下的淮军持续采购并装备克虏伯火炮，至1874年时已"逐年购到克鹿卜大小炮五十余尊"[13]。"再，海防铭、盛各营及亲军炮队自同治十年以后陆续筹款添购德国克鹿卜后门四磅钢炮一百十四尊……此项炮位取准及远精利无匹，在西洋各国最为著名利器。"[14]足见从19世纪70年代开始，克虏伯火炮已经成为李鸿章麾下淮军一系的主要装备。1875年，李鸿章奉命督办创建北洋水师，克虏伯火炮又成为北洋海军的主要采购对象，海岸炮、舰炮等各种口径大小的火炮大量进入北洋水师，北洋水师成为继淮军陆师之后又一大量采购和装备克虏伯火炮的单位，甚而犹有过之。

四、晚清北洋沿海炮台建设及克虏伯火炮装备情况

两次鸦片战争及之后的战斗已经证明，在19世纪下半叶，清政府原有的旧式海防炮台和老式火炮面对西方的"坚船利炮"已经不敷使用。在沿海地区建设装备新式海岸炮的新式炮台要塞，已经成为清政府海防建设的当务之急。

同治十三年（1874）九月二十七日，总理各国事务的恭亲王奕䜣上折请饬详议海防，"谨将紧要应办事宜，撮叙数条，请饬下南北洋大臣、滨海沿江各督抚将军详加筹议，将逐条切实办法，限于一月内奏覆"[15]。随后，清廷发廷寄，明确"着李鸿章、李宗羲、沈葆桢、都兴阿、李鹤年、李瀚章、英翰、张兆栋、文彬、吴元炳、裕禄、杨昌浚、刘坤一、王凯泰、王文韶"十五位封疆大吏对海防详细筹议，并按期复奏。这就是清晚期第一次海防大讨论。在这次讨论中，各位封疆大吏都针对海防提出了各自的看法，但是基本上都是在"练兵、筹饷、造船、简器、用人"这五个方面，论及炮台建设的很少。只有丁日昌、李鸿章、刘坤一、丁宝桢四人在奏章中提

到沿海炮台的修筑。次年即光绪元年（1875），清政府终于通过决议在沿海、沿江要地口岸建设海防炮台。

在决议建设沿海炮台之后，该如何建造就成为清政府面临的首要问题。光绪五年（1879），刘鸿锡连上三道奏书，建议按照德国炮台规制修筑炮台。光绪十一年（1885），两江总督张之洞也在《筹议大治水师事宜》奏折中提出修筑炮台的九条原则。此后，清政府便以此为指导，从19世纪70年代开始在沿海口岸要地大量兴建炮台。至甲午战争爆发前，北至朝鲜，南至广东的漫长海岸线上，新式炮台不论建造数量还是装备火炮数量都已经颇具规模，配合已经成军的北洋海军，清政府试图打造的新式海防体系似已初见成效。

北洋拱卫京畿重地，沿海又有旅顺、大连、威海、大沽等海防要地，炮台建设在这一地区也是最为重视。旅顺既是海防口岸，也是北洋海军军港，在北洋地区各海口中尤为重要。至光绪二十年（1894），旅顺港口东西两侧共建成炮台群十个，德国制式修建，共装备海岸炮六十三门，其中克虏伯火炮四十六门；大连湾共建有炮台群六个，装备各式海岸炮共二十二门，其中克虏伯火炮十四门；威海卫是北洋海军除旅顺外的另一个重要军港和基地，其南北两岸及刘公岛共修建有十二个炮台群，共装备海岸炮一百门，其中克虏伯火炮四十四门；大沽口作为天津门户，亦是京畿门户，炮台建设也是颇为重视，共修建炮台群四个，装备各式火炮总数高达一百七十七门[16]，其中克虏伯火炮数量不详，但根据李鸿章在1874年回复总理衙门的筹议海防奏折中说"逐年购到克鹿卜大小炮五十余尊，分置大沽炮台等地"[17]，足可见大沽历年装备的克虏伯火炮为数也应该不少。此外，南洋沿海及长江口的吴淞口、江阴等口岸也同样装备了大量的克虏伯火炮。

面对从北至南如此大规模地装备克虏伯火炮的状况，如何妥善地保管和养护这些当时花费重金、远洋购得的最新式科技兵器，就成为当务之急，却也成为最被忽视的一点。

五、结语

晚清时期，是中国大量引入西方科学技术的时期，同样也是克虏伯与中国"交往最为密切，影响也最深远的阶段"[18]。大量进入中国的不仅有分置各地沿海口岸的海岸巨炮，同样有大量的科技书籍，前者在实际上巩固和壮大了海防力量，而书籍则推动了海防思想和军事管理的向前发展。

出于迫切提升海防实力的需求和意愿，这一时期翻译的科技书籍大多集中在火炮、弹药的制造技术和使用方法上，涉及火炮管理等非直接作战相关内容的书籍非常之少，对于火炮的日常保管、维护、保养等日常管理工作是忽视的。但对于火炮这样精密的机械而言，良好的日常维护是必不可少的，正如《克鹿卜海岸炮管理法》引言中所言："管者，管其不致伤损；理者，理其均臻妥善。"不论是军舰上的舰炮，还是沿海炮台的岸炮，良好的状态是其充分发挥威力的前提。而沿海炮台装备岸炮的妥善率也是岸防部队战斗力的直观体现。炮台官兵只有"重其责任，循其法而行之"，才能在战斗到来时"施放尤较快准"。

以往对于克虏伯相关炮书翻译的研究，也同样集中在上述两个方面，清光绪十八年刊《克鹿卜海岸炮管理办法》是晚清时期翻译的诸多克虏伯炮学书籍之一，更是罕有的火炮管理类书籍，内中对克虏伯火炮部件、配件等的详细记载是我们研究晚清时期海防口岸武器装备、日常管理的重要文献，对它的研究还很少，还需要继续加强。

1. 中华书局编辑部，李书源整理：《大学士直隶总督李鸿章奏议覆总理各国事务衙门详议海防折》《筹办夷务始末（同治朝）（十）》（卷九一—卷一〇〇 同治十二年六月—同治十三年十二月），中华书局，2008年，第3987页。
2. 中华书局编辑部，李书源整理：《曾国藩奏议覆总理衙门购外洋船炮折》《筹办夷务始末（同治朝）（一）》（卷一一—卷十 咸丰十一年七月—同治元年十月），中华书局，2008年，第20页。
3. 孙烈：《德国克虏伯与晚清火炮——贸易与仿制模式下的技术转移》，山东教育出版社，2015年，第117页。
4. 该表由笔者根据相关的史料与研究资料汇总统计制成。
5. 闫俊侠：《晚清西方兵学译著在中国的传播（1860—1895）》，复旦大学博士学位论文，2007年，第207页。
6. 王韬，顾燮光等编：《近代译书目》，北京图书馆出版社，2003年，第110—111页。
7. 王韬，顾燮光等编：《近代译书目》，第110页。
8. 刘申宁：《中国兵书总目》，国防大学出版社，1990年。
9. 布国，即普鲁士王国。该本书翻译自德国原版，于1872年翻译出版，原版出版时德国尚未统一，故称布国。
10. 顾廷龙、戴逸主编：《李鸿章全集29·信函一》《上曾中堂》，安徽教育出版社，2008年，第187页。
11. 顾廷龙、戴逸主编：《李鸿章全集29·信函一》《上曾中堂》，安徽教育出版社，2008年，第187页。
12. 中华书局编辑部，李书源整理：《大学士直隶总督李鸿章奏议覆总理各国事务衙门详议海防折》《筹办夷务始末（同治朝）（十）》（卷九一—卷一〇〇 同治十二年六月—同治十三年十二月），第3990页。
13. 中华书局编辑部，李书源整理：《大学士直隶总督李鸿章奏议覆总理各国事务衙门详议海防折》《筹办夷务始末（同治朝）（十）》（卷九一—卷一〇〇 同治十二年六月—同治十三年十二月），第3990页。
14. 顾廷龙、戴逸主编：《创办克鹿卜炮车马干片（光绪三年二月二十四日）》《李鸿章全集7·奏议七》，安徽教育出版社，2008年，第310页。
15. 中华书局编辑部，李书源整理：《奕䜣等奏海防亟宜切筹将紧要应办事宜撮叙数条请饬详议折》《筹办夷务始末（同治朝）（十）》（卷九一—卷一〇〇 同治十二年六月—同治十三年十二月），第3951页。
16. 本段各口岸火炮数据来源于王兆春：《中国火器史》，武汉大学出版社，2015年，第339—343页。
17. 中华书局编辑部，李书源整理：《大学士直隶总督李鸿章奏议覆总理各国事务衙门详议海防折》《筹办夷务始末（同治朝）（十）》（卷九一—卷一〇〇 同治十二年六月—同治十三年十二月），第3990页。
18. 孙烈：《德国克虏伯与晚清火炮——贸易与仿制模式下的技术转移》，第57页。

图书在版编目(CIP)数据

靖疆御海：中国航海博物馆藏明清海防珍品释读 / 中国航海博物馆编著. -- 上海：上海书画出版社, 2024.11. -- ISBN 978-7-5479-3461-6

Ⅰ．K875.32

中国国家版本馆CIP数据核字第2024Q9S736号

靖疆御海

中国航海博物馆藏明清海防珍品释读

中国航海博物馆　编著

责任编辑	黄醒佳
编　　辑	法晓萌
审　　读	雍　琦
责任校对	郭晓霞
装帧设计	陈绿竞
摄　　影	李　烁
技术编辑	包赛明

出版发行	上海世纪出版集团 上海书画出版社
地址	上海市闵行区号景路159弄A座4楼
邮编	201101
网址	www.shshuhua.com
E-mail	shuhua@shshuhua.com
印刷	上海雅昌艺术印刷有限公司
经销	各地新华书店
开本	787×1092　1/16
印张	17
版次	2024年11月第1版　2024年11月第1次印刷
书号	ISBN 978-7-5479-3461-6
定价	188.00元

若有印刷、装订质量问题，请与承印厂联系